Avaliações externas na EDUCAÇÃO BÁSICA

contextos, políticas e desafios

Dados Internacionais de Catalogação na Publicação (CIP)
(Câmara Brasileira do Livro, SP, Brasil)

Avaliações externas na educação básica : contextos, políticas e desafios / organização Luiz Caldeira Brant de Tolentino-Neto, Micheli Bordoli Amestoy. -- 1. ed. -- São Paulo : Cortez Editora, 2023.

Vários autores.
Bibliografia.
ISBN 978-65-5555-353-6

1. Aprendizagem 2. Avaliação educacional 3. BNCC - Base Nacional Comum Curricular 4. Educação básica 5. Ensino - Qualidade 6. Gestão educacional 7. Políticas públicas de educação 8. Práticas docentes I. Tolentino-Neto, Luiz Caldeira Brant de. II. Amestoy, Micheli Bordoli.

22-138127 CDD-370.1110981

Índices para catálogo sistemático:

1. Brasil : Educação básica : Avaliação 370.1110981

Aline Graziele Benitez - Bibliotecária - CRB-1/3129

Luiz Caldeira Brant de Tolentino-Neto
Micheli Bordoli Amestoy (Organização)

Avaliações externas na EDUCAÇÃO BÁSICA

contextos, políticas e desafios

São Paulo – SP

2023

CORTEZ EDITORA

AVALIAÇÕES EXTERNAS NA EDUCAÇÃO BÁSICA: CONTEXTOS, POLÍTICAS E DESAFIOS
Luiz Caldeira Brant de Tolentino-Neto | Micheli Bordoli Amestoy (Organização)

Capa: de Sign Arte Visual
Preparação de originais: Ana Paula Luccisano
Revisão: Jaci Dantas
Márcia Nunes
Assistente editorial: Gabriela Orlando Zeppone
Diagramação: Linea Editora
Coordenação editorial: Danilo A. Q. Morales
Direção editorial: Miriam Cortez

Direitos para esta edição
CORTEZ EDITORA
R. Monte Alegre, 1074 – Perdizes
05014-001 – São Paulo-SP
Tel.: +55 11 3864 0111
editorial@cortezeditora.com.br
www.cortezeditora.com.br

Impresso no Brasil – agosto de 2023

Dedicamos esta obra a todas e todos que,
diariamente, transformam cada sala de
aula em um espaço de respeito, valorização
do conhecimento e busca por justiça social.

Cidades são aldeias mortas, desafio *nonsense*
Competição em vão que ninguém vence
Pense num formigueiro, vai mal
Quando pessoas viram coisas, cabeças viram degraus

Passarinhos, Emicida, 2015.

Agradecimentos

Nosso reconhecimento a todas as pessoas que, das mais diversas formas, colaboraram e nos deram suporte para que este livro se materializasse. Familiares, amigos, colegas professores e, em especial, autores e editores que acreditaram na importância e na potência de uma publicação como esta.

Sumário

Prefácio

A avaliação é um dos fenômenos sociais e psicológicos mais relevantes. Diria mesmo que é uma das necessidades humanas fundamentais, como a alimentação e o sono. Ela diz respeito à aprovação social; à valorização social. Ela fala sobre como me vejo e sou visto pela sociedade. Todos nós lutamos, organizamos, escondemos e planejamos cuidadosamente a nossa quota de aprovação social.

A roupa que usamos, o curso que vamos fazer, a profissão que escolhemos, a educação dos filhos, o gosto musical, o carro que queremos comprar, a adesão a uma linha política ou... No limite, simplificadamente, comemos, respiramos, dormimos para nos preparar para a sobrevivência, para o prazer libidinal, mas também para a aprovação social. A aprovação social, inclusive, nos proporciona o atendimento às demais necessidades.

Ao sairmos à rua, ou quando nos preparamos para uma festa, queremos saber tudo sobre nossa aprovação social, que vai desde o vizinho do apartamento ao lado, passa pelo porteiro e vai se avolumando até chegar ao trabalho e ao reconhecimento dos amigos (e adversários).

No trabalho, mesmo de alta complexidade, um dos modos de avaliação é também representado pela "nota": "Quanto você ganha?". Faixa salarial, comparação com o salário do colega que vende imóveis ou daquele que tem um modesto mercado... Avaliar o êxito social de alguém é, também, verificar o "x" de seus proventos. Quantas dracmas você ganha?

Indo para uma questão mais profunda, vemos frequentemente que as pessoas são avaliadas pelo que possuem. De novo, o número como distinção de ser e valer. Todos sabemos que o que temos não nos define... Mas — na sociedade de consumo — passa perto. Para a visão meritocrática, quase "somos o que temos".

Portanto, avaliar faz parte do convívio humano e, na escola, não é diferente.

Os valores da avaliação na sociedade liberal-individualista-consumista-financista, que representam os critérios de atribuição de graus de aprovação, passam necessária e perversamente pelo ter, possuir e pelo merecer individualmente.

Como na avaliação escolar, as finalidades da avaliação são mais profundas e amplas, daí a nossa dificuldade de fazer uma justa e digna avaliação é também questão ideológica.

Pretender separar os grandes modelos de avaliação social, econômica, cultural e política do modo de avaliar o conhecimento produzido, apropriado e construído pelos estudantes nas escolas é, nesse contexto, bem difícil.

Por isso é que se deve, a todo o momento, denunciar esta promiscuidade pedagógico-valorativa, que é provocada e induzida pelos ditames da Organização para a Cooperação e Desenvolvimento Econômico (OCDE) e dos programas do Banco Mundial nas práticas avaliativas das escolas. Isso se dá tanto nos exames mensais e anuais, quanto nas grandes provas regionais e internacionais. Tal indução de valores é feita por meio de pequenas e diuturnas cobranças que milhões de professores fazem, em cada um dos 200 dias de cada ano, aos mais de 50 milhões de crianças das escolas públicas no Brasil. Por causa disso, ela ganha eficácia na formação de mentes e corações das crianças, dos professores e da própria organização curricular.

O problema se alarga quando a avaliação massiva se torna, de fato, um benefício para o próprio Estado compreender seus pontos de partida, e para melhorar a formação de professores e as revisões curriculares, quando se dedicam a uma avaliação competente, séria e transparente. É o caso, no Brasil, de muitas prefeituras em suas Secretarias de Educação, por exemplo. Mas a avaliação e seus resultados podem ser também um ato de democracia, como prestação de contas de parte do que se faz com os recursos públicos. Quando me refiro aos recursos públicos, estou falando da vida dos alunos, dos professores, das famílias e dos gestores, que gastam sua vida no trabalho educativo ali avaliado. Não me refiro aos reais ou aos dólares, mas também a eles, pessoas e profissionais da educação.

A visão mais usual de educadores, gestores ou pedagógicos não é, nem deve ser, avessa às avaliações externas. Elas ajudam, por um lado, a rever o sentido das práticas do ensino e da aprendizagem, por outro, estimulam o pensamento estrutural sobre o currículo e a formação do educador. No entanto, a atenção contínua sobre as distorções advindas de modelos totalmente externos à nossa realidade e aos nossos currículos vem trazendo enormes equívocos entre os resultados e suas consequências políticas. No momento, mesmo que estejamos saindo de uma grande pandemia mundial, os analistas da educação que se apresentam em jornais e revistas especializadas e os resultados de pesquisas encomendadas por agentes do terceiro setor só denunciam, escandalizados, os baixos resultados de nossos alunos, mormente os das escolas públicas.

Tais constatações, repetidas e denunciadoras, apenas jogam água no moinho da desvalorização da escola pública e da crítica velada às crianças que mais sofreram os impactos da pandemia. Mais uma vez, o doente é o responsável pela sua doença e por suas consequências.

Por isso, se pensarmos em curto prazo, os sistemas de avaliação externos deveriam ocupar-se de novos modos de se constituírem como régua do possível e desejável reconhecimento avaliativo do que viveram e do que aprenderam durante os últimos três anos (2019-2020-2021), e não sobre o que não aprenderam. Pode-se ver este cacoete doentio de muitas das secretarias de educação: só ver e denunciar o que o aluno não sabe. E o que ele sabe e aprendeu?

A mais recente onda de avaliações no Brasil — pós-pandêmico — deve ter em conta novos referenciais curriculares a serem (re) traçados a partir de um novo projeto de nação, que leve em conta as realidades restabelecidas no cenário mundial e do país. Impossível que a educação não tenha sido marcada pelo morticínio causado pela contaminação global, pela guerra na Europa, pela crise no mundo do trabalho e pelo aumento da miséria — a avaliação teria de levar em conta o que são as tais "habilidades para o século XXI". Avaliação para o real século XXI no qual estamos entrando, nestes 20 primeiros anos.

A Base Nacional Comum Curricular (BNCC) — que prevê uma reorganização e uma revisão após cinco anos de efetivação — deveria reconhecer o momento e abrir o debate sobre a BNCC e, a partir daí, reorganizar seu sistema de avaliações externas de todas as instituições do ensino básico e do universitário e, mesmo, dos cursos de pós-graduação.

Os autores deste livro percorreram longos caminhos para chegar às conclusões de seus estudos. Olharam, sentiram, leram, documentaram, compararam, historiaram e debateram entre seus pares para chegarem a apontar tendências, preocupações, riscos, práticas novas e até muitos sonhos com uma educação melhor. Vamos, com a leitura deles, acompanhá-los em seus caminhos e em suas utopias. Da utopia freiriana vista como denúncia do injusto e falso, e como anúncio do novo e da esperança.

Fernando José de Almeida

São Paulo, maio de 2022.

Apresentação

Cara leitora, prezado leitor,

A obra que você tem em mãos reúne textos diversos, contendo reflexões, estudos, resultados de pesquisas e concepções sobre um tema emergente: as avaliações externas, seus contextos e consequências, nas políticas públicas e na educação básica.

As avaliações externas atuam de fora das escolas e produzem dados que podem, por um lado, colaborar com o monitoramento da educação, assim como com a sinalização de tendências e alertas de desvios de rota; por outro, podem nos conduzir a políticas públicas de padronizações exageradas, como o estreitamento curricular e comparações descontextualizadas, com efeitos não apenas na aprendizagem dos estudantes, mas também na gestão, na formação e no trabalho do professor. Para além do tentador maniqueísmo (avaliações são boas ou ruins?), a coleção de textos reunidas neste livro mostra que, ainda que não sejam suficientes para nos levar à qualificação de todo complexo educacional, as avaliações externas são, inegavelmente, parte importante nesse esforço.

Foi na década de 1990 que os investimentos nas avaliações externas ganharam relevo na educação brasileira, com a promessa de subsidiar a promoção da qualidade na educação, recém-universalizada na Constituição Federal de 1988. Testagens, medições, *rankings*, padronização, metas, índices, sucesso e fracasso são algumas das palavras que atravessam a concepção de qualidade da educação associada às avaliações externas. Nesse contexto, as avaliações externas têm se tornado cada vez mais centrais e desencadeadoras de reformas educacionais, tanto em nível nacional, quanto estadual e municipal. Desempenham, hoje, uma política de regulação pela qual testes estandardizados têm influenciado a atividade docente em sala de aula e, consequentemente, o aprendizado dos estudantes.

O protagonismo dos resultados nessas avaliações implica processos de prestação de contas e responsabilização, pilares constituintes de um modelo de *accountability*. Iniciativas baseadas em princípios de competitividade, meritocracia e responsabilização — nos quais resultados de avaliações externas estão associados a pagamentos de bonificações e de premiações a escolas e professores por desempenho — são realidade cada vez mais presente.

No momento contemporâneo, compreender o papel e os mecanismos de funcionamento das avaliações externas na educação básica, para além de um tema emergente e de destaque nas agendas nacionais, torna-se imperativo na ampliação das discussões acerca de desdobramentos, efeitos e desafios que essas avaliações e as políticas a elas associadas representam para a educação.

É a atmosfera de intensificação desse movimento de reformas que nos motivou a organizar, em formato de livro, um panorama contemporâneo brasileiro sobre o tema. Essa proposição foi prontamente abraçada por colegas pesquisadores e professores convidados a escrever textos que, reunidos, subsidiassem recursos para o diálogo e o debate a respeito das avaliações externas e suas implicações para o ambiente escolar. São dez capítulos escritos por especialistas, que enxergam e analisam esse fenômeno em seus múltiplos ângulos e vieses. Buscamos incentivar as parcerias entre pesquisadores experientes, autoridades nos temas, e jovens pesquisadores, motivados a expor e dialogar sobre o assunto.

Um coletivo de vozes e de experiências que juntas costuram as páginas que compõem a presente obra: *Avaliações externas na educação básica: contextos, políticas e desafios*. Reunimos, para compor o presente livro, textos com temáticas entrelaçadas a políticas de currículo e avaliação, BNCC, docência, gestão escolar, *accountability* e mercantilização do ensino.

As boas-vindas são dadas no capítulo 1, intitulado "O protagonismo estratégico das avaliações em larga escala na articulação de políticas públicas no Brasil". Luiz Caldeira Brant de Tolentino-Neto investe em posicionar as avaliações de larga escala como importantes conectores e articuladores — não inéditos nem recentes, e um tanto sorrateiros — nas recentes reformas educacionais. Entre as muitas formas de operação dessas reformas, debate-se o que o autor chama de "ocupação *proxy*", em que o setor privado atua na condução política das pautas que lhe são convenientes.

No capítulo 2, "Avaliação em larga escala e qualidade da educação: discussões advindas de uma política estadual", os autores Luiz Fernando da Silva, Samara Celestino dos Santos, Janine Dorneles Pereira e Andressa Aita Ivo apresentam e discutem os aspectos e os contextos atrelados à qualidade da educação, com especial atenção para as mudanças na agenda das avaliações em larga escala na política educacional no estado do Rio Grande do Sul.

No capítulo 3, "Avaliações externas: gestão, docência, políticas de *accountability* e uso de dados", os autores Rodrigo Rosistolato e Diana Cerdeira sistematizam possibilidades e limites dos usos de dados educacionais na gestão e no planejamento pedagógico. Apresentam e analisam investigações empíricas de políticas de responsabilização de alto e baixo impacto, analisando-as. Abordam não somente as questões referentes ao currículo, ao cotidiano escolar e ao planejamento docente, mas também ao planejamento da gestão escolar (articulação com a gestão superior das redes de ensino e corpo docente) e seus desdobramentos no campo das políticas municipais de educação.

Ainda no campo da gestão, Andréia Melanda Chirinéa e Bruno Vicente Lippe Pasquarelli, no capítulo 4, "Gestão escolar em tempos de Ideb: do compromisso com a qualidade à gestão baseada em resultados", estudam as transformações ocorridas no Estado brasileiro a partir da década de 1990 e a proposta de avaliações externas, como mecanismo de regulação da educação, e do Ideb, como articulador de políticas educacionais. Discute-se como as avaliações externas e os dados compilados no Ideb moldaram um novo sistema de gestão escolar, com base principalmente em resultados quantitativos, demonstrados pelas duas variáveis que compõem o Índice de Desenvolvimento da Educação Básica brasileira: fluxo e desempenho.

No capítulo 5, "Avaliação externa e *accountability* educacional: nos bastidores de um debate contemporâneo", Marilda Pasqual Schneider e Elton Luiz Nardi apresentam a relação entre avaliação externa e *accountability* educacional, com vista a problematizar a finalidade do modelo utilizado para avaliar a qualidade da educação básica, consentâneo com o modelo de *accountability* educacional em voga no país. Para tanto, revisitam aspectos do debate sobre *accountability* no seio da teoria democrática moderna, e examinam a apropriação de termos e instrumentos afins por correntes gerenciais empenhadas na implantação de um novo modelo de gestão pública, no contexto da reforma neoliberal do Estado.

O capítulo 6, intitulado "Base Nacional Comum Curricular (BNCC), regulação e trabalho pedagógico dos professores da Educação Básica no Brasil", de autoria de Célia Tanajura Machado, Liliana Soares Ferreira e Ânthony Scapin Eichner, tem por objetivo discutir a relação existente entre a Base Nacional Comum Curricular (BNCC) e o trabalho pedagógico realizado por docentes nas escolas brasileiras de educação básica. O capítulo nos convida a pensar a respeito dos aspectos relativos aos conhecimentos privilegiados e inseridos no currículo nacional, em situação de um país plurirregional e pluricultural. Mergulha na relação que a opção pelo modelo de competências da BNCC apresenta quanto às necessidades atuais do capital, resultando em uma política que patrocina e legitima uma regulação maior do trabalho pedagógico.

Já no capítulo 7, "Governança em rede em torno do Movimento pela Base Nacional Comum (MBNC) e efeitos em políticas de currículo e de avaliação", os autores Eliezer Alves Martins e Maira Ferreira descrevem o modo de organização de parcerias em rede em torno do Movimento pela Base Nacional Comum (MBNC). Discutem sobre o (re)conhecimento de grupos e/ou agências do terceiro setor (organizações não governamentais) como produtores de políticas curriculares vinculadas à BNCC, como produtores de artefatos/materiais e de proposições formativas para a educação básica, cujas ações e práticas têm implicações nas reformas de currículo e também impactos nas avaliações em larga escala.

O capítulo 8, "Testes padronizados, estreitamento curricular e o papel docente: a escola e a mercantilização do ensino", de autoria de Micheli Bordoli Amestoy, tece um diálogo reflexivo sobre as reformas educacionais emergentes da década de 1990 e suas reverberações no trabalho docente, novas formas de ensinar e de avaliar. Discorre sobre o papel das avaliações externas e em larga escala, assim como sobre a aproximação das políticas educacionais brasileiras à ideologia do mercado e o quanto essas políticas impactam a escola, a sala de aula e o trabalho do professor.

No capítulo 9, "As avaliações externas e em larga escala: desdobramentos e consequências não intencionais sobre o Ensino de Ciências", o autor Paulo Sergio Garcia segue discutindo as consequências das políticas de avaliações em larga escala no Brasil. Reúne, analisa e sistematiza suas implicações sobre o Ensino de Ciências, com base em dados empíricos produzidos em uma extensa série sistematizada de pesquisas em uma das mais ricas regiões brasileiras.

Fecha-se o presente livro com o capítulo 10, intitulado "Avaliação das aprendizagens em Ciências: opiniões de professores do ensino secundário sobre os resultados da avaliação interna e externa", de autoria de Luís Dourado e de Laurinda Leite. Os autores retratam a problemática lusitana sobre a existência de grandes diferenças entre os resultados da avaliação interna e externa no país. O capítulo apresenta e discute as opiniões de professores da área das Ciências da Natureza no contexto do ensino secundário português a respeito das causas das diferenças entre os resultados de avaliação interna e da avaliação externa, e sobre como essas diferenças são mitigadas pelos membros da comunidade educativa.

Encerramos a apresentação do livro com nossos genuínos agradecimentos aos colegas autores, à diretoria e ao corpo editorial da Cortez Editora.

Desejamos uma boa leitura.

Luiz Caldeira Brant de Tolentino-Neto
Micheli Bordoli Amestoy
Organizadores

CAPÍTULO 1

O protagonismo estratégico das avaliações em larga escala na articulação de políticas públicas no Brasil

Luiz Caldeira Brant de Tolentino-Neto

Testemunhamos o avanço progressivo, contínuo e, muitas vezes, silencioso e discreto das avaliações em larga escala (ALE) no contexto educacional. Avanço não apenas percebido pelos pesquisadores que se envolvem com o estudo das políticas públicas, mas também visível nos estudos e, sobretudo, no dia a dia das salas de aula brasileiras. Como qualquer movimento com tais peculiaridades, é facilmente desacreditado e naturalizado pelas gerações — de pesquisadores e professores — nascidas, formadas e imersas nesse contexto.

Raras até meados do século XX, as avaliações em larga escala ganharam terreno com os saltos tecnológicos e metodológicos advindos da informatização. O desenvolvimento e a popularização de equipamentos e sistemas computadorizados de comunicação e análise de dados, acompanhados pela capacitação massiva e pela exigência desses conhecimentos pelo mercado empregador, somados à sofisticação de recursos e técnicas metodológicas (como o franco fortalecimento da TRI — Teoria de Resposta ao Item), levaram à chegada das avaliações em larga escala na educação.

Seria ingenuidade concluir que tal aproximação seria inevitável frente à onda de informatização mundial. Razão ou resultado dessa onda, a globalização dos mercados econômicos oferece oportunidades também para a educação nesse novo cenário. A crescente demanda por informações, o inesgotável volume de dados (*big data*) e, principalmente, a desumanização ou "coisificação" do processo pedagógico e educacional criam uma ideia de que as finalidades e os objetivos da educação — sobretudo da educação pública — podem ser todos padronizados, mensurados e comparados entre diferentes países e contextos.

A nova ordem econômica mundial pós-Guerra Fria (urbanização, industrialização, neoliberalismo, globalização, informatização) deflagra o paradigma da Nova Gestão Pública. Tudo pode e deve ser selado, registrado, carimbado, rotulado, mensurado, quantificado, avaliado, comparado. Transpõe-se para o ambiente educacional o mantra da competição e do livre mercado, que aproxima a educação das *commodities* (produzidas em massa e homogeneamente para o comércio transnacional) sujeitas às análises e ao "humor" do mercado internacional.

No Brasil atual, o farol das políticas educacionais tem estampado a sigla BNCC — Base Nacional Comum Curricular. É o farol BNCC que tem orientado, em vários âmbitos, esforços públicos, privados e híbridos, em relação a materiais didáticos, avaliações padronizadas, formação de professores, reforma do ensino médio, chegando aos financiamentos do ensino superior e aos debates sobre ensino domiciliar (*homeschooling*), escolas *charter* e *voucher* educacional.

A criação de uma base comum define, junto aos materiais didáticos e às avaliações externas e em larga escala, uma importante triangulação de orientações ao nosso (ainda não estabelecido, segundo Saviani, 2010) sistema nacional de educação. Ainda que surgido de forma desarranjada — era de se esperar que uma base comum originasse livros uniformizados e, só depois, avaliações padronizadas —, este tripé orientador sustenta muitas outras iniciativas. A partir dele, surgem os cursos de formação para "aplicação da Base", as reformas nos cursos de formação de professores, as revisões em editais de aquisição de livros didáticos, as plataformas e as estratégias de acompanhamento e controle do desempenho nas provas nacionais, entre muitas outras.

Se a BNCC é o farol que orienta a navegação de grande parte de políticas e ações educacionais, é nas relações ecológicas entre plantas e fungos que se encontra uma metáfora interessante para explicar a forma como as avaliações em larga escala se posicionam no universo educacional. A inspiração vem da matéria "Os subterrâneos: uma viagem fascinante ao subsolo das florestas", escrita por Robert MacFarlane, publicada na revista *Piauí* e traduzida por ela em maio de 2020 (início da gestação deste livro).[1]

O texto descreve uma complexa e intrincada rede de comunicação entre árvores de uma floresta, cujas conexões são desempenhadas por fungos. As hifas são delgados filamentos celulares desses fungos que se espalham lentamente e alcançam cada uma das árvores do bosque, criando uma comunicação entre elas (chamada pelos botânicos de *wood wide web*). Nas raízes dessas árvores, é difícil distinguir entre o que é tecido vegetal e o que é filamento fúngico. O processo evolutivo estabeleceu uma relação ecológica entre os organismos, um delicado mutualismo, prolongado, interdependente, harmônico e obrigatório. A essa associação os biólogos chamam micorrizas: as árvores não vivem mais sem os fungos e vice-versa. O que é relativamente novo nas pesquisas descritas na matéria da revista é o fato de que não há apenas trocas de bens (o fungo promove o aumento na absorção de nutrientes e a árvore devolve em forma de glicose), mas há comunicação, troca de informações.

1. MACFARLANE, Robert. Os subterrâneos: uma viagem fascinante ao subsolo das florestas. *Piauí*, edição 164, maio 2020.

A rede de hifas permite que uma árvore avise as vizinhas sobre um ataque de pulgões, ou que uma árvore moribunda drene suas últimas energias para ser distribuída aos companheiros de bosque. Esse campo de pesquisa — inaugurado no clássico artigo[2] de Suzanne Simard — foi uma verdadeira revolução nas pesquisas de ecologia florestal, criando uma discussão, um tanto quanto maniqueísta e antropocêntrica: seria essa rede um exemplo orgânico do livre mercado, ou seja, de um sistema competitivo, em que cada organismo faz uma conta de custo-benefício, de sanção-recompensa, antes de lançar informações, recolher recursos; ou é um típico exemplo de socialismo idílico, em que cada organismo cuida do outro, com vista ao bem comum, da floresta?

Com esta exposição do análogo e o devido cuidado para a metáfora não conduzir esta escrita (e também não se tornar apenas um ornamento discursivo), procura-se posicionar as avaliações em larga escala como um importante conector e articulador, não inédito nem recente, um tanto sorrateiro e com papel central nas recentes reformas educacionais, sobretudo, nas políticas de *accountability*, que envolvem responsabilização.

Em artigo de 2019, a professora Marilda Pasqual Schneider faz um levantamento rigoroso do aparecimento de dispositivos de *accountability* em documentos legais brasileiros nos dez anos que antecederam o PNE 2014/2024 (Plano Nacional de Educação). Aponta que o termo *accountability* é polissêmico e se torna recorrente a partir das mudanças no Saeb (Sistema de Avaliação da Educação Básica) e da criação do Índice de Desenvolvimento da Educação Básica (Ideb) em 2007. Aparece nas Diretrizes Curriculares Nacionais (DCN) e no PNE como imposição de um vocabulário que se distancia dos ideais educacionais democráticos e aproxima-se da visão gerencial da nova gestão pública (Schneider, 2019).

---

2. SIMARD, S. *et al.* Net transfer of carbon between ectomycorrhizal tree species in the field. Nature, v. 388, p. 579-582, 1997. Disponível em: https://doi.org/10.1038/41557; https://www.nature.com/articles/41557. Acesso em: 21 set. 2022.

Não é o intuito deste capítulo discorrer especificamente sobre cada uma dessas legislações, mas sim investir na hipótese de que as avaliações educacionais em larga escala cumprem o papel de conectar e articular políticas expressas em tais documentos e ações, assim como as micorrizas no bosque.

A BNCC pavimenta, lastreia e endossa as políticas de avaliação em larga escala, tornando-as um instrumento a serviço da legitimação da ideia de currículo único. Enfraquece a colaboração que instrumentos como o Saeb e o Enem (Exame Nacional do Ensino Médio) trazem para o monitoramento da educação básica, reforçando o objetivo classificatório (e, portanto, discriminatório) desses exames.

O documento curricular assenta-se sobre competências, definidas como "a mobilização de conhecimentos (conceitos e procedimentos), habilidades (práticas, cognitivas e socioemocionais), atitudes e valores para resolver demandas complexas da vida cotidiana, do pleno exercício da cidadania e do mundo do trabalho" (Brasil, 2017, p. 8).

A versão final da Base justifica assim a opção pela abordagem político-pedagógica via competências:

> Além disso, desde as décadas finais do século XX e ao longo deste início do século XXI, o foco no desenvolvimento de competências tem orientado a maioria dos Estados e Municípios brasileiros e **diferentes países** na construção de seus currículos. É esse também o enfoque adotado nas **avaliações internacionais** da Organização para a Cooperação e Desenvolvimento Econômico (OCDE), que coordena o Programa Internacional de Avaliação de Alunos (Pisa, na sigla em inglês), e da Organização das Nações Unidas para a Educação, a Ciência e a Cultura (Unesco, na sigla em inglês), que instituiu o Laboratório Latino-americano de Avaliação da Qualidade da Educação para a América Latina (LLECE, na sigla em espanhol) (Brasil, 2017, p. 13, grifos meus).

O trecho não deixa dúvida sobre a intenção da BNCC em caminhar lado a lado com organismos internacionais, conduzindo um alinhamento entre as avaliações brasileiras e seus correlatos internacionais.

Esse não é um movimento exclusivo das políticas brasileiras e encontra semelhança (ou inspiração) com as mudanças nos testes estandardizados advindas do novo currículo para ciências norte-americano, o NGSS (*Next Generation Science Standards*) descrito em Wertheim (2016).

As duas últimas décadas têm sido de intensa movimentação nos currículos das licenciaturas, com uma série de Diretrizes Curriculares Nacionais (DCN) e um corolário de Resoluções do Conselho Nacional de Educação (CNE) normatizando o processo de formação inicial de professores. No entanto, nenhuma delas é tão enfática em relação à presença e ao papel das avaliações na formação inicial e na manutenção da licença do professor quanto a Base Nacional Comum para a Formação Inicial e Continuada de Professores da Educação Básica (BNC-FP), surgida no rastro da BNCC. A proposta do MEC é reforçada em seu teor no Parecer CNE/CP n. 22/2019.

> A experiência internacional também mostra que, para formação inicial de professores, os referenciais podem estar **alinhados aos mecanismos de avaliação** e acreditação dos cursos de formação inicial e avaliações dos estudantes ou recém-graduados. Também podem estar **articulados a mecanismos de certificação ou registro** para controlar o ingresso na carreira docente. Ao longo da carreira, eles podem impactar o desenvolvimento profissional e a formação continuada, e podem estar vinculados à **permanência e progressão** na carreira por meio de certificações, avaliações e aumentos salariais (CNE, 2019, p. 10, grifos meus).

É declarada a intenção do Ministério em articular, via BNC-FP, a formação do professor, seu ingresso no magistério, sua permanência e progressão a mecanismos de avaliação externa. O Parecer (e posterior Resolução CNE/CP 02/2019 que institui a BNC-FP) deixa clara a origem da avaliação da formação inicial: caberá ao Inep elaborar um instrumento de avaliação *in loco* dos cursos de formação de professores (CNE, 2019, p. 29).

Haverá, portanto, adequações do atual Exame Nacional de Desempenho dos Estudantes (Enade), que têm tudo para depauperar seu caráter de monitoramento do ensino superior (a exemplo do Saeb e do Enem na educação básica) e vir a acumular o papel que outrora coube ao natimorto Exame Nacional de Ingresso na Carreira Docente/Prova Nacional Docente. Em documento da Secretaria de Assuntos Estratégicos da Presidência da República, que apresenta o Programa Pátria Educadora, fica evidente a inspiração (exames de classe, como o da OAB — Ordem dos Advogados do Brasil — e o Revalida, para médicos formados no exterior) e o papel certificador que teria essa Prova.

> Complemento da carreira nacional de professor pode ser Prova Nacional Docente. A prova seria organizada **por analogia a outras provas de iniciação a profissionais**. Seria ministrada após a conclusão do curso de pedagogia ou de licenciatura. [...] **Exigiria de todos os professores demonstrar que estão preparados** para ensinar nas áreas para as quais se credenciam. E, por isto mesmo, junto com as outras iniciativas descritas em seguida, serviria como meio poderoso de **influir nos cursos de pedagogia e de licenciatura** (Brasil, 2015, p. 18, grifos meus).

Destarte, com a aprovação da BNCC e da BNC-FP, torna-se muito provável a retomada da ideia da necessidade de uma prova de atestamento (e classificação), de aptidão de licenciados, tornando relativa a autoridade, ampliando a pressão e o descrédito sobre os cursos superiores de formação de professores.

Com validade de até cinco anos (conforme MEC, 2018), o desempenho do professor recém- formado no Enade pode ser critério usado por concursos públicos (e mesmo em seleções de escolas/redes privadas) para classificação de candidatos ao magistério da educação básica.

No que diz respeito à manutenção e, sobretudo, à progressão na carreira docente, na análise de Rodrigues, Pereira e Mohr (2020, p. 21), tece-se uma proposta: "[...] para o Brasil (de níveis, progressões e revisões salariais conforme avaliação de performance docente), que repetidamente vem copiando modelos estrangeiros como referência".

As autoras expõem ainda a inspiração da legislação brasileira em experiências estrangeiras escolhidas convenientemente para se encaixar nos interesses oportunos.

Surge aqui a oportunidade de trazer à discussão os efeitos das avaliações externas (em especial as de larga escala) concatenados com políticas de *accountability*. Na concepção de Afonso (2009a; 2009b), para ser caracterizadas como *accountability*, é necessária uma articulação, além da integração entre três pilares estruturantes: avaliação, prestação de contas e responsabilização/consequências.

Os conceitos, os usos e os efeitos das avaliações estão amplamente discutidos neste livro. A prestação de contas é a etapa em que os envolvidos com a avaliação (professores, gestores e agentes políticos) reportam, justificam e tornam públicos os resultados, inclusive, em eventos amplos e veículos midiáticos. A responsabilização é o conjunto de consequências advindas dos resultados dessas avaliações, que podem ter diferentes graus de impacto na rede de educação e no cotidiano profissional do professor. As iniciativas de baixo impacto (*low stakes*), em geral, são simbólicas e envolvem a divulgação de notas e *rankings*, expondo o sucesso ou o fracasso de determinada rede ou escola nos testes. Já nas iniciativas de alto impacto (*high stakes*), os resultados dos testes são convertidos em recompensas (bonificações, prêmios, salários extras) e sanções (fechamento de turmas, transferência de escolas, demissões).

Há certa cronologia na adoção, pelos entes públicos, de iniciativas de responsabilização, inauguradas com consequências de baixo impacto, percorrendo um gradual aumento da austeridade e do recrudescimento dos seus efeitos até as ações de alto impacto.

> Entendemos que a responsabilização que observamos hoje [no Brasil] seja a de sanções simbólicas (por exemplo, a divulgação de notas e rankings de escolas) e materiais com bonificações para professores e escolas melhores classificadas em rankings em alguns dos estados e municípios do país (Amestoy; Tolentino-Neto, 2020).

As iniciativas de responsabilização (parte do conceito de *accountability*) estão presentes naquele que é, certamente, o mais imponente e pretensioso de todos os documentos da área, o decenal Plano Nacional de Educação — PNE. O PNE 2014-2024 (Lei n. 13.005/2014) traça 20 metas (e suas estratégias) para o desenvolvimento da educação brasileira que, como toda lei, serve de orientação e objetivo para gestores, professores e demais envolvidos com educação de todos os entes federativos.

É clara a opção pelas políticas de *accountability*, trazendo o documento uma série de orientações sobre avaliação (incorporação dos resultados das avaliações estandardizadas), prestação de contas (incentivo aos mecanismos de transparência e controle social) e também de responsabilização. A meta 7 em sua estratégia 36 sintetiza de forma exemplar o viés escolhido pelo documento: "Estabelecer políticas de estímulo às escolas que melhorem o desempenho no Ideb, de modo a valorizar o mérito do corpo docente, da direção e da comunidade escolar" (Brasil, 2014, p. 9).

Em leitura mais objetiva, as redes devem criar condições para que a escola que aumentar seu desempenho no Ideb seja valorizada. É crescente o número de estados e municípios brasileiros que já cumprem essa determinação ao estabelecerem bonificações (salários extras, prêmios em dinheiro). A proposta meritocrática é um tanto contraditória com outras metas do PNE, que visam garantir aos professores um piso salarial e a equiparação do rendimento médio do docente ao dos demais profissionais com escolaridade equivalente.[3]

Trazer ao ambiente escolar os princípios de produtividade e competição (já que, por óbvio, não haverá bônus todo mês e para todos) pode — a exemplo do descrito em experiências estrangeiras e mesmo em território nacional — levar a um complexo sistema de preparação para os testes, ao estreitamento curricular, às fraudes,

3. Um campo amplo de discussão são os movimentos de *uberização* e de *gorjetismo* no magistério: a definição de um piso salarial *versus* a definição do salário por oferta e demanda; o bônus ocasional como regra em substituição aos reajustes, e a substituição do direito pelo favor.

ao desequilíbrio na valorização entre as áreas do conhecimento (e, por consequência, de seus professores) e à epidemia de adoecimento profissional (Ravitch, 2011; Amestoy; Tolentino-Neto, 2020b; 2020c).

A competição por verbas atreladas ao desempenho em testes padronizados extrapolou a esfera das escolas de uma mesma rede, desde a aprovação da regulamentação do Fundo de Manutenção e Desenvolvimento da Educação Básica e de Valorização dos Profissionais da Educação (Fundeb) em 2020.

O texto aprovado (comemorado por políticos de todos os espectros ideológicos e que também disputaram sua paternidade) e transformado na Lei n. 14.113/2020 deixa exposto em seu artigo 5º, inciso III, que parte da complementação da União para as redes públicas virá conforme "a evolução de indicadores a serem definidos, de atendimento e de melhoria da aprendizagem com redução das desigualdades, nos termos do sistema nacional de avaliação da educação básica" (Brasil, 2020, p. 2).[4]

É certo que, entre os "indicadores a serem definidos", estará o Ideb (ou algo que o substitua), que considera tanto o atendimento/ /fluxo quanto a aprendizagem/desempenho — este último a partir das provas do Saeb. A potência desses testes é mais uma vez evidenciada, ou seja, seus resultados trarão impactos na complementação financeira aos estados e aos municípios (conforme Fundeb), enquanto, internamente, o resultado no Saeb será determinante na competição de escolas de uma mesma cidade ou estado por bonificações (conforme PNE).

O conceito e a caracterização sobre os tipos de avaliação são imperativos para avançarmos nas suas análises e críticas. A avaliação como ação de um educador comprometido com a aprendizagem de seus estudantes (as "provas escolares") se contrapõe à avaliação como

4. O Programa Dinheiro Direto na Escola (PDDE) atrela os resultados do Ideb ao repasse de recursos financeiros para a escola. Já o Plano de Desenvolvimento da Escola (PDE Escola) atende às escolas com baixo rendimento no Ideb, atuando no planejamento estratégico e participativo com o propósito de auxiliá-las em sua gestão. Disponível em: http://pdeescola.mec.gov.br. Acesso em: 21 set. 2022.

amostragem descomprometida daquilo que os estudantes conseguem apresentar como resultado das atividades de ensino (as avaliações externas). Estas últimas legitimam a exclusão, o ranqueamento e a classificação dos estudantes, e apostam no fracasso (Bizzo, 2015).

Não é exagero dizer que há um "protagonismo estratégico das avaliações em larga escala" (Amestoy; Tolentino-Neto, 2020b), já que, a exemplo da interação raiz-fungo da metáfora, esses testes passaram de imperceptíveis a indispensáveis, discretamente.

Os testes padronizados são instrumentos necessários, mas insuficientes para a melhoria da qualidade da educação, que não pode ser confundida ou limitada ao desempenho estudantil (Tolentino-Neto, 2015). O mecanismo de avaliação passou a ser referência para a elaboração de políticas públicas, em uma inversão de ordens e de hierarquia: a avaliação torna-se mais potente — e relevante — do que o objeto avaliado (Amestoy; Tolentino-Neto, 2020b). No limite, chegaremos ao fim das avaliações escolares, substituídas pelas avaliações externas em larga escala (como ocorre em determinados ciclos escolares na Nova Zelândia e Austrália, por exemplo).

A cultura da testagem (*global testing culture*), advinda de reformas e nova gestão pública, ao cobrar e premiar o sucesso escolar comparativo, traz ao ambiente escolar um clima incompatível com os preceitos de educação inclusiva, emancipatória, cooperativa e solidária. Esta guinada ao neoliberalismo não é, obviamente, um movimento exclusivamente brasileiro nem tampouco um movimento recente. Permeia nossa legislação há mais de 25 anos — cinco governos federais de diferentes legitimidades e matizes ideológicos.

Tais reformas políticas estão sincronizadas com a crescente participação de entidades transnacionais e de caráter filantrópico (sem fins lucrativos declarados), em um processo que Avelar e Ball (2017) descrevem — ao analisarem o Movimento pela Base Nacional Comum — como de "heterarquização do Estado". Nesta nova forma organizacional, os papéis de Estado, empresas e fundações ganham outras dimensões, tornam-se líquidos, diria Bauman: cada parte ora é cliente, ora é parceiro, ora competidor, ora fornecedor etc. As heterarquias são auto-organizáveis, nascem em ambientes complexos e se beneficiam de climas turbulentos (instáveis, frágeis, bagunçados), sendo as PPP (parceria público-privada) sua expressão mais visível, mas apenas a "ponta do *iceberg*".

Na busca por ingressar e manter-se no grupo das nações mais desenvolvidas (o Brasil chegou a ser a sexta maior economia do mundo no início dos anos 2000), o país faz acordos e assume compromissos na direção da nova gestão pública e, portanto, da supervalorização das avaliações em larga escala e da responsabilização de alto impacto. Um relatório do Banco Mundial de 2014 sugeria que "o aprimoramento radical da qualidade dos professores na América Latina necessitará de ações mais agressivas para retirar de cena de forma contínua os professores com desempenho consistentemente baixo" (Bruns; Luque, 2015, p. 69).

A interferência de organismos e entidades transnacionais nas políticas educacionais é campo de pesquisa e de escrita de diversos estudiosos em muitos países. Há, entre alguns, uma posição de tom conformista, de aceitação de que essa tutela é inevitável e mesmo positiva em um mundo globalizado. Outros, como este autor, entendem que essa submissão é, além de perversa, de reversão difícil e penosa. A relação configura uma forma esdrúxula de neocolonialismo voluntário/suicida, em que um país periférico entrega espontaneamente sua soberania e patrimônios políticos, econômicos, identitários e culturais aos países mais centrais, hegemônicos.

Schneider (2019) alerta para a colonização do conceito de *accountability* na educação, no sentido de que políticas desse teor vêm sendo importadas, tropicalizadas e apresentadas como a natural salvação da educação — sobretudo, a de financiamento público. Na visão da autora, os sistemas nacionais de avaliação da educação básica são a porta de entrada para as políticas de *accountability*.

Há que se analisar as políticas de *accountability* agora com mais este viés, o da interferência do capital transnacional. O movimento é sempre previsível e no sentido de desonerar o Estado das suas obrigações sociais — muitas delas constitucionais no Brasil. Se, por um lado, há uma excessiva e desleal responsabilização dos professores pelos resultados de desempenho dos alunos nas avaliações em larga escala, por outro, há uma transferência dessa responsabilidade para a iniciativa privada e também para a filantropia e o voluntariado, como ressalta Saviani (2010). Situação agravada com o fato de que, nesse universo neoliberal, outorgam-se a essas entidades o mérito e o bônus, mantendo no colo do Estado os fracassos e os ônus. Em outro texto, descrevemos a dinâmica da "janela de Overton" que escancara as estratégias em direção da ampliação de pautas antidemocráticas e sub-republicanas no cenário educacional (Amestoy; Tolentino-Neto, 2020a).

Nas reformas em curso, empresas com ações negociadas em bolsas de valores (com investidores de todos os cantos do mundo) são partes interessadas (*stakeholders*), não apenas atentas, mas também partícipes de movimentações políticas e coautoras dos discursos de tendências educacionais. Ao Estado, no papel de investidor de dinheiro público em financiamentos educacionais, cabe destinar um vultoso montante àquelas empresas que se credenciam a efetivar os objetos de financiamento.

Historiadores chamam de guerra *proxy* (ou guerra por procuração) as ações militares entre grupos ou países menores em que cada um (chamado de intermediário ou substituto) representa os interesses de uma superpotência, geralmente com sua ajuda bélica e estratégica (como os conflitos na Coreia ou no Afeganistão). Os conflitos nunca chegam aos territórios dos países que, de fato, estão medindo forças e disputando poder.

Estratégias semelhantes ocorrem no campo das políticas públicas educacionais, no contexto deste capítulo. O que pode ser chamado de ocupação *proxy* (ocupação por procuração) é operada por entidades (filantrópicas, sem fins lucrativos, *think tanks*) que, por meio de *lobbies* e de estruturas organizacionais heterárquicas, estimulam "estudos e pesquisas" pautam o noticiário, direcionam a opinião pública, subsidiam emendas orçamentárias, alterações na legislação e pressionam pelo estabelecimento e pelo cumprimento de compromissos com viés de mercado.

Essas entidades são outorgadas, operam por procuração das empresas interessadas nas reformas. As empresas, outorgantes, mantêm-se distantes do campo de batalha, transferem o ônus do conflito para as outorgadas e, nos bastidores, atuam como fornecedoras de insumos, estratégias e redes de contatos.

Na aprovação da BNCC, alguns movimentos organizados articularam com a mídia tradicional formas de direcionamento da opinião pública: nos editoriais, nos telejornais, nas matérias impressas e nos programas de TV temáticos, eram essas entidades outorgadas que ocupavam a posição de autoridade, de especialistas no tema.

Somada às ações em redes sociais (vídeos e mensagens virais "lacradoras") e nos ambientes escolares (por meio de cartazes, brindes, cursos e palestras), a ideia da necessidade de um currículo nacional foi tomando corpo até parecer uma ideia óbvia, inquestionável, unânime. Nesse ponto, quando toda uma comunidade parece estar pensando parecido, é o momento de legitimar as reformas. Algumas vezes, ainda, acontecem à revelia ou à margem da opinião da população: no breve período de governo de Michel Temer, nascido de um momento turbulento e com parcos compromissos com a democracia ou com a opinião popular, assinaram-se reformas importantíssimas, como a trabalhista e a previdenciária.

Para completar o ciclo de ocupação *proxy*, depois de aprovadas as políticas, essas entidades se diluem, minguam e vão perdendo protagonismo. Prepararam o terreno a fim de que as empresas outorgantes aparecessem para, agora, se beneficiarem dessas decisões tomadas e, de fato, ocuparem o território. Após aprovação da BNCC, surgiram os postulantes à solução para a realização das políticas que eles mesmos ajudaram a aprovar (são grupos editoriais, empresas de educação, faculdades privadas, entre outros). Na aprovação da

Reforma do Ensino Médio, em que ocorreu mecanismo similar, o "Sistema S" e outras organizações empresariais surgiram como solução para a implementação dos itinerários formativos para formação técnica e profissional.

Na ocupação *proxy* como estratégia da globalização da agenda educacional, organizações operam com alguma distância dos tradicionais mecanismos de controle democrático. Entidades se formam e estimulam mudanças por duas vias: o *lobby* político e o conluio com meios de comunicação. O conjunto dessas ações leva às reformas que criam novos investimentos públicos e redirecionamento de recursos privados. As mesmas empresas que manobraram as reformas políticas, preservadas do desgaste do debate público, surgem como candidatas a mediar ou gerenciar esses valores.

Políticas que teriam dificuldade de serem aceitas em contextos locais tornam-se irresistíveis, quando apresentadas como consenso das principais democracias do mundo. Referindo-se ao recente processo norte-americano de reformas educacionais, amplamente assentado nas avaliações em larga escala, David Labaree (2014) conclui que manter a atenção/o foco educacional nos principais concorrentes econômicos surge como um tropo, uma metáfora, que pode ser prontamente invocada e repetida de inúmeras maneiras pela mídia. Diz o autor que iniciativas como as do PISA são movidas pela visão de educação como mecanismo de produção de capital humano ao promoverem um encolhimento dos objetivos da educação: reduzem educação à aprendizagem, aprendizagem à aquisição de habilidades economicamente úteis e ensino à facilitação dessa aprendizagem.

Ao fim e ao cabo desta discussão, que neste capítulo é exposta de maneira panorâmica, o que se evidencia é o protagonismo atribuído pelas políticas públicas de educação às avaliações em larga escala. O caminho até essa posição central é aberto pela persuasão de sua importância, criando uma profecia autorrealizável ao gerar, com exatidão, as expectativas e as estruturas de governança de que precisa para justificar seu próprio avanço. O caminho, então, é pavimentado pela aprovação de políticas públicas de inclinações autoritárias, metrópole-centristas e/ou descomprometidas com a soberania e os interesses nacionais. Desvia-se do conceito de educação como bem comum, como consagração e manutenção de tradições culturais locais, como berço da postura democrática e cidadã, da criatividade e das inovações, em direção a um paradigma economicista, pasteurizador e de desenvolvimento de competências globais.

Referências

AFONSO, A. J. *Avaliação educacional*: regulação e emancipação. 4. ed. São Paulo: Cortez, 2009a. 151 p.

AFONSO, A. J. Nem tudo o que conta em educação é mensurável ou comparável. Crítica à accountability baseada em testes estandardizados e rankings escolares. *Revista Lusófona de Educação*, n. 13, p. 13-29, 2009b.

AMESTOY, M. B.; TOLENTINO-NETO, L. C. B. Avaliação externa e em larga escala: relações entre qualidade, desempenhos e monitoramento. *In*: DALLA CORTE, M. G.; BOLZAN, D. P. V.; MELLO, G. B. (org.). *Contextos emergentes*: singularidades da formação e desenvolvimento profissional na educação básica e superior. Santa Maria: Pimenta Cultural, 2020a. v. 1, p. 354-370.

AMESTOY, M. B.; TOLENTINO-NETO, L. C. B. Educação em tempos neoliberais: a (des)conexão entre qualidade e testagem. *In*: RIGUE, F. M.; AMESTOY, M. B.; MALAVOLTA, A. P. P. (org.). *O que pode a educação no Brasil hoje?* Veranópolis: Diálogo Freiriano, 2020b. v. 2. p. 261-270

AMESTOY, M. B.; TOLENTINO-NETO, L. C. B. Políticas de avaliação e os impactos na vida do professor: um estudo no município de Santa Maria/RS. *Revista Interfaces Científicas*, v. 8 n. 3. p. 1-14, 2020c.

AVELAR, M.; BALL, S. J. Mapping new philanthropy and the heterarchical state: the mobilization for the national learning standards in Brazil. *International Journal of Educational Development*, v. 64, 2017.

BIZZO, N. Avaliações em larga escala. *In*: PAGAN, A. A.; TOLENTINO-NETO, L. C. B. (org.). *Desempenho escolar inclusivo*. Curitiba: CRV, 2015. v. 1, p. 207-216.

BRASIL. Lei n. 13.005, 25 de junho de 2014. Aprova o Plano Nacional de Educação — PNE e dá outras providências. *Diário Oficial da União*, Brasília, 26 jun. 2014.

BRASIL. Secretaria de Assuntos Estratégicos da Presidência da República. *Pátria educadora*: a qualificação do ensino básico como obra de construção nacional. Versão preliminar. Brasília, 22 abr. 2015.

BRUNS, B.; LUQUE, J. *Great teachers*: how to raise student learning in Latin America and the Caribbean. Washington, DC: World Bank, 2015.

CNE (Conselho Nacional de Educação). *Parecer CNE/CP n. 22/2019*. Assunto: Diretrizes Curriculares Nacionais para a Formação Inicial de Professores para a Educação Básica e Base Nacional Comum para a Formação Inicial de Professores da Educação Básica (BNC-Formação). Relator: Mozart Neves Ramos. Aprovado em 7 nov. 2019.

LABAREE, D. Let's measure what no one teaches: PISA, NCLB, and the shrinking aims of education. *Teachers College Record*, v. 116, n. 9, 2014.

MEC (Ministério da Educação). *Proposta para Base Nacional Comum da Formação de Professores da Educação Básica*. Brasília, 2018.

RAVITCH, D. *Vida e morte do grande sistema escolar americano*. Porto Alegre: Sulina, 2011.

RODRIGUES, L. Z.; PEREIRA, B.; MOHR, A. O documento "Proposta para Base Nacional Comum da Formação de Professores da Educação Básica" (BNCFP): dez razões para temer e contestar a BNCFP. *Revista Brasileira de Pesquisa em Educação em Ciências*, v. 20, p. 1-39, 2020.

SAVIANI, D. Sistema Nacional de Educação articulado ao Plano Nacional de Educação. *Revista Brasileira de Educação*, Rio de Janeiro, v. 15, n. 44, p. 380-392, 2010.

SCHNEIDER, M. P. Dispositivos de accountability na reforma da educação básica brasileira: tendências em curso. *Revista Diálogo Educacional*, v. 19, n. 60, p. 469-493, mar. 2019.

TOLENTINO-NETO, L. C. B. Quando a sala de aula encontra os dados oficiais: repercussões na educação em Ciências. *In*: PAGAN, A. A.; TOLENTINO-NETO, L. C. B. (org.). *Desempenho escolar inclusivo*. Curitiba: CRV, 2015. v. 1, p. 201-207.

WERTHEIM, J. Taking stock: implications of a new vision of science learning for state science assessment. *Measurement*: interdisciplinary research & perspective, v. 14, n. 4, p. 158-161, 2016.

CAPÍTULO 2

Avaliação em larga escala e qualidade da educação: discussões advindas de uma política estadual

Luiz Fernando da Silva
Samara Celestino dos Santos
Janine Dorneles Pereira
Andressa Aita Ivo

A política do *accountability* e suas consequências na educação

No Brasil, a avaliação da educação vem seguindo a esteira das reformas políticas de viés neoliberal, o que vem direcionando as avaliações em larga escala a assumirem a função de exame na perspectiva de *accountability* na educação (Amaro, 2014), processo de prestação de contas para a sociedade. Entretanto, ao se utilizar de exames padronizados como instrumento de prestação de contas na educação, a responsabilização pelos resultados alcançados em relação àqueles esperados, em vez de recair sobre a gestão dos governos (federal, estadual e municipal), atribui-se — por meio de um discurso de culpabilização veiculado nas mídias por diversos grupos de interesse — às gestões escolares, a seus professores e comunidades escolares. Em vista disso, o foco das avaliações em larga escala está no ensino — de uma matriz de descritores — e não na aprendizagem construída no contexto escolar pelos alunos.

Tal objetivação — ou objetificação — da avaliação da educação em índices e indicadores pouco vem produzindo efeitos na melhoria da qualidade da educação, pois: "ao restringir a avaliação da escola e de seus professores ao desempenho dos alunos e ao fluxo [escolar], reduzem-se as capacidades de a avaliação gerar efeitos pedagógicos qualitativos" (Amaro, 2014, p. 123-124). Essa política para a educação está pautada e é incentivada por diversas agências internacionais, em especial, pelo Banco Mundial (Hypolito, 2019), que, por meio de seus empréstimos aos países em desenvolvimento, acaba por influenciar a gestão desses governos.

O diálogo acerca da qualidade da educação requer entendê-la como fenômeno com amplos significados, histórico e, por essa razão, dinâmico, além de ser oriunda de demandas sociais em espaço-tempo específicos. Logo, o ato de avaliar, seja no cotidiano escolar, seja nas avaliações em larga escala, trata-se de uma prática política do exercício do poder e, como tal, em certa medida, expõe a visão de mundo do seu dirigente. A avaliação, assim, nunca é neutra e ingênua, já que ela legitima valores e ideologias e, por conseguinte, produz efeitos, tanto para a vida individual como para a sociedade e para o Estado (Dias Sobrinho, 2004).

No contexto brasileiro, a qualidade em educação é uma questão que sempre encontrou vínculo com os propósitos imbricados na educação. Esses, por sua vez, nunca se desvincularam dos processos socioeconômicos, culturais e políticos do país e das influências externas, marcadamente neoliberais, a partir da década de 1990 até o momento mais recente. Em virtude disso, a qualidade em educação torna-se assunto extremamente complexo a ser problematizado, refletido e debatido.

Muito além das informações quantitativas alcançadas em dados estatísticos que refletem avanços associados ao acesso e à oferta da educação escolar, a qualidade persiste como desafio em processo, notadamente quando ponderadas as condições de permanência e aprendizagem dos estudantes. Tedesco e Rebelatto (2015) apresentam para o debate reflexões que contribuem na contraposição das posturas conservadoras amplamente adotadas em políticas educacionais no Brasil. Para eles, essas políticas configuram-se como insuficientes para as demandas existentes, bem como impróprias para serem aplicadas em um projeto idealizado com vista a escolas com qualidade social.

Gadotti (2010), ao se referir à qualidade social da educação, propõe que é preciso um conceito de qualidade, para além da abordagem quantitativa dos descritores numéricos. Pois, "falar em qualidade social da educação é falar de uma nova qualidade, onde se acentua o aspecto social, cultural e ambiental da educação, em que se valorizam não só o conhecimento simbólico, mas também o sensível e o técnico" (Gadotti, 2010, p. 5).

No que se refere às políticas educacionais da Rede Estadual de Ensino do Rio Grande do Sul, recorrentemente, assiste-se a políticas educacionais de governo e não de Estado. Isto é, cada novo governo eleito rapidamente propagandeia mudanças nas políticas educacionais vigentes, novas propostas são elaboradas, mas que, por vezes, nem se efetivam. É importante destacar que, ao contrário do que se possa pensar, a descontinuidade nas políticas não deve ser associada à alternância do poder, pois essa é positiva e desejável nos regimes democráticos, mas à falta de comprometimento republicano por parte da classe política. Ao rememorar a trajetória, em diversos governos, das políticas de avaliação externa promovidas pela Secretaria Estadual de Educação do Rio Grande do Sul (SEDUC/RS), percebe-se que problematizar a temática qualidade social da educação e a política de avaliação da Rede Estadual de Ensino do Rio Grande do Sul é uma necessidade emergente, posta em evidência pelo contexto da escola pública hoje.

Com base nessas considerações, este capítulo ajuda a compreender os fenômenos recentes ocorridos no âmbito das reformas educacionais pautadas em avaliações em larga escala, por meio do estudo das contraposições entre o Sistema Estadual de Avaliação Participativa e as Políticas de Avaliação da Rede Estadual de Ensino do Rio Grande do Sul.

Avaliação em larga escala no Brasil

As reformas políticas ocorridas no Brasil, especialmente aquelas voltadas para a educação a partir dos anos 1990, vêm sendo influenciadas pelas políticas de âmbito internacional, como consequência — em parte — do chamado Consenso de Washington que, em 1989 na capital dos Estados Unidos, definiu por meio da discussão com diversos agentes econômicos as políticas prioritárias ao fomento das agências internacionais de financiamento para a América Latina (Saviani, 2010). Assim, quando as políticas públicas em educação sofrem essa interferência, as alterações são absorvidas no plano de governo interno, modificando os direcionamentos de objetivos, processos de trabalho e finalidades das escolas públicas. Seguem, assim, uma lógica que associa a educação como propulsora de desenvolvimento produtivo e econômico, tendo como efeito desejável desses dois o desenvolvimento social.

Tal reorganização global, baseada em políticas de governo voltadas para o mercado e orientadas pela eficiência, pelas parcerias público-privadas, pelas redes de governança e pela qualidade, converge para um novo modelo de gestão definido como a Nova Gestão Pública (NGP). Esse novo modelo introduz uma concepção gerencial capitalista para aquilo que é público e, especificamente na educação, surge com supremacia, influenciando intensamente desde as políticas gestacionais da educação para o mercado até o contexto mais interno de gestão escolar (Ivo; Hypolito, 2017). Assim, a "intensificação das políticas de avaliação em larga escala e a criação de indicadores de desempenho de estudantes, escolas e redes passaram a informar opções e prioridades do Estado para assegurar determinado referencial de qualidade" (Nardi; Schneider, 2012, p. 12).

Nesse modelo emergente, percebem-se com maior ênfase a centralização e a regulação dos currículos por meio de sistemas de avaliação padronizados voltados para a performatividade; políticas baseadas em indicadores, metas, resultados e avaliação; e descentralização administrativa. Ivo e Hypolito (2015) consideram ainda que essas alterações no contexto educacional intencionam redução de investimentos e enfoque na eficiência, na eficácia e na produtividade de instituições escolares, implicando diretamente uma reorganização do espaço escolar.

Os modelos de avaliação em larga escala e as políticas atreladas buscam assegurar a qualidade da educação e do sistema escolar, muito embora apliquem seus programas por meio de avaliações padronizadas e descontextualizadas do âmbito escolar. Essa lógica de avaliação com base em métricas, padronizações e índices de desempenho é entendida por Ivo e Hypolito (2017) como um *continuum* da reprodução de desigualdades já presentes no sistema escolar brasileiro.

No Brasil, o discurso referente à necessidade de uma política de garantia de acesso e permanência à educação de qualidade surge a partir da Constituição Federal de 1988, quando, nos artigos 206 e 209, trata-se da garantia de um padrão de qualidade da educação a um sistema de avaliação atrelado ao poder público, condicionando a concessão do ensino livre à iniciativa privada (Silva; Brennand, 2018).

O Sistema de Avaliação da Educação Básica (Saeb) propõe, desde 1990, um conjunto de avaliações em larga escala que formule, reformule e monitore as políticas públicas direcionadas à melhoria da qualidade da Educação Básica. Desde então, reformulações estruturais deram origem a novos programas de avaliação, como a Avaliação Nacional da Educação Básica (Aneb); a Avaliação Nacional do Rendimento Escolar (Anresc), mais conhecida como Prova Brasil; e a Avaliação Nacional da Alfabetização (ANA).

Com o objetivo de monitorar o desenvolvimento das políticas públicas educacionais por intermédio da análise combinada do desempenho estudantil nas avaliações em larga escala — Saeb —, bem como das taxas de aprovação escolar — Censo Escolar —, o Instituto Nacional de Estudos e Pesquisas Educacionais Anísio Teixeira (Inep), autarquia vinculada ao Ministério da Educação (MEC) e responsável por promover estudos, pesquisas e avaliações periódicas sobre o sistema educacional brasileiro, cria, em 2007, o Índice de Desenvolvimento da Educação Básica (Silva; Brennand, 2018).

Não obstante, é pertinente ressaltar a importância de fatores como desigualdade social, peculiaridades contextuais e comprometimento dos atores envolvidos com a prática educativa para se obter avanços em qualidade social (Ivo; Hypolito, 2017). Nesse sentido, indicadores apresentam alguma relevância para o desenvolvimento das políticas educativas, muito embora não devam ser utilizados como o único dado a partir do qual decisões importantes são tomadas, tampouco definam o que venha a ser uma boa educação.

As políticas educacionais não podem ser orientadas exclusivamente pelas avaliações externas, por tomadas de decisões que enfatizam o caráter simplista e reducionista dos resultados das avaliações, distorcendo e degradando o significado e as práticas da educação. A qualidade da educação não pode ser somente produto advindo de uma estratégia de testagem dos alunos, de responsabilização dos docentes, de meritocracia, mas principalmente, de atribuir às instituições escolares toda responsabilidade, independentemente do resultado, quando tal responsabilidade deveria ser do Estado (Ivo; Hypolito, 2015).

Discussão sobre o conceito de qualidade social da educação

Nos últimos anos, tem sido recorrente verificar em escritos e discursos sobre educação expressões como "qualidade da educação", "educação de qualidade", e "educação pública, gratuita e de qualidade". No sentido de elucidar acerca do que trata essa qualidade, é importante destacar que a palavra tem origem greco-latina (*qualitas*) e significa um título definidor de uma categorização ou classificação, constituída por vários significados e definições complexas (Cury, 2010). É bem verdade que, comumente, ao utilizarmos o termo "qualidade", muitas vezes tentamos nos referir a algo "bom" ou "positivo" que atende aos critérios que se deseja ter, sendo assim suficientes conforme a percepção de quem realiza determinada avaliação (Paro, 2012).

Ao buscar a aproximação do termo "qualidade" com a educação, percebemos não ser uma tarefa muito simples, visto que outros termos análogos costumam representá-la, além de pressupor parâmetros de comparação. Gadotti (2010) afirma que, na educação, a qualidade está diretamente relacionada ao bem viver de todas as nossas comunidades, a partir da comunidade escolar. Para Gadotti (2010), a qualidade da educação não pode ser boa se a qualidade do professor, do aluno, da comunidade é ruim. Isto é, não se pode separar a qualidade da educação de uma qualidade geral.

A Organização das Nações Unidas para a Educação, a Ciência e a Cultura (Unesco, 2001) aponta a qualidade como um termo dinâmico, em virtude das constantes transformações sociais, políticas e econômicas mundiais. Assim, antigos critérios estabelecidos para o acompanhamento e a avaliação da qualidade já estão obsoletos, haja vista as diferenças de contexto.

A referência que se tem de qualidade em educação remete a temas como gestão democrática e avaliação, propondo a ideia de que não há qualidade na educação sem a participação da sociedade no contexto escolar. Logo, garantir espaços de deliberação coletiva pressupõe melhoria da qualidade nas políticas educacionais e, consequentemente, na educação. Debater a qualidade da educação é, no mínimo, tarefa inesgotável por se tratar do próprio diálogo da função social da educação. É, em última instância, discutir a educação pautada pela diversidade de visões de mundo e buscar que essa venha a cumprir os objetivos traçados, superando, transformando e reinventando realidades distintas.

O documento da Conferência Nacional de Educação (Brasil, 2009), que referencia a qualidade da educação, apresenta uma menção à "qualidade social", termo que remete ao conceito de educação integral, sistema nacional articulado, gestão democrática, avaliação formativa e formação docente. Devemo-nos atentar ainda que, ao mencionar educação integral, não se trata apenas de um projeto de educação em tempo integral, mas também de uma política pública de envolvimento educacional para todos.

Para Gadotti (2010), a educação de qualidade precisa ser coerente com uma qualidade sociocultural em que a escola é espaço de todos e não de poucos. Nardi e Schneider (2012), subsidiados pela literatura, conferem ainda a adoção do termo "qualidade social", consubstanciado na ótica de educação como prática social e ato político. Autores como Dourado e Oliveira (2009) e Dourado, Oliveira e Santos (2007), compreendem que tomar a dimensão social como basilar para a qualidade implica a análise de múltiplos fatores, os quais afetam condições de ensino e aprendizagem nas escolas, não sendo validados somente a partir de informações quantitativas que fortalecem apenas os aspectos produtivos no cenário mundial. Portanto, a qualidade social considera dimensões intra e extraescolares que afetam as possibilidades de ensino e aprendizagem nas comunidades escolares.

A Constituição Federal de 1988 apresenta em seu escopo a educação como vetor para o desenvolvimento humano, tendo a qualidade sempre atrelada a seus preceitos. Além disso, a Lei de Diretrizes e Bases da Educação Nacional (LDB) faz menção à educação a partir de critérios de qualidade que atentem para insumos indispensáveis ao processo de ensino e aprendizagem (Brasil, 1996). Essa busca pela qualidade na educação segue apontamentos de que família e comunidade também têm corresponsabilidades frente a esse processo.

Mocarzel e Najjar (2020) entendem que qualidade é uma edificação plural, constituída por múltiplos aspectos, e se forma a partir de seus próprios objetivos, independentemente de se tratar de qualidade social, socialmente referenciada, total ou economicista. Destacam ainda que a riqueza da qualidade na educação se faz da junção das várias dimensões, sendo elas: eficácia pedagógica, eficiência econômica, efetividade política e relevância cultural.

Evidentemente, a dimensão pedagógica ganha certo relevo por se tratar do objeto em si, qualidade da educação, muito embora, frequentemente, critérios interpretativos de qualidade privilegiem aspectos de eficiência econômica em face dos educacionais (Sousa; Oliveira, 2003). Se, por um lado, a qualidade na educação a partir da dimensão da eficácia pedagógica é entendida como superação das expectativas em relação aos resultados apresentados pelos alunos (Sammons, 2008), por outro, ela precisa garantir direitos essenciais dos estudantes, tais como acesso à escola e permanência nela; profissionais com formação inicial e continuada de excelência; currículos e recursos didáticos que dialoguem com a diversidade; espaço e tempo adequados para avaliação e planejamento das atividades; bem como garantia de aprendizagem e formação integral. Logo, compreender a dimensão da eficácia pedagógica da qualidade da educação baseada exclusivamente em resultados pode gerar indesejáveis equívocos, tendo em vista que desconsidera o contexto envolvido, que traz consigo grande importância para se perceber as diferenças de trajetórias e oportunidades.

Partindo da ideia de que são necessários recursos e substanciais investimentos para a garantia de uma educação de qualidade, tratar da dimensão econômica faz-se igualmente necessário, pois não existe educação de qualidade sem infraestrutura adequada, sem prevenir desperdícios e sem remuneração de profissional digna e valorizada. A "qualidade na educação é o resultado das condições que oferecemos a ela" (Gadotti, 2010, p. 11). Percebemos que a melhoria da qualidade da educação é reflexo da decisão política de alocar, com responsabilidade e compromisso ético, mais recursos financeiros em um projeto de educação que promova a conscientização e, consequentemente, a emancipação dos sujeitos.

Conforme disse Paulo Freire, educar deve ser sempre um ato político, na medida em que não se concebe uma educação neutra, mas sempre permeada de sentidos, valores, crenças e ideologias. Assim deve ser vista a dimensão da efetividade política, proporcionando uma educação a partir de um compromisso político e com as devidas mediações (Freire, 1967).

A dimensão da relevância cultural também se faz presente quando se pretendem melhorias na qualidade da educação, sendo cultura e educação fatores indissociáveis. Por ser um espaço de encontro e de choques de culturas, a relevância cultural da educação na escola precisa ser priorizada (Mocarzel; Najjar, 2020).

Tratadas as dimensões da qualidade da educação que precisam ser levadas em conta, a avaliação dessa qualidade é outro aspecto a ser considerado. Perspectivas neoliberais que valorizam de maneira exacerbada o mercado econômico e, consequentemente, os resultados no âmbito da educação têm encontrado amplo espaço de atuação na esfera educacional, uma vez que se credita à educação a necessidade de gerar lucratividade, reduzir despesas, além de controlar e regular gastos recorrendo a indicadores (Almeida, 2013). Ademais, a crescente preocupação em se manterem competitivos nos mercados internacionais tem levado os governos a redefinir os objetivos da educação pública. Esses governos apostam que relações intensas entre escolarização e empenho, melhoria dos resultados de aprendizagem vinculados a competências e destrezas exigidas pelo mercado de trabalho estão agregadas à alta na economia desses países. Certa feita, não é de estranhar que a centralidade dos resultados referentes à educação esteja imbuída na lógica do mercado, em que políticas econômicas estão diretamente relacionadas à responsabilidade dos governos e aos compromissos com a educação (Dale, 2007).

Logo, resgatados da administração, os modelos de *accountability* ocupam espaço no campo educacional, sendo frequentemente associados a novos sistemas de regulação e gestão educacional. Dessa forma, a aplicabilidade de alternativas de avaliação em larga escala, para estudantes, professores e escolas, apresenta-se como uma das principais estratégias adotadas pelo Estado. Isso vem redefinindo, ao longo do tempo, o papel do Estado para o chamado Estado-avaliador em que, conforme aponta Afonso (2013; 2016), o Estado passou a incorporar a lógica de mercado que, por meio de modelos de gestão privada, enfatiza resultados e produtos dos sistemas educativos, caracterizando-se pela vinculação da ideologia neoliberal às políticas avaliativas. A utilização dessas ferramentas no contexto da educação configura apenas um estágio inicial dos mecanismos de regulação que estão em curso. Nesse modelo de administração pública, o Estado reafirma interesses no comando da educação, intensificando o controle por meio da mera avaliação dos resultados, em contrapartida do caráter formativo das políticas de avaliação na educação.

O cenário das políticas educacionais da rede estadual de ensino do Rio Grande do Sul (1995-2022)

O caminho percorrido pela Educação brasileira, após o período da Ditadura Militar, perpassou por uma intensa discussão sobre os rumos que ela deveria tomar, em especial, a qualidade na educação como direito a ser garantido, por todos os brasileiros, por meio do Estado e de uma escola que deve ser pública e gratuita (Nardi; Schneider, 2012). Isso ficou enunciado na Constituição Federal de 1988, mais conhecida como Constituição Cidadã, entretanto, ainda carece de efetivação. No decorrer dos anos 1990, observa-se que o neoliberalismo, entendido como o "conjunto de discursos, práticas, dispositivos que determinam um novo modo de governo dos homens sobre o princípio universal da concorrência" (Trevisol; Almeida, 2019, p. 202), encabeça a "emergência de mudanças educacionais decorrentes do processo de reforma do Estado, o que vai colaborar para a [...] intensificação das políticas de avaliação em larga escala e a criação de indicadores de desempenho dos estudantes" (Nardi; Schneider, 2012, p. 228).

A ideia neoliberal de qualidade, de acordo com Trevisol e Almeida (2019), visa à formação para os princípios do capitalismo. A lógica capitalista, entre suas várias dimensões sobre as ações políticas que podem ser implementadas, envolve privatizações, convênios público-privados, assim como avaliações em larga escala, em que o Estado age como aquele que assume as políticas públicas para si, mas embasado no viés que adota a educação voltada para o mercado. A atuação estatal se torna mínima e atrelada a um Estado não soberano (Almeida, 2013).

Essa nova realidade acaba por transpor para os estados brasileiros reformulações em todos os campos, em especial o da educação. A reorganização da Rede Estadual de Ensino do Rio Grande do Sul, dentro da lógica neoliberal, foi intensificada em termos de operacionalização a partir de 1995, dentro da conjuntura de implementação do Sistema de Avaliação Externa nos Estabelecimentos de Ensino da Rede Pública, perpassando por vários governos que se sucederam até chegar aos dias atuais. (No estado do Rio Grande do Sul nunca houve, até a escrita deste texto, uma reeleição de governos estaduais, havendo uma mudança de gestão a cada quatro anos.)

De acordo com Koetz e Werle (2012), o estudo sobre a trajetória do Sistema de Avaliação do Rendimento Escolar do Rio Grande do Sul demonstra que houve o início da estruturação da avaliação em larga escala, de âmbito externo, na Rede Estadual de Ensino do Rio Grande do Sul durante o governo de Antônio Britto (1995-1998), pertencente à época ao partido político atualmente chamado Movimento

Democrático Brasileiro (MDB), sob o modelo do Saeb. Conforme as autoras elucidam, na época, a assessoria de imprensa do governo, em 12 de março de 1997, analisou por meio dos resultados de avaliação Saeb/1995 e do Sistema de Avaliação do Estado/1996 que o ensino precisava de melhorias para atingir padrões de ensino de países desenvolvidos (Koetz; Werle, 2012).

Inicialmente, o "Sistema de Avaliação das Escolas da Rede Pública Estadual" (Koetz; Werle, 2012, p. 681) serviu como referência para a promoção da qualificação docente e a formação continuada, aplicadas *a posteriori*. Essa avaliação, segundo a referida investigação, apresentou um caráter voltado para a gestão democrática, já que, nos anos de 1996, 1997 e 1998, o sistema avaliativo se constituiu dentro da estrutura do Estado, tendo como orientadora e executora a SEDUC/RS. Além das avaliações foram aplicados questionários, cujo objetivo era o entendimento dos contextos, e contou com o preenchimento de outros setores da escola, como equipes diretivas, Círculo de Pais e Mestres e Conselhos Escolares. Essa nuance estava em acordo com a Lei Estadual n. 10.576/1995, conhecida como Lei de Gestão Democrática.

Outros dados do estudo de Koetz e Werle (2012) apontam que entre a edição inicial, em 1995, e as posteriores, ocorridas em 1997 e 1998, houve avanços no número de turmas avaliadas, tanto no processo de início da Educação Básica como nas séries finais de cada etapa. Dentre suas proposições, estava definida a institucionalização das avaliações externas nas instituições escolares, em nível estadual, as quais ficaram sob a responsabilidade da SEDUC/RS. Com a Lei de Gestão Democrática, há um nítido indício de abertura em favor da democracia, porém, sob o viés da descentralização, cuja lógica de gestão se deu na autonomia dos setores, processo que estava em consonância com a Reforma do Estado instaurada em todas as esferas governamentais. Observa-se que a mesma lei que regulamenta princípios da gestão democrática também estabelece a avaliação da produtividade docente que, efetivamente, ficou só no papel e não houve implementação.

Mantendo uma sequência temporal dos governos que sucederam Antônio Britto (MDB), o governo Olívio Dutra (1999-2002), filiado ao Partido dos Trabalhadores (PT), não realizou promoção de avaliações em larga escala. Nele, foram instaurados Fóruns de Participação, nos quais a população pôde contribuir com assuntos importantes que envolvessem políticas públicas e ações estatais em todos os setores, especialmente, aqueles ligados à população de baixa renda. A intencionalidade do governo petista visava a diversos campos (social, econômico, político), e o principal objetivo era reduzir a influência da lógica neoliberal nas políticas de Estado, tentando, assim, estabelecer um governo de cunho mais popular, participativo e democrático (Faria, 2006). No entanto, esse governo de caráter popular causou alguns conflitos que fomentaram a não reeleição do até então governador, elegendo Germano Rigotto (2003-2006), pertencente à época ao MDB.

No governo de Germano Rigotto (2003-2006), o Sistema de Avaliação de Rendimento do Estado passou por uma nova lógica de gerenciamento do setor público, em que se estabelecia por força de lei (Lei Estadual n. 12.237/2005) que a gestão mantivesse um direcionamento voltado para a adoção de metas, para a contratação de empresas privadas a partir de contratos alinhados à produtividade, inclusive com bonificação como incentivo a professores e estudantes. A produtividade docente foi transformada em um programa estabelecido por meio de um subcontrato de gestão, que determinava todos os parâmetros que deveriam ser atendidos (metas, objetivos etc.).

O projeto-piloto, denominado Programa de Avaliação Produtividade Docente, foi realizado em duas Coordenadorias Regionais da Educação a partir de "indicadores de qualidade e produtividade do ensino acordados no subcontrato de gestão" (Koetz; Werle, 2012, p. 687). A prova ficou restrita às duas coordenadorias, a algumas séries do Ensino Fundamental e ao ano de 2005: nos anos que se seguiram, não houve outras avaliações. O Ensino Médio também não foi avaliado durante esse governo.

Apesar de os contratos de gestão nas avaliações de rendimento escolar do Rio Grande do Sul não terem sido realizados com a iniciativa privada, o avanço em prol da lógica neoliberal deu mais um passo, já que no governo Germano Rigotto houve uma abertura para a terceirização, a partir da contratação da Fundação Cesgranrio, que ganhou proeminência no desenvolvimento de avaliações em larga escala em meados da década de 1990 (Koetz; Werle, 2012).

Seguindo o caminho das avaliações em larga escala no Rio Grande do Sul, o governo de Yeda Crusius (2007-2010), pertencente à época ao Partido da Social Democracia Brasileira (PSDB), caracterizou-se por estruturar programas que nivelaram o gerenciamento intensivo e institucionalizaram, por meio do Decreto Estadual n. 45.300/2007, o Sistema de Avaliação do Rendimento Escolar do Rio Grande do Sul (SAERS) para todas as escolas, do interior ou das cidades. A avaliação aconteceu em todos os anos do governo, para toda a Rede Estadual de Ensino, nas áreas de Língua Portuguesa e Matemática, com alunos de 2ª série/3º ano e 5ª série/6º ano do Ensino Fundamental, e 1º ano do Ensino Médio.

Doravante nesse governo, a organização e a execução das avaliações do SAERS passaram a ser realizadas pelo Centro de Políticas Públicas e Avaliação da Educação (CAEd), da Universidade Federal de Juiz de Fora. O resultado das edições do SAERS de 2007 a 2010 mostraram uma progressão significativa nos resultados. Ainda segundo Koetz e Werle (2012), a falta de uma política de Estado duradoura fez com que houvesse uma inconstância no sistema de avaliação, porém, sempre dentro da lógica neoliberal de um Estado-avaliador. Conforme Almeida (2013), a gestão da educação no Estado-avaliador assume tal forma de organização polissêmica em que a presença estatal existe, porém, coabitada por um discurso no qual a responsabilidade pelo fracasso escolar é unicamente da escola.

Dando prosseguimento aos governos após Yeda Crusius (PSDB), Tarso Genro (2011-2014), pertencente à época ao PT, contrapõe-se ao SAERS e propõe o Sistema Estadual de Avaliação Participativa, que consistia em outro modo de entender a avaliação externa da Rede Estadual de Ensino. Quando se inicia o governo de Ivo Sartori (2015-2018), pertencente à época ao MDB, o SAERS foi novamente retomado, e aplicado nos anos de 2016 e 2018, mas sem ocupar destaque no discurso político; trataremos desse assunto mais adiante.

Já no governo Eduardo Leite (2018-2022), pertencente ao PSDB, o SAERS entra na agenda de governo e é apresentado como parâmetro de melhoria para a questão da qualidade da educação. Porém, com a pandemia de covid-19, não foi possível realizar a aplicação das provas nas escolas entre 2020 e 2022. Todavia, isso não impossibilitou que a Rede Estadual de Ensino ficasse sem avaliações. Em 2021, foram realizadas: a Avaliar é Tri (avaliação diagnóstica da aprendizagem, durante o período de isolamento social) e, em agosto do mesmo ano, aconteceu a Avaliação e Monitoramento da Educação Básica, ambas realizadas pelo CAEd.

O que percebemos dessas políticas de avaliação em larga escala no Rio Grande do Sul é que elas são dimensionadas para atender às necessidades do mercado. Para combater essa estrutura, conforme Trevisol e Almeida (2019), a escola precisa sair da lógica neoliberal e voltar-se para aspectos que trabalhem com o ideal de cidadania como coesão social, democracia e valor moral. O valor de qualidade inserido por esses governos busca mensurar a aprendizagem sem levar em conta o trabalho realizado pelos professores em seus contextos de atuação, trazendo uma política que incide na escola de cima para baixo, com dimensões externas às vivências e à realidade escolar.

Sistema Estadual de Avaliação Participativa do estado do Rio Grande do Sul

O Sistema Estadual de Avaliação Participativa (SEAP/RS) da Rede de Ensino do Rio Grande do Sul, instituído pelo Decreto Estadual

n. 48.744, de 28 de dezembro de 2011, foi desenvolvido e implementado, entre os anos de 2011 e 2014, durante a gestão do governo Tarso Genro (PT), e sob a coordenação do secretário estadual de Educação, José Clóvis de Azevedo. No decorrer do ano de 2011, a SEDUC/RS iniciou a propositura dessa política de avaliação, culminando na produção de um documento preliminar intitulado *Sistema Estadual de Avaliação Institucional Participativo — RS* (SEAIP-RS). Nesse ano, também, começaram as discussões em torno do financiamento dessa política, que encontrou no Banco Mundial um parceiro para esse investimento, cuja formalização se deu por meio do Convênio n. 028/2012, com a Secretaria de Planejamento, Governança e Gestão (SEPLAG/RS), o qual se referia a essa política como Sistema Estadual Articulado de Avaliação Participativa (SEAAP). Em 25 de setembro de 2012, a SEDUC/RS promoveu ao público a implementação da nova política de avaliação, cuja intenção era de se contrapor ao SAERS.

O SAERS, instituído pelo Decreto Estadual n. 45.300, de 30 de outubro de 2007, durante o governo da Yeda Crusius (PSDB), ao revogar o Decreto Estadual n. 36.893, de 2 de setembro de 1996, que instituiu o Sistema de Avaliação Externa nos Estabelecimentos de Ensino da Rede Pública, realizado durante o governo Antônio Britto (MDB), ampliava e estruturava algumas das ideias apresentadas nesse decreto referentes à avaliação externa da qualidade da Rede Estadual de Ensino.

Tal dinâmica de disputa na trajetória da política de avaliação educacional em larga escala no Rio Grande do Sul denota como hipótese que, mais do que diferentes modelos para mensurar a qualidade da Rede Estadual de Ensino, tem-se uma tentativa — por grupos de interesse social e político distintos — de estabelecer um conceito de qualidade na educação em detrimento de outro. A partir dessa suposta concorrência política entre projetos de educação que anunciam ser antagônicos, mas que apresentam alguns vasos comunicantes entre si, é possível cogitar que há uma disputa em torno de um conceito hegemônico de qualidade na educação gaúcha.

Nesse sentido, como ponto de aproximação entre essas políticas, percebe-se que, em ambas, não há contraposição às avaliações externas nacionais ou estaduais. Tanto que os excertos relacionados à avaliação externa, prevista na Lei Estadual n. 10.576, de 14 de novembro de 1995, que ao longo de diversos governos sofreu várias mudanças, nunca teve alterada a redação. Justamente, ao contrário, tentou-se capturar a sua sistematização, como no caso de SAERS e SEAP/RS, que fizeram isso a partir de perspectivas distintas, mas que convergiam ao anunciarem o interesse de promover ações que colaborassem para a obtenção da melhora dos resultados apresentados pelas métricas de avaliação do Saeb. Também, em ambas as políticas, houve a presença de instituições externas à SEDUC/RS para assessoria, suporte e/ou avaliações externas de caráter teórico-metodológico para os procedimentos, os processos e os resultados obtidos. No caso do SAERS, foi contratada a Universidade Federal de Juiz de Fora (UFJF), primeiramente, por meio do Contrato n. 089/2007, Processo Administrativo de Expediente n. 007585-1900/07-2; e, no caso do SEAP/RS, foi contratada a Universidade Federal do Rio Grande do Sul (UFRGS), inicialmente, por meio do Contrato n. 174/2013, Processo Administrativo de Expediente n. 002963-1900/13-4.

Todavia, distanciam-se no modo de mobilizar esses procedimentos e ações, enquanto no SAERS a estratégia era aplicar provas censitárias anuais (2007, 2008, 2009 e 2010) de Língua Portuguesa e Matemática, ao molde das matrizes do Saeb, nas turmas de 3º e 6º anos do Ensino Fundamental e 1º ano do Ensino Médio. No SEAP/RS, a estratégia era aplicar, a partir de 2013, provas amostrais bianuais somente nas escolas que apresentassem desempenho insatisfatório no Índice de Desenvolvimento da Educação Básica (Ideb), nas áreas do conhecimento de Ciências da Natureza e Ciências Humanas, nas turmas de 5º e 9º anos do Ensino Fundamental e 3º ano do Ensino Médio, a fim de complementar a avaliação de Língua Portuguesa e Matemática desenvolvida pelo Saeb. Porém, essas provas de avaliação individual dos estudantes não ocorreram devido às mudanças realizadas em

2013 no Saeb, que ampliaram, de forma experimental e amostral, o escopo da avaliação para as áreas que o SEAP/RS havia se proposto a avaliar. Assim como essa modificação, outras se deram, contudo, sem ensejar uma mudança significativa dessa política.

O SEAP/RS era orientado por um conjunto de cinco cadernos, sendo que dois deles apresentaram orientações e reflexões sobre o processo avaliativo institucional, e os outros três foram direcionados às instituições: Escolas, Coordenadorias Regionais de Educação (CRE) e SEDUC/RS, que apresentavam as métricas para a avaliação.

O SEAP/RS previa, anualmente, a realização de um processo avaliativo de forma coletiva pelas comunidades institucionais, sendo desenvolvido em quatro etapas articuladas entre si, descritas na Ordem de Serviço da SEDUC/RS n. 02/2012; são elas: elaboração do diagnóstico preliminar institucional; discussão com os segmentos da comunidade institucional sobre o diagnóstico preliminar; criação da comissão da avaliação institucional; e consolidação da avaliação institucional. Esse diagnóstico era realizado por meio de um sistema composto por seis dimensões, que visavam apresentar as condições de funcionamento da instituição, e 50 indicadores, os quais detalhavam os itens abordados, sendo que cada um desses indicadores relaciona-se a descritores de situação, que atribuíam uma referência de 1 a 5 pontos ou "não se aplica" (NSA), no qual quanto maior o valor dado, melhor seria a avaliação do indicador.

Tais resultados eram registrados por cada comunidade institucional num sítio eletrônico promovido pelo Centro de Tecnologia da Informação e Comunicação do Estado do Rio Grande do Sul S.A. (Procergs), sendo o processo e o resultado diagnósticos analisados por uma equipe de pesquisadores contratados da UFRGS. Além disso, alguns dos resultados referentes a indicadores de rendimento e qualidade do trabalho pedagógico docente, que eram discutidos nos processos de elaboração do SEAP/RS na escola, se tornaram parâmetro para a promoção profissional dos membros do magistério, a partir do Decreto Estadual n. 48.744, de 28 de dezembro de 2011, que passou a regulamentar essas promoções. Essa forma de promoção profissional é típica da política de *accountability*, o que demonstra a maneira como as práticas e os valores neoliberais estavam fortemente presentes nas estruturas de Estado, influenciando as gestões de governos com diferente espectro político.

O SEAP/RS propôs um encontro com os princípios da gestão democrática na educação ao dar ênfase na participação das comunidades no processo de autoavaliação institucional, o que deve ser destacado como um elemento de potencialidade dessa política. Entretanto, na própria formulação do SEAP/RS, não houve uma ampla participação da Rede Estadual de Ensino no seu processo preliminar de formulação. A elaboração dessa política de avaliação, que preconizava a participação das comunidades institucionais, acabou por ficar condicionada apenas a alguns dirigentes de governo, como se percebe nas discussões preliminares ocorridas no documento SEAIP-RS e, depois, nas negociações para que essa política, então chamada na ocasião de SEAAP, fosse financiada pelo Banco Mundial. Também, a lógica da avaliação externa, isto é, o fato de a análise dos resultados obtidos ser avaliada fora do contexto da comunidade institucional, pode representar um fator para o esvaziamento do processo de participação ao longo do tempo, já que os atores locais não participavam dessa análise. No caso do SEAP/RS, destaca-se em especial a demora para a devolutiva da avaliação qualitativa externa produzida pela UFRGS que, por razões contratuais, só se iniciou ao final de 2013.

A experiência do SEAP/RS sugere que, mesmo uma política que surja com a pretensão de se contrapor ao *status quo*, ela não está livre de incoerências e contradições produzidas pelo contexto social, político e econômico em que está inserida. O SEAP/RS se propunha a ser um instrumento de diagnóstico e planejamento, realizado pelas comunidades institucionais e analisado por um agente externo ao governo. Para tanto, considerou para a avaliação da educação aspectos quantitativos e qualitativos, evidenciando uma política que entendia a qualidade da educação para além dos índices do Ideb.

Nesse sentido, a política de avaliação procura contribuir para a qualidade social da educação, ao propor a mobilização da comunidade institucional em torno da sua autoavaliação participativa e democrática. Nos cadernos produzidos e distribuídos do SEAP/RS às escolas pela SEDUC/RS, há a apresentação de um entendimento de qualidade social da educação:

> A qualidade social implica em uma educação escolar pública com padrões de excelência e adequação aos interesses da maioria da população, que incorpore os princípios constitucionais da gestão democrática e da igualdade de condições para o acesso e permanência e a avaliação institucional sistemática como método participativo de qualificação do processo de ensino e de aprendizagem (RIO GRANDE DO SUL, 2014, p. 6).

Portanto, é possível compreender o SEAP/RS como uma política de avaliação externa para um contexto político emergente, que apresentava aspectos contraditórios entre si, sendo ora regulatórios, ora emancipatórios. O SEAP/RS pretendia ser uma avaliação emancipatória, todavia, seu processo de formulação e reformulação não incluiu a ampla participação das comunidades institucionais. Os relatórios de avaliação externa não investigavam as condições de participação e elaboração dos documentos das comunidades institucionais. Além disso, o poder decisório em reuniões, assembleias e comissões era representativo, exigindo que houvesse um real compromisso com o exercício democrático nas comunidades institucionais. Esses são alguns elementos que podem ter minimizado o poder de transformação dessa política educacional, além de, consequentemente, uma fragilidade para a sua continuidade e permanência. Por outro lado, o SEAP/RS consegue estabelecer-se como uma referência de política de avaliação em larga escala, com vista à qualidade social da educação no Rio Grande do Sul. Assim, a partir da trajetória do SEAP/RS, é possível refletir como essa política poderia ser aperfeiçoada e quais indicadores apresentados por ela são relevantes para avaliar a qualidade social da educação.

Accountability versus qualidade social: uma tentativa de discurso social

No Rio Grande do Sul, a partir de 1995, a qualidade da educação começou a ser pensada com a configuração do Estado-avaliador, sendo assim estruturada ao longo dos anos subsequentes. Com viés capitalista, o ideal de gestão procurou funcionar em torno da eficácia e da eficiência. As avaliações em larga escala giraram em torno das tentativas de formulação de uma política que relacionasse a avaliação discente com parâmetros baseados no Ideb. Com diversas denominações e perspectivas, a avaliação em larga escala, com vista ao Estado-avaliador, esteve presente — em alguma medida — nos vários governos de diferentes matizes político-partidárias no Rio Grande do Sul. Ainda que, a cada novo governo eleito, houvesse discursos de implementação de uma nova política educacional, especialmente, referente à avaliação da qualidade da Rede Estadual de Ensino, pouco conseguia se distanciar da lógica neoliberal imposta pelo contexto histórico no qual se encontravam imersas as políticas de Estado.

A gestão que esteve à frente do governo estadual entre 2011 e 2014 implementou uma proposta que pretendia voltar-se para a qualidade social da Rede Estadual de Ensino sem, em nossa análise, abrigar ações contraditórias: tinha aspiração de desenvolvimento de uma avaliação com dimensões plurais e coletivas (o que, de certa forma, foi bem-sucedida), porém, com traços regulatórios, já que foi implantada sem o diálogo necessário com as instituições escolares e os principais atores do processo, a comunidade escolar. Além disso, a avaliação externa à Rede Estadual de Ensino era realizada por uma das universidades referência no estado, a UFRGS, o que em certa medida colabora para o entendimento dos aspectos regionais. Por outro lado, a devolutiva desses relatórios acontecia de forma extemporânea, não sendo, assim, alvo de discussão pelas comunidades institucionais a que eles eram dirigidos.

Por fim, no que se refere aos resultados, observa-se que o discurso político que deu origem ao Sistema de Avaliação Participativa desenvolvia a ideia de avaliação com qualidade, e chegou a propor uma dimensão mais participativa e democrática do processo de avaliação em larga escala. Todavia, o uso de parâmetros relativos ao Saeb e a tentativa de promoção da avaliação docente de caráter fortemente meritocrático caracterizam a ação governamental como decorrente de uma estrutura nacional, que tem como base os princípios do Estado-avaliador. Tais elementos apontam para a necessidade de a sociedade discutir e refletir acerca da avaliação em larga escala e dos critérios que, de fato, considerem a qualidade social presente nas práticas curriculares do cotidiano escolar. Em última instância, estabelecer um consenso político em torno da concepção de qualidade em educação requer direcionar as políticas públicas de avaliação e suas implicações no contexto escolar para o papel — social ou econômico — que se pretende colocar como central da educação.

Referências

AFONSO, A. J. Mudanças no Estado-avaliador: comparativismo internacional e teoria da modernização revisitada. *Revista Brasileira de Educação*, v. 18, p. 267-284, 2013.

AFONSO, A. J. Políticas avaliativas e accountability em educação — subsídios para um debate ibero-americano. *Sísifo*, n. 9, p. 57-70/EN 57-70, 2016.

ALMEIDA, M. L. P. Políticas de educação e Estado avaliador na América Latina: uma análise para além das avaliações externas. *REICE*: revista iberoamericana sobre calidad, eficacia y cambio en educación, v. 11, n. 4, p. 77-91, 2013.

AMARO, I. Avaliar ou examinar a escola? Performatividade, regulação e intensificação do trabalho docente. *Impulso*, Piracicaba, v. 24, n. 61, p. 109-127, set./dez. 2014.

BRASIL. Lei n. 9.394, de 20 de dezembro de 1996. Estabelece as Diretrizes e Bases da Educação Nacional. *Diário Oficial da União*: seção 1, Brasília, DF, p. 27833-27841, 21 dez. 1996.

BRASIL. Ministério da Educação. *Documento referência*: Conferência Nacional de Educação. Brasília: MEC, 2009.

CURY, C. R. J. Qualidade em educação. *Nuances*: estudos sobre educação. São Paulo, v. 17, n. 18, p. 15-31, jan./dez. 2010.

DALE, R. Los efectos de la globalización en la política nacional: un análisis de los mecanismos. *In*: BONAL, X.; TARABINI, A.; VERGER, A. (ed.). *Globalización y educación*: textos fundamentales. Buenos Aires: Miño y Dávila, 2007. p. 87-114.

DIAS SOBRINHO, J. Avaliação ética e política em função da educação como direito público ou como mercadoria? *Educação & Sociedade*, v. 25, p. 703-725, 2004.

DOURADO, L. F.; OLIVEIRA, J. F. A qualidade da educação: perspectivas e desafios. *Cadernos Cedes*, v. 29, p. 201-215, 2009.

DOURADO, L. F.; OLIVEIRA, J. F.; SANTOS, C. A. A qualidade da educação, conceitos e definições. *Textos para Discussão*, n. 24, p. 69-69, 2007.

FARIA, C. F. Fóruns participativos, controle democrático e a qualidade da democracia no Rio Grande do Sul: a experiência do governo Olívio Dutra (1999-2002). *Opinião Pública*, Campinas, v. 12, n. 12, p. 378-406, 2006.

FREIRE, P. *Educação como prática da liberdade*. Rio de Janeiro: Paz e Terra, 1967.

GADOTTI, M. *Qualidade na educação*: uma nova abordagem. São Paulo: Editora e Livraria Instituto Paulo Freire, 2010.

HYPOLITO, Á. M. BNCC, agenda global e formação docente. *Retratos da Escola*, v. 13, n. 25, p. 187-201, jan./maio 2019.

IVO, A. A.; HYPOLITO, Á. M. Políticas gerenciais em educação: efeitos sobre o trabalho docente. *Currículo sem Fronteiras*, v. 15, n. 2, p. 365-379, 2015.

IVO, A. A.; HYPOLITO, Á. M. Sistemas de avaliação em larga escala e repercussões em diferentes contextos escolares: limites da padronização gerencialista. *Revista*

Brasileira de Política e Administração da Educação: periódico científico editado pela ANPAE, v. 33, n. 3, p. 791-809, 2017.

KOETZ, C. M.; WERLE, F. O. C. Trajetória do sistema de avaliação do rendimento escolar do estado do Rio Grande do Sul. *Ensaio*: avaliação e políticas públicas em educação, v. 20, p. 677-700, 2012.

MOCARZEL, M.; NAJJAR, J. Qualidade na/da educação como um marco referencial das políticas e práticas educacionais: um enfoque multidimensional. *Em Aberto*, Brasília, v. 33, n. 109, p. 27-46, set./dez. 2020.

NARDI, E. L.; SCHNEIDER, M. P. Qualidade na educação básica: entre significações, políticas e indicadores. *Revista Educação em Questão*, Natal, v. 42, n. 28, p. 227-250, jan./abr. 2012.

PARO, V. H. A qualidade da escola pública: a importância da gestão escolar. *In*: OLIVEIRA, M. A. T. *Qualidade Brasil*. Belo Horizonte: Mazza Edições, 2012. p. 57-73.

RIO GRANDE DO SUL. Lei n. 10.576, de 14 de novembro de 1995. Dispõe sobre a gestão democrática do ensino público e dá outras providências. *Diário Oficial do Estado do Rio Grande do Sul*, Porto Alegre, 1995.

RIO GRANDE DO SUL. Decreto n. 36.893, de 2 de setembro de 1996. Institui o Sistema de Avaliação Externa nos estabelecimentos de ensino da rede pública de que tratam os artigos 78 a 80 da Lei da Gestão Democrática do Ensino Público. *Diário Oficial do Estado do Rio Grande do Sul*, Porto Alegre, 1996.

RIO GRANDE DO SUL. Lei n. 12.237, de 13 de janeiro de 2005. Normatiza a política de produtividade e qualidade decorrente da racionalização dos recursos e despesas no âmbito do Poder Público. *Diário Oficial do Estado do Rio Grande do Sul*, Porto Alegre, 2005.

RIO GRANDE DO SUL. Contrato n. 089, de 24 de outubro de 2007. Processo administrativo de expediente n. 007585-1900/07-2. *Diário Oficial do Estado do Rio Grande do Sul*, Poder Executivo, Porto Alegre, p. 16, 24 out. 2007.

RIO GRANDE DO SUL. Decreto n. 45.300, de 30 de outubro de 2007. Institui o Sistema de Avaliação do Rendimento Escolar do Rio Grande do Sul (SAERS).

Diário Oficial do Estado do Rio Grande do Sul, Poder Executivo, Porto Alegre, p. 2, 31 out. 2007.

RIO GRANDE DO SUL. Decreto n. 48.744, de 28 de dezembro de 2011. Institui o Sistema Estadual de Avaliação Participativa do Estado do Rio Grande do Sul — SEAP/RS, e dá outras providências. *Diário Oficial do Estado do Rio Grande do Sul*, Poder Executivo, Porto Alegre, p. 15, 29 dez. 2011.

RIO GRANDE DO SUL. Secretaria de Planejamento, Governança e Gestão. *Convênio n. 028/2012, de 17 de agosto de 2012*. Dispõe sobre o contrato de empréstimo com o Banco Mundial. Porto Alegre, 2012. Disponível em: https://planejamento.rs.gov.br/upload/arquivos/201512/21160041-convenio-seplag-028-seduc.pdf. Acesso em: 22 fev. 2022.

RIO GRANDE DO SUL. Ordem de serviço n. 2, de 11 de outubro de 2012. Dispõe sobre o processo do SEAP — Sistema Estadual de Avaliação Participativa na rede pública estadual, visando consolidar a participação de todos os segmentos da comunidade escolar. *Diário Oficial do Estado do Rio Grande do Sul*, Poder Executivo, Porto Alegre, p. 63, 11 out. 2012.

RIO GRANDE DO SUL. Contrato n. 174/2013 DLC/DAD/SEDUC — de 28 de novembro de 2013. Processo administrativo de expediente n. 002963-1900/13-4. *Diário Oficial do Estado do Rio Grande do Sul*, Poder Executivo, Porto Alegre, p. 90, 29 nov. 2013.

RIO GRANDE DO SUL. *Sistema Estadual de Avaliação Participativa — Cadernos de Avaliação n. 1*: orientações para a elaboração da avaliação institucional. Porto Alegre: SEDUC/RS, 2014.

SAMMONS, P. *As características-chave das escolas eficazes. Pesquisa em eficácia escolar*: origem e trajetórias. Belo Horizonte: Editora UFMG, 2008.

SAVIANI, D. *História das ideias pedagógicas no Brasil*. 3. ed. rev. Campinas: Autores Associados, 2010.

SILVA, P. F.; BRENNAND, E. G. G. Políticas de accountability na gestão educacional do estado de Pernambuco — Brasil. *Revista Brasileira de Política e Administração da Educação*: periódico científico editado pela ANPAE, v. 34, n. 1, p. 233-251, 2018.

SOUSA, S. Z. L.; OLIVEIRA, R. P. Políticas de avaliação da educação e quase mercado no Brasil. *Educação & Sociedade*, v. 24, p. 873-895, 2003.

TEDESCO, A. L.; REBELATTO, D. M. B. Qualidade social da educação: um debate em aberto. *Perspectivas em Políticas Públicas*, v. 8, n. 16, p. 173-197, 2015.

TREVISOL, M. G.; ALMEIDA, M. L. P. A incorporação da racionalidade neoliberal na educação e a organização escolar a partir da cultura empresarial. *Revista Educação e Emancipação*, v. 12, n. 3, p. 200-222, 2019.

UNESCO. *Los países de América Latina y el Caribe adoptan la declaración de Cochabamba sobre Educación*. Bolívia: Oficina de Información Pública para América Latina y el Caribe, 2001 (Presse n. 2001-35).

CAPÍTULO 3

Avaliações externas: gestão, docência, políticas de *accountability* e uso de dados

Rodrigo Rosistolato
Diana Cerdeira

Introdução

Os sistemas de avaliação externa difundiram-se pelo mundo nos últimos 40 anos. No Brasil temos, em nível nacional, o Sistema de Avaliação da Educação Básica (Saeb) desde 1990. Após passar por uma série de mudanças e atualizações,[1] atualmente o Saeb avalia alunos do ensino fundamental e médio, nas áreas de Língua Portuguesa e Matemática, de forma censitária, bianualmente. As pontuações nas provas, bem como as informações sobre o rendimento dos alunos,

1. Disponível em: https://www.gov.br/inep/pt-br/areas-de-atuacao/avaliacao-e-exames-educacionais/saeb. Acesso em: 20 jun. 2022.

obtidas no Censo Escolar, geram o Índice de Desenvolvimento da Educação Básica (Ideb), permitindo avaliar a evolução do país, estados, municípios e escolas desde 2005. Em 2021, iniciou-se a implementação da avaliação da educação infantil, que consistiu na aplicação de questionários a professores e gestores.

O Saeb influenciou as redes estaduais e municipais de ensino a criarem e expandirem seus próprios sistemas de avaliação da qualidade da educação. Tais sistemas tenderam a adotar suas matrizes curriculares de referência e escalas de proficiência, além da prática de calcular índices e metas para as escolas (Brook; Cunha, 2011; Bauer *et al.*, 2015).

Houve redes estaduais e municipais que optaram por associar aos respectivos sistemas uma política de responsabilização (*accountability*) "fraca", cujas consequências para as escolas e os profissionais são de baixo impacto (*low- stake policies*), assim como ocorre no Saeb. De acordo com Bonamino e Sousa (2012), há nessas redes e no sistema nacional um incentivo à divulgação interna e/ou externa dos resultados das escolas, e certa pressão para o cumprimento de metas e elevação dos índices. Por outro lado, temos também redes de ensino que adotaram mecanismos cujas consequências são de alto impacto (*high-stake policies*), gerando mais pressão sobre os profissionais para melhorarem os resultados por meio de recompensas, especialmente financeiras.

A diversidade de experiências no âmbito da proposição e da implementação de políticas educacionais, incluindo uso de dados, responsabilização e reorganização de escolas e sistemas de ensino, também foi e ainda é presente em outros países. Há, no entanto, uma diferença significativa quando comparamos o Brasil com outros contextos, como o estadunidense e o de alguns países europeus. Por aqui não existem mecanismos oficiais de "punição" para as escolas que pioram ou apresentam estagnação dos resultados. No caso dos Estados Unidos, por exemplo, escolas podem ser fechadas e profissionais demitidos por conta de desempenho aquém do esperado (Ravitch, 2009).

Analisaremos um conjunto de investigações realizadas no âmbito do estado do Rio de Janeiro,[2] com o objetivo de contribuir com as discussões acerca de possibilidades e limitações das avaliações externas, políticas de responsabilização educacional e seus possíveis efeitos. Referimos-nos às apropriações feitas por gestores e professores das redes públicas de ensino, suas resistências, interpretações e usos dos resultados e dos indicadores. Pontuaremos os efeitos desse conjunto de políticas no cotidiano escolar, no trabalho pedagógico, no currículo, nas relações entre a gestão e os professores, no planejamento docente e nas avaliações internas de aprendizagem. Argumentaremos ainda que os dados produzidos pelas avaliações externas são usados majoritariamente de forma superficial, embora apresentem potencial pedagógico, sobretudo se houver investimento na formação de professores e gestores para o uso de dados (Cerdeira, 2018).

O debate sobre avaliações externas, *accountability* e uso de dados

As primeiras experiências de avaliação de sistemas de ensino e instituições escolares foram mapeadas no século XIX no Reino Unido e nos Estados Unidos, a partir da padronização de testes escritos. Há registros de que, já nessa época, o desempenho nos testes era condicionante para o recebimento do salário dos professores (Game, 2011; Reese, 2013). Ao longo do século XX, houve investimento nas áreas de estatística; psicometria; e em programas de avaliação que

2. Pesquisas produzidas no âmbito do Laboratório de Pesquisas em Oportunidades Educacionais (LaPOpE), da Faculdade de Educação da Universidade Federal do Rio de Janeiro (UFRJ), entre 2010 e 2020. É importante destacar que o laboratório é constituído por um conjunto de professores com *expertises* diferentes e complementares. As investigações que serão citadas são frutos de projetos desenvolvidos em conjunto pelos professores Ana Pires do Prado, Diana Cerdeira, Marcio Costa, Maria Comes Muanis, Mariane Koslinski, Rodrigo Rosistolato, Silvina Fernández e Tiago Bartholo.

permitiam a comparação dos resultados de desempenho dos sistemas educacionais ao longo do tempo.

Contudo, foi no final do século XX que as avaliações externas padronizadas das redes de ensino se expandiram, pois, ao servirem como instrumentos de regulação da educação, adequaram-se ao paradigma da Nova Gestão Pública (*New Public Management*) e às reformas educacionais, políticas e gerenciais estabelecidas nas décadas de 1980 e 1990 (Santos, 2015). De acordo com Cury (2017), foram organismos internacionais, como a Organização para Cooperação e Desenvolvimento Econômico (OCDE) e a Organização das Nações Unidas para a Educação, a Ciência e a Cultura (Unesco), que delinearam os parâmetros de qualidade educacional a serem avaliados em diversos países. Por outro lado, é preciso ponderar que as reformas implementadas assumiram características peculiares nos contextos nacionais (Bauer; Alavarse; Oliveira, 2015).

Assim, a primeira geração de avaliação externa chega ao Brasil na década de 1990 com o Saeb, recebendo críticas e resistências, não só pelos acadêmicos, mas também por profissionais das redes de ensino. De acordo com Bonamino e Sousa (2012), originalmente o Saeb tinha pouco alcance nas escolas, pois seus dados permitiam mapear a evolução de desempenhos apenas por regiões do Brasil. Com a criação e a divulgação do Ideb por escola, entramos na segunda geração, uma vez que as pressões sobre professores e gestores por melhorias nos resultados tornou-se maior.

Para Bauer, Alavarse e Oliveira (2015), as posições — acadêmicas e políticas — críticas às avaliações externas predominaram no Brasil, sob acusações de que seriam ferramentas de controle, cujo objetivo era a imposição de um novo modelo gerencial, com base em princípios da lógica privada (Arelaro, 2003; Freitas, 2007; 2011; Esteban, 2012; Esteban; Fetzner, 2015; Amaro, 2013). Na literatura internacional, podemos citar Afonso (2000), Barriga (2009), Casassus (2009) e Ravitch (2009) também como expoentes dessa leitura. Hagopian (2014) vai além, ao argumentar que as avaliações de alto impacto estadunidenses favorecem empresas que produzem e aplicam os testes, além de lucrarem com a venda de material didático.

As críticas nacionais e internacionais também enfocam a dimensão técnica das avaliações, os usos que são feitos de seus resultados e seus possíveis efeitos: ranqueamento de escolas; estreitamento do currículo; ênfase na avaliação e não na aprendizagem; padronização dos testes; treino para os testes; mudanças nas avaliações internas de aprendizagem (elaboradas e conduzidas pelos professores) em função das externas; concentração apenas nos alunos que têm chances de elevar os resultados da escola; redução da autonomia docente, entre outros.

Ao mesmo tempo, com a expansão das pesquisas empíricas sobre os sistemas de avaliação, ampliamos o escopo das análises, deixando de enfocar exclusivamente as limitações das avaliações e dos dados por elas produzidos; pontuando também as possibilidades e os aspectos positivos, contribuindo para o aperfeiçoamento deles e para a redução dos efeitos deletérios apontados anteriormente. Para Soares (2011), a padronização dos testes induz à implementação de uma base curricular comum, auxiliando o monitoramento dos sistemas educacionais ao longo do tempo, juntamente à coleta de dados de rendimento escolar. Ainda do ponto de vista técnico, Nevo (1995) e Fernandes e Gremaud (2009) entendem que os testes externos podem ser confiáveis, válidos e precisos, visto que as questões estão em constante elaboração e revisão de especialistas, não dependendo exclusivamente da subjetividade humana para as correções.

Se, por um lado, afirma-se que as avaliações externas impactam nas avaliações internas e estreitam o currículo, uma vez que avaliam usualmente a língua nativa e a matemática, por outro, aceleram-se mudanças em currículos considerados "inadequados", conforme apontam Bauer, Alavarse e Oliveira (2015), além de contribuírem para que o currículo seja de fato ensinado (Fernandes, 2019). Autores como Nevo (1995), Machado e Alavarse (2014) e Fernandes (2019) afirmam que as avaliações externas e internas podem ocorrer de forma articulada, pois cumprem objetivos diferentes e geram informações complementares sobre a aprendizagem dos alunos. Esse conjunto de dados oferece subsídios pedagógicos para as equipes didática e gerencial das redes de ensino, o que pode favorecer a democratização e a qualidade da educação pública.

Outro ponto é que os sistemas de avaliação externa produzem grande quantidade de informações e dados objetivos, que podem ser utilizados para fomentar novas políticas e programas educacionais ou mesmo para avaliar os resultados de políticas já implementadas (Franco; Alves; Bonamino, 2007). Os docentes podem analisar os dados produzidos para fins pedagógicos, assim como os gestores escolares e das redes de ensino utilizá-los para embasar suas decisões e ações (Bomeny, 1997; Brooke; Cunha, 2011; Silva; Gimenes; Moriconi, 2013).

Com a expansão das políticas de responsabilização de alto impacto em alguns sistemas avaliativos estaduais e municipais, entramos na terceira geração da avaliação (Bonamino; Sousa, 2012), tendo em vista que, em razão das premiações, o impacto dos desempenhos dos alunos nas avaliações, bem como suas trajetórias (se são aprovados ou reprovados), é consideravelmente maior do que na geração anterior. Esse novo contexto aprofundou o debate acerca das avaliações externas e trouxe resultados empíricos ainda mais controversos sobre os efeitos da responsabilização de alto impacto.

Os resultados de desempenho dos alunos tendem a melhorar nos testes após a implementação desse tipo de política. No Brasil, Alves (2008) observou que as pontuações no Saeb melhoraram mais em estados e municípios que haviam implementado sistemas avaliativos locais. Ferraz (2013) observou que a rede estadual de Pernambuco teve um aumento no desempenho dos alunos, após a implementação de uma política de premiação financeira aos profissionais da educação, maior do que em outras redes de ensino da região Nordeste. Os mesmos resultados foram observados por Elacqua (2013) no Chile e Jennings (2012) nos Estados Unidos.

Jennings (2012), no entanto, afirma que é difícil mensurar em que medida esse aumento da pontuação nos testes condiz com a melhora real da aprendizagem dos alunos. Há estudos que também evidenciam o aumento dos efeitos "perversos" — chamados de *gaming* — em decorrência da responsabilização de alto impacto. Eles provocariam o aumento do treino (*teaching to the test*); da manipulação dos resultados; das fraudes; e do estreitamento do currículo (Bonamino; Sousa, 2012; Brooke, 2013). Esse modelo poderia provocar ainda certa ilusão de melhoria da pontuação média, à custa do aumento das desigualdades entre alunos mais e menos privilegiados, em virtude de sua condição socioeconômica e cor, conforme aponta Hagopian (2014).

O estudo de Stillman (2011) corrobora a ideia de que a pressão provocada pela política de alto impacto sobre os professores gera atitudes pedagógicas superficiais que não trazem, necessariamente, resultados positivos. O mesmo estudo argumenta que a pressão moderada gera uma "tensão produtiva", cuja melhoria é mais expressiva e duradoura. Há evidências de que em contextos de avaliação com responsabilização há efeitos positivos, por exemplo, o aumento do trabalho coletivo das equipes escolares, visando à aprendizagem do conjunto de alunos, o que Holme e Rangel (2012) chamaram de responsabilização interna. O estudo de Silva, Gimenes e Moriconi (2013) chegou a conclusões semelhantes em redes de ensino brasileiras, dando ênfase ao trabalho dos gestores. Fernandes (2019, p. 75) destaca ainda, como efeitos positivos observados, o desenvolvimento por parte dos docentes de "práticas inovadoras de ensino e de avaliação".

As pesquisas descritas permitem afirmar que as avaliações externas e a responsabilização de baixo e alto impacto podem apresentar efeitos negativos e positivos no cotidiano escolar e na aprendizagem dos alunos. Os efeitos dependem dos usos que são feitos dos dados produzidos e dos modelos de implementação de políticas de incentivo à melhoria da aprendizagem. Avaliações de alto impacto expandiram, ao menos inicialmente, formas equivocadas dos usos dos dados (*data use*), em razão do ambiente de cobrança vivido pelos profissionais da educação. Sousa e Oliveira (2010) alertam que, em alguma medida, o desconhecimento técnico induz a distorções nas formas de analisar, interpretar e usar os dados para as tomadas de decisões, ainda que houvesse interesse e esforço.

No contexto internacional, Daly (2012) e Supovitz (2012) argumentam que não apenas os mecanismos de alto impacto, mas também a falta de conhecimento, divulgação, circulação e debates sobre informações produzidas, no âmbito das avaliações externas, geravam interpretações e ações equivocadas. Por conta dessa evidência empírica, expandiram-se nos Estados Unidos ações que visavam formar gestores escolares e das redes de ensino para o uso de dados educacionais (*data literacy*). O objetivo era dar-lhes ferramentas para se apropriarem dos dados, promoverem maior conhecimento do assunto entre os docentes e tomarem decisões que favorecessem melhorias na qualidade da educação oferecida aos alunos, reduzindo as desigualdades (Datnow; Hubbard, 2015).

Há dois modelos gerais de políticas de formação para o uso de dados. O primeiro, denominado *Professional Learning Communities*, consiste em promover atividades coletivas e colaborativas de discussão entre as escolas. O objetivo é induzir e possibilitar a mudança de práticas de ensino e gestão. O segundo, denominado *Coaching*, gera maior pressão nas escolas, pois o Estado envia especialistas externos a fim de promover maior conhecimento entre os profissionais e intervir nas práticas escolares (Marsh; Bertrand; Huguet, 2015).

Mandinach e Gummer (2015) mapearam efeitos positivos desse conjunto de políticas de formação. Elas afirmaram que tais políticas resultaram em maior conhecimento sobre os dados e, consequentemente, maior divulgação de informações. Por promoverem uma cultura de avaliação nas escolas, docentes e gestores se sentiram mais capazes de planejar ações estratégicas com o objetivo de reduzir práticas de *gaming*.

Tais iniciativas tendem a ser mais eficazes quando pensadas no âmbito de cada rede de ensino. No caso do Brasil, estados e municípios apresentam maior potencial para coletar e analisar dados com mais frequência e agilidade, promovendo o uso de maneira quase imediata

(Sousa; Pimenta; Machado, 2012). No entanto, Brooke e Cunha (2011) e Bauer *et al.* (2015) sinalizam a escassez de políticas de formação para o uso de dados no país. Em alguns casos, os dados são utilizados como motivadores de cursos de formação continuada sobre diferentes assuntos, não necessariamente voltados para o uso deles. As estratégias comumente utilizadas são a realização de eventos pedagógicos isolados e preparação de boletins com as situações escolares.

Análises empíricas sobre avaliações externas, políticas de *accountability* e uso de dados educacionais

No início da década de 2010 havia, no Brasil, intensos debates na arena pública sobre as avaliações externas, nos quais argumentos favoráveis e contrários eram apresentados *ad nauseam*, mas sem sólidas evidências empíricas. Nossas pesquisas partiam da hipótese de que a negação das possibilidades pedagógicas e de gestão trazidas pelos dados produzidos pelas avaliações era, em parte, resultado do desconhecimento técnico relacionado aos sistemas de avaliação e aos possíveis usos de seus dados. Por isso, mapeamos as percepções associadas às avaliações externas de desempenho nas redes municipais de ensino das cidades do Rio de Janeiro e Duque de Caxias (RJ). Em concomitância, realizamos um curso de formação para "compreensão e uso de indicadores educacionais" no planejamento e na proposição de ações pedagógicas, voltado para gestores escolares.

O teste da hipótese geral, no primeiro momento, foi realizado com base em metodologias majoritariamente qualitativas — etnografias, entrevistas em profundidade e grupos focais com gestores escolares, gestores de instâncias intermediárias e professores. Posteriormente, realizamos um *websurvey* com gestores escolares das duas redes de ensino mencionadas. A maior dificuldade estava em mapear os conhecimentos técnicos de gestores e professores relacionados aos sistemas de avaliação, considerando que tais sistemas eram relativamente novos em todo o Brasil. Por isso, elaboramos instrumentos de pesquisa que revelavam as percepções de gestores e professores para, na sequência, mapearmos seus conhecimentos técnicos e ações. Contudo, antes de analisarmos esses aspectos, se faz necessário compreender o contexto das políticas de *accountability* nas redes de ensino pesquisadas: a rede municipal do Rio de Janeiro, a rede municipal de Duque de Caxias e a rede estadual do Rio de Janeiro.

Accountability nas redes de ensino

As avaliações externas, em sua terceira geração (Bonamino; Sousa, 2012), induziram políticas de responsabilização. Elas, por si sós, podem ser classificadas como sinônimo de responsabilização branda, porque revelam o desempenho das escolas e, consequentemente, deflagram discussões internas às unidades escolares e às redes de ensino, responsabilizando docentes e discentes. Além disso, houve políticas com desenhos específicos que visavam promover responsabilizações fortes. No estado do Rio de Janeiro, pesquisamos as redes de ensino — estadual e municipal do Rio de Janeiro — que promoveram políticas de responsabilização forte, mas no sentido da premiação de professores por melhores resultados. Também pesquisamos a rede municipal de Duque de Caxias, que manteve uma política de responsabilização branda. Esse município implementou a Prova Caxias em 2011, mas essa política foi descontinuada. As provas de Língua Portuguesa e Matemática eram aplicadas anualmente e seus resultados não eram amplamente divulgados, nem conferiam prêmios ou punições às escolas, por isso, esse método classifica-se como política de baixo impacto.

A rede municipal do Rio de Janeiro teve seu próprio sistema de avaliação — a Prova Rio — entre 2009 e 2016, tendo sido retomado em 2021. Eram aplicadas anualmente provas de Língua Portuguesa e Matemática. A partir dos resultados, eram calculados o IDE-Rio (Índice de Desenvolvimento da Educação do Rio de Janeiro) e as metas por escola. Esse índice, juntamente ao Ideb, servia de base para o Prêmio Anual de Desempenho, que consistia no pagamento do décimo quarto salário para profissionais das escolas que conseguiam cumprir as metas. Por essa razão, é possível classificar essa política como de alto impacto. As escolas também faziam provas bimestrais, elaboradas externamente, mas corrigidas pelos professores, sem fins de premiação.[3]

Ao analisar a política de bonificação salarial dessa rede, Koslinski, Cunha e Andrade (2014) argumentaram sobre a presença de limitações e dificuldades trazidas pelo próprio desenho do programa. Os autores observaram que a rede de ensino buscou reformulá-lo, adequando-o às demandas específicas da rede e corrigindo injustiças causadas pelo desenho original. Uma das mudanças observadas é a decisão de que as escolas que mantivessem Ideb acima de 6 nos anos finais do ensino fundamental e acima de 6,5 nos anos iniciais seriam sempre premiadas, tendo em vista a dificuldade de continuar elevando o Ideb quando chegassem a esse patamar.

No mesmo sentido, Carrasqueira *et al.* (2016) demonstram que a política de *accountability* desenvolvida no município do Rio de Janeiro adquiriu contornos específicos quando implementada no conjunto de Coordenadorias Regionais de Educação. Houve diferenças entre as ações e as estratégias desenvolvidas em contexto de gestão intermediária, ainda que pautadas pelas mesmas diretrizes gerais emanadas pela Secretaria Municipal de Educação. Tais processos de mediação envolveram negociações, produção de consensos e equalização de dissensos nos cenários de implementação de políticas educacionais de caráter universal.

Já a rede estadual de educação criou o Sistema de Avaliação da Educação do Estado do Rio de Janeiro (SAERJ), que monitorou todas as escolas estaduais entre 2008 e 2016, por meio de provas de Língua Portuguesa e Matemática, premiando anualmente com incentivos

3. Em 2019, as provas bimestrais passaram a ser semestrais.

salariais aquelas que conseguissem melhorar os seus desempenhos. O SAERJ, também de alto impacto, gerava o IDERJ — Índice de Desenvolvimento da Educação do Estado do Rio de Janeiro.

O plano das percepções

Desde o início das investigações relacionadas às avaliações externas, ao realizarmos entrevistas e grupos focais nas redes municipais do Rio de Janeiro e de Duque de Caxias, percebemos que os gestores escolares e os professores interpretavam e reinterpretavam os resultados obtidos por suas escolas tendo por base as suas leituras particulares sobre o próprio trabalho, a escola, os estudantes, as famílias e as políticas educacionais. As críticas apresentadas aos sistemas de avaliação externa, por vezes, colocavam em xeque o modelo republicano de escola e suas efetivas possibilidades de democratizar os saberes escolares (Rosistolato; Viana, 2014). Os gestores argumentavam que as diferenças socioeconômicas presentes entre os estudantes seriam obstáculos permanentes à equalização da distribuição de conhecimento escolar.

Durante o trabalho de campo, percebemos que uma categoria era frequentemente utilizada para justificar a negação das avaliações externas como política educacional que poderia vir a contribuir com o ensino e a gestão. Tratava-se da ideia de "realidade das escolas". Professores e gestores referiam-se à "realidade das escolas" para justificar o desempenho de seus alunos nas avaliações externas, explicando-o como algo causado pelas condições socioeconômicas e culturais das famílias e/ou pelo cenário urbano no qual as crianças eram socializadas e permaneciam. Tratava-se de uma inferência que retirava da escola qualquer responsabilidade com relação ao baixo desempenho. Professores e gestores teriam suas capacidades de ação reduzidas por conta dessa "realidade da escola". As sinalizações com relação à realidade das escolas guardavam um duplo sentido. Por um lado, valorizavam as culturas locais e salientavam os limites trazidos pela situação socioeconômica das famílias. Por outro, justificavam a não aprendizagem dos alunos por conta dessas limitações externas às escolas (Rosistolato; Pires do Prado; Martins, 2018).

A investigação empírica nos permitiu perceber que, entre professores e gestores, havia percepções com relação às avaliações externas que poderiam ser classificadas como positivas, negativas e neutras. Os profissionais reconheciam a utilidade das avaliações externas e afirmavam que o Ideb de suas escolas era compatível com o nível de aprendizagem dos alunos. Entre os aspectos positivos mencionados, estão o trabalho coletivo e a mobilização em prol da aprendizagem e permanência dos alunos na escola. Os aspectos negativos destacados diziam respeito aos *rankings*, à padronização das provas e à restrição das avaliações à Língua Portuguesa e à Matemática. Os gestores apresentaram percepções mais positivas, se comparados aos professores, mas, em geral, ambos se diziam contra a articulação dos resultados a premiações, enfatizando o ambiente de cobrança e a manipulação dos resultados (Cerdeira; Almeida; Costa, 2014).

Simultaneamente, professores e gestores apresentavam desconhecimento técnico sobre as avaliações externas e os critérios para premiação. Confundiam, por vezes, avaliações nacionais e locais, referiam-se ao Ideb como uma avaliação e não como um índice, não compreendiam a estrutura da prova baseada na Teoria de Resposta ao Item (TRI), apresentavam dificuldades diante de informações estatísticas e não reconheciam com clareza as possibilidades de uso dessas informações para fins didático-pedagógicos e de gestão (Almeida, 2013; Cerdeira, 2015).

Observamos que havia conflitos entre os profissionais das escolas e das instâncias superiores de gestão. Professores e gestores escolares responsabilizavam uns aos outros pelos resultados, além de culpabilizarem também as famílias e a sociedade em geral. Ademais, os gestores escolares se sentiam muito cobrados e pouco informados pela secretaria. Em uma investigação que envolveu gestores intermediários, percebemos dissonâncias entre as diversas unidades de gestão — secretaria, coordenadorias regionais e escolas na rede municipal do Rio de Janeiro. Havia entendimentos diferentes com relação ao potencial e aos possíveis usos dos dados produzidos pelos sistemas externos de avaliação. Em contrapartida, mapeamos a tendência de ampliação das ações de gestão pautadas em evidências empíricas trazidas pelas avaliações externas. Tratava-se de uma "conversa desafinada" (Rosistolato; Pires do Prado; Férnandez, 2015), que, por vezes, induzia "jeitinhos" e estratégias pouco pedagógicas desenvolvidas com o objetivo de dar conta das demandas trazidas pelo mapeamento do desempenho das escolas. Esses problemas de articulação e comunicação nas redes já haviam sido apontados por Daly (2012) e Supovitz (2012) como um entrave para a disseminação de uma cultura avaliativa e de uso de dados nas escolas.

Diante das avaliações externas municipais e federais, os professores de ambas as redes municipais percebiam diferenças entre os conteúdos cobrados e o nível de dificuldade dessas provas, o que de certa maneira levantou a discussão sobre a necessidade de definir um currículo centralizado. Nesse âmbito, muitos consideravam a própria avaliação externa orientadora dos conteúdos a serem trabalhados. Por outro lado, alegaram falta de tempo para passar os conteúdos básicos e para usar os livros didáticos. A pressão por resultados e pelo prêmio (no caso da rede municipal do Rio de Janeiro) tinha como consequência a recusa de alguns professores em lecionar no 5º e 9º anos, pois essas são normalmente as séries avaliadas. Resultados semelhantes foram encontrados por Amaro (2013) acerca da pressão exercida sobre os professores das séries avaliadas e de Língua Portuguesa e Matemática.

Aprofundando a análise sobre as diferenças entre as redes municipais pesquisadas, foi possível observar que os profissionais do município do Rio de Janeiro foram mais explícitos ao expor seus conflitos e insatisfações com as avaliações externas. Eles também destacavam mais estratégias de *gaming* para elevar a pontuação das escolas, se comparados aos profissionais de Duque de Caxias. Em contrapartida, no Rio de Janeiro, as percepções foram mais positivas quanto à difusão de informações e ao retorno de resultados para as escolas. Também declararam ter mais conhecimento técnico sobre as avaliações, seus objetivos, metas e índices (Cerdeira, 2015).

É possível argumentar que tais diferenças ocorriam em parte devido ao impacto da responsabilização adotada em cada rede de ensino. No Rio de Janeiro, a cobrança era maior em virtude da premiação, mas, ao mesmo tempo, havia maior circulação de informações entre as diferentes instâncias da rede, maior conhecimento técnico sobre os sistemas de avaliação e percepções mais otimistas sobre as possibilidades de uso dos resultados.

O plano das ações e o uso de dados

As políticas de *accountability* também influenciaram o campo específico das ações pedagógicas realizadas por gestores e docentes. Nas duas redes municipais de ensino, os profissionais relataram que as informações sobre os sistemas de avaliação eram divulgadas internamente na escola, sem ampla participação de alunos, pais, outras escolas ou mesmo gestores das redes. A discussão sobre os resultados ficava restrita às reuniões pedagógicas. Contudo, observamos que, no Rio de Janeiro, a divulgação e a discussão ocorriam mais frequentemente do que em Duque de Caxias.

Assim como já apontado por Bonamino e Sousa (2012) e Brooke (2013), houve relatos de redução de conteúdos curriculares no planejamento. Na área de Língua Portuguesa, por exemplo, conteúdos de ortografia e gramática estariam sendo suprimidos, em razão de não constarem nas provas externas. De acordo com os autores, tais conteúdos deixaram de ser abordados nos materiais didáticos elaborados pelas secretarias. Havia, explicitamente, ênfase em treinar os alunos para as provas, a fim de obter um bom resultado. Nesse contexto, as avaliações internas de aprendizagem também se tornaram mais parecidas com as avaliações externas, não só no conteúdo, mas também no formato de múltipla escolha (Almeida, 2020).

De acordo com Cerdeira (2018), o impacto da política de responsabilização, a circulação de informações na rede de ensino, bem como o conhecimento e a formação para o uso de dados, entre outros aspectos, têm consequências nos usos que são feitos dos dados resultantes das avaliações externas. Nesse sentido, mapeamos novamente diferenças no plano das ações entre as redes pesquisadas. No Rio de Janeiro, onde havia alto impacto, o foco era no treino e nos relatos de professores que não aplicavam mais avaliações internas, atribuindo aos alunos a pontuação obtida na avaliação externa e nas provas bimestrais.

Almeida (2020) observou que havia escolas na rede do Rio de Janeiro que aplicavam simulados internos, inclusive com a utilização de cartões-resposta, e professores que analisavam as provas bimestrais antes de serem aplicadas para ensinarem os mesmos exercícios, ou muito semelhantes, antes de os alunos realizarem as provas. Embora essas provas não estivessem vinculadas à premiação, eram vistas como uma espécie de treino para a Prova Rio e para o Saeb. Esse tipo de uso, o investimento no treino e na memorização dos alunos para elevar as notas nas provas, além de superficial e pouco pedagógico, pode ser classificado como *gaming*, quando o interesse maior é focado no prêmio, em razão do resultado. Também houve relatos de que haveria um movimento de professores migrando para escolas com maior possibilidade de aumentar sua pontuação, alcançando a meta. Seria uma forma de conseguir a premiação com mais frequência.

Ao responderem ao *websurvey*, os gestores escolares das duas redes indicaram as ações mais frequentes a partir dos resultados das avaliações: discussão sobre o desempenho dos alunos, criação de estratégias para alunos com necessidades específicas, criação de estratégias para diminuir a reprovação, criação de estratégias que contenham a evasão, promoção de ações para capacitação de professores, seleção de conteúdos específicos por série e redistribuição de professores por séries ou turmas. Os percentuais de respostas dos gestores do Rio de Janeiro foram mais elevados, o que indica que tais ações são realizadas com maior frequência nessa rede. Além disso, se compararmos essas ações com a totalidade do trabalho de gestão indicada pelos respondentes, observa-se que essas ações não são prioritárias em nenhuma das redes. Os esforços e o tempo de trabalho dos gestores escolares da rede do Rio de Janeiro se concentravam mais no momento anterior à realização das provas, com preparação e aulas de reforço. Já em Duque de Caxias, tais ações apareceram por último na escala de prioridades (Cerdeira, 2015; Cerdeira; Costa, 2016).

Assim como a discussão nacional e internacional trazida aponta, a comparação entre as redes evidencia que a política de alto impacto aumenta a pressão sobre os profissionais e as práticas de *gaming*, mas também pode gerar tensão produtiva (Stillman, 2011) e responsabilização interna (Holme; Rangel, 2012) capazes de favorecer maior divulgação de informações, ampliação do conhecimento, aumento do trabalho coletivo, mais ações para a melhoria da aprendizagem e o combate à reprovação e ao abandono. Mesmo os gestores de escolas da rede de Duque de Caxias afirmaram que a visibilidade dos resultados escolares, por si só, resultou em mudanças produtivas no trabalho escolar. No Brasil, evidências semelhantes foram encontradas por Silva, Gimenes e Moriconi (2013).

Ao analisarem as respostas dos gestores escolares da rede municipal do Rio de Janeiro, Cerdeira *et al.* (2017) evidenciaram que os gestores que declararam ter maior conhecimento sobre avaliações externas tendiam a ter concepções e percepções mais positivas sobre os sistemas de avaliação, reconhecendo a utilidade dos dados para o planejamento pedagógico e da própria gestão escolar. Isso reforça o argumento dos autores de que investir em divulgação de informações e em formação para o uso dos dados pode reduzir práticas de *gaming*, bem como favorece usos mais pedagógicos que focam a aprendizagem e não o aumento da pontuação nos testes.

Iniciativas de formação para o uso de dados

Durante o curso "Compreensão e uso de indicadores educacionais"[4] no planejamento e na proposição de ações pedagógicas, decidimos inserir uma pesquisa avaliativa e de acompanhamento. Mapeamos as percepções iniciais de gestores acerca dos sistemas de avaliação externa, observamos o que ocorreu no decorrer das atividades do curso e realizamos novo mapeamento ao final. A proposta era verificar se a ampliação do conhecimento técnico sobre avaliações externas alterava as percepções dos gestores sobre esse modelo avaliativo. O estudo de Cerdeira *et al.* (2017)[5] evidenciou a mudança gradativa nas percepções negativas dos participantes no decorrer do curso, concluindo que os gestores compreenderam as possibilidades de uso dos dados para a tomada de decisões gerenciais e pedagógicas.

No âmbito das redes de ensino, tanto a estadual quanto a municipal do Rio de Janeiro implementaram políticas que visavam estimular o uso de dados de avaliações externas pelas equipes escolares, por meio de acompanhamento das escolas e formação para o uso. Na rede estadual do Rio de Janeiro, em 2010, inaugurou-se a GIDE (Gestão Integrada da Escola), uma estrutura montada com o objetivo de monitorar e orientar a gestão das escolas acerca dos recursos humanos, infraestrutura e avaliações. Em 2013, conforme analisado por Bengio (2016), foi criado um novo cargo gratificado, o de Agente de Acompanhamento da Gestão Escolar (AAGE), assumido por servidores da rede, que deveriam fazer a mediação entre os gestores escolares e a secretaria, bem como a articulação da GIDE com o SAERJ.

Já na rede municipal do Rio de Janeiro, o Projeto Escolas em Foco foi desenvolvido entre 2015 e 2016. Conforme aponta Núñez (2019), a iniciativa visava melhorar a aprendizagem e o fluxo escolar dos alunos, enviando profissionais às escolas para acompanhar e orientar

4. O LaPOpE formou 85 gestores em cinco turmas, entre 2012 e 2014.

5. Esse artigo analisou uma turma de 2013 com 20 gestoras, das quais 12 eram diretoras, duas eram diretoras adjuntas e seis eram coordenadoras pedagógicas da rede municipal do Rio de Janeiro.

gestores e professores. Esses profissionais eram servidores da rede municipal e foram selecionados, por meio de edital, para o cargo de Professor de Acompanhamento Estratégico (PAE).

As duas iniciativas mapeadas se identificam com o modelo *Professional Learning Communities*, pois, embora haja o envio de profissionais externos às escolas, eles já são conhecidos por serem professores e gestores das redes de ensino. Além disso, visam à mudança de práticas pedagógicas e de gestão por meio de atividades e discussões coletivas (Marsh; Bertrand; Huguet, 2015).

Em ambos os casos, esses profissionais eram formados para a função e deveriam analisar o desempenho das escolas, acompanhando-as semanalmente, promovendo reuniões e orientando o trabalho pedagógico.

O estudo de Rosistolato *et al.* (2017) comparou o trabalho dos AAGEs da rede estadual e dos PAEs da rede municipal, concluindo que ambos tiveram de se adaptar, negociar sua presença e se aproximar das equipes escolares. Ambos assumiram funções não previstas, substituindo funcionários faltosos ou inexistentes e atuando na resolução de problemas junto a famílias e alunos, entre outras demandas. Isso significou, por vezes, o não cumprimento de atividades previamente planejadas na indução do uso de dados para o planejamento pedagógico. Ainda assim, esses profissionais avaliavam positivamente o trabalho por proporcionar conhecimento, compreensão e acesso a sistemas e dados, antes desconhecidos por gestores e professores. Dessa forma, as iniciativas implementadas parecem ampliar, em alguma medida, as possibilidades de as equipes escolares se apropriarem dos dados, reduzindo resistências (Brooke; Cunha, 2011; Datnow; Hubbard, 2015; Mandinach; Gummer, 2015).

Síntese do debate e perspectivas futuras

As políticas de avaliação externa e *accountability* acabam por movimentar o cotidiano escolar trazendo implicações para o trabalho de docentes e discentes, incluindo questões referentes ao cotidiano escolar, ao currículo, ao planejamento da gestão escolar, ao planejamento docente, às avaliações da aprendizagem e ao trabalho pedagógico, pensado aqui em relação à reprovação, à recuperação das aprendizagens, ao combate à evasão e aos desdobramentos no campo da implementação das políticas municipais de educação.

Ao final é possível dizer que, em acordo com a literatura internacional e nacional, não há nenhum tipo de "receita de bolo" ou "bala de prata" quando discutimos políticas educacionais relacionadas às avaliações externas de aprendizagem e à sua implementação. Os movimentos que apontamos no decorrer do capítulo demonstram que entre o desenho e a implementação de políticas educacionais há efeitos de todos os tipos, alguns mais e outros menos previsíveis.

As avaliações externas movimentaram o cenário educacional, uma vez que todo o debate trazido por elas permitiu reflexões teóricas e empíricas que não somente referendaram os modelos avaliativos, mas também propuseram adequações e refinamentos das provas, dos indicadores e das ênfases nos usos possíveis para o planejamento pedagógico e as ações docentes. Nunca houve, conforme demonstramos, consenso com relação à sua implementação no Brasil, mas ocorreram mudanças significativas mesmo no plano do dissenso, que colaboravam para o refinamento dos sistemas, dos indicadores e das possibilidades de interpretação e uso de indicadores no cotidiano educacional.

As discussões vêm apontando para resultados positivos quando há investimento em políticas públicas que fomentam o uso de dados educacionais produzidos pelas avaliações externas. Esse movimento pode vir a ampliar a cultura avaliativa nas escolas e nas redes de ensino.

Referências

AFONSO, A. J. *Avaliação educacional*: regulação e emancipação. São Paulo: Cortez, 2000.

ALMEIDA, A. B. *As políticas públicas de avaliação e a prática docente*: percepções dos professores dos municípios do Rio de Janeiro e Duque de Caxias. 2013. Dissertação (Mestrado) — Faculdade de Educação, Universidade Federal do Rio de Janeiro, Rio de Janeiro, 2013.

ALMEIDA, A. B. *Avaliação da aprendizagem em contexto de avaliações externas*: um estudo sobre as provas bimestrais. 2020. 206 f. Tese (Doutorado) — Faculdade de Educação, Universidade Federal do Rio de Janeiro, Rio de Janeiro, 2020.

ALVES, F. Políticas educacionais e desempenho escolar nas capitais brasileiras. *Cadernos de Pesquisa*, v. 38, n. 134, p. 413-440, maio/ago. 2008.

AMARO, I. Avaliação externa da escola: repercussões, tensões e possibilidades. *Estudos em Avaliação Educacional*, São Paulo, v. 24, n. 54, p. 32-55, jan./abr. 2013.

ARELARO, L. R. G. Direitos sociais e política educacional: alguns ainda são mais iguais que outros. *In*: SILVA, Shirley; VIZIM, Marli (org.). *Políticas públicas*: educação, tecnologias e pessoas com deficiências. Campinas: Mercado de Letras, 2003. p. 13-36. (Leituras no Brasil.)

BARRIGA, A. D. A avaliação na educação mexicana: excesso de programas e ausência da dimensão pedagógica. *Sísifo*: revista de ciências da educação, n. 9: Avaliação em educação: perspectivas ibero-americanas, p. 19-30, maio/jun./jul./ago. 2009.

BAUER, A.; ALAVARSE, O. M.; OLIVEIRA, R. P. Avaliações em larga escala: uma sistematização do debate. *Educação e Pesquisa*, São Paulo, v. 41, n. especial, p. 1367- 1382, dez. 2015.

BAUER, A. *et al.* Avaliação em larga escala em municípios brasileiros: o que dizem os números? *Estudos em Avaliação Educacional*, São Paulo, v. 26, n. 62, p. 326-352, maio/ago. 2015.

BENGIO, M. *O trabalho dos agentes de acompanhamento da gestão escolar (AAGE's) no cotidiano das escolas estaduais em Duque de Caxias*. 2016. Dissertação (Mestrado) — Programa de Pós-graduação em Educação, Universidade Federal do Rio de Janeiro, Rio de Janeiro, 2016.

BOMENY, H. (org.). *Avaliação e determinação de padrões na educação latinoamericana*: realidades e desafios. São Paulo: Editora FGV, 1997.

BONAMINO, A. C. de; SOUSA, S. Z. Três gerações de avaliação da educação básica no Brasil: interfaces com o currículo da/na escola. *Educação e Pesquisa*, São Paulo, v. 38, n. 2, p. 373-388, abr./jun. 2012.

BROOKE, N. Controvérsias sobre políticas de alto impacto. *Cadernos de Pesquisa*, v. 43, n. 148, p. 336-347, jan./abr. 2013.

BROOKE, N.; CUNHA, M. A. A. A avaliação externa como instrumento de gestão educacional nos estados. *Estudos & Pesquisas Educacionais*, São Paulo: Fundação Victor Civita, v. 2, p. 3-64, 2011.

CARRASQUEIRA, K. *et al.* Políticas de responsabilização escolar: um estudo exploratório sobre as estratégias de instâncias intermediárias na rede municipal do Rio de Janeiro. *Jornal de Políticas Educacionais*, v. 9, p. 75-89, 2016.

CASASSUS, J. Uma nota crítica sobre a avaliação estandardizada: a perda de qualidade e a segmentação social. *Sísifo*: revista de ciências da educação, n. 9: Avaliação em educação: perspectivas ibero-americanas, p. 71-78, maio/jun./jul./ago. 2009.

CERDEIRA, D. G. S. Apropriações e usos de políticas de avaliação e responsabilização educacional pela gestão escolar. 2015. Tese (Doutorado) — Faculdade de Educação, Universidade Federal do Rio de Janeiro, Rio de Janeiro, 2015.

CERDEIRA, D. G. S. Fatores associados ao uso dos resultados de avaliações externas no contexto das políticas de responsabilização educacional. *Revista Brasileira de Política e Administração Educacional*, v. 34, n. 2, p. 613-634, mai./ago. 2018.

CERDEIRA, D. G. S.; ALMEIDA, A. B.; COSTA, M. Indicadores e avaliação educacional: percepções e reações a políticas de responsabilização. *Estudos em Avaliação Educacional*, São Paulo, v. 25, n. 57, p. 198-255, jan./abr. 2014.

CERDEIRA, D. G. S.; COSTA, M. Apropriação de políticas de avaliação e responsabilização por gestores escolares: evidências sobre conhecimento, percepções e usos. *In*: Reunião da ABAVE (Associação Brasileira de Avaliação Educacional) — Avaliação em larga escala no Brasil: ensinamentos, aprendizagens e tendências, 8., 2016. *Anais* [...]. *[S. l.: s. n.]*, 2016, n. 2, p. 1-22.

CERDEIRA, D. G. S. *et al.* Conhecimento e uso de indicadores educacionais no município do Rio de Janeiro. *Estudos em Avaliação Educacional* (*on-line*), p. 1, 2017.

CURY, C. R. J. A globalização e os desafios para os sistemas nacionais: agenda internacional e práticas educacionais nacionais. *Revista Brasileira de Política e Administração da Educação*, v. 33, n. 1, p. 15-34, jan./abr. 2017.

DALY, A. J. Data, dyads, and dynamics: exploring data use and social networks in educational improvement. *Teachers College Record*, v. 114, nov. 2012.

DATNOW, A.; HUBBARD, L. Teachers' use of assessment data to inform instruction: lessons from the past and prospects for the future. *Teachers College Record*, v. 117, n. 4, 2015.

ELACQUA, G. Políticas de accountability en Chile. *In*: REUNIÃO DA ABAVE (ASSOCIAÇÃO BRASILEIRA DE AVALIAÇÃO DA EDUCAÇÃO), 7, 2013. Brasília. *Anais* [...]. Brasília, ago. 2013. Disponível em: http://www.abave.com.br/viireuniao/apresentacoes/mesas- redondas/. Acesso em: 24 nov. 2013.

ESTEBAN, M. T. Considerações sobre a política de avaliação da alfabetização: pensando a partir do cotidiano escolar. *Revista Brasileira de Educação*, Rio de Janeiro, v. 17, n. 51, p. 573-592, set./dez. 2012.

ESTEBAN, M. T.; FETZNER, A. R. A redução da escola: a avaliação externa e o aprisionamento curricular. *Educar em Revista*, Curitiba, edição especial, n. 1, p. 75-92, 2015.

FERNANDES, D. Avaliações externas e aprendizagens dos alunos: uma reflexão crítica. *Dossiê*: currículo e avaliação da aprendizagem, p. 74-90, 2019.

FERNANDES, R.; GREMAUD, A. P. Qualidade da educação: avaliação, indicadores e metas. *In*: VELOSO, Fernando *et al.* (org.). *Educação básica no Brasil*: construindo o país do futuro. Rio de Janeiro: Elsevier, 2009. p. 213-238.

FERRAZ, C. Efeitos das políticas de responsabilização educacional: recursos para escolas e bônus para professores. *In*: Reunião da Abave (Associação Brasileira de Avaliação da Educação), 7., 2013, Brasília. *Anais* [...]. Brasília, ago. 2013. Disponível em: http://www.abave.com.br/viireuniao/apresentacoes/mesas-redondas. Acesso em: 10 set. 2013.

FRANCO, C.; ALVES, F.; BONAMINO, A. Qualidade do ensino fundamental: políticas, suas possibilidades, seus limites. *Educação e Sociedade*, Campinas, v. 28, n. 100, especial, p. 989-1014, out. 2007.

FREITAS, L. C. Eliminação adiada: o ocaso das classes populares no interior da escola e a ocultação da (má) qualidade do ensino. *Educação e Sociedade*, Campinas, v. 28, n. 100, especial, p. 956-987, out. 2007.

FREITAS, L. C. Responsabilização, meritocracia e privatização: conseguiremos escapar ao neotecnicismo? Seminário de Educação Brasileira, 3. *Simpósio PNE — Diretrizes para Avaliação e Regulação da Educação Nacional*. Campinas: CEDES, 2011.

GRUPO DE AVALIAÇÃO E MEDIDAS EDUCACIONAIS (GAME). A avaliação externa como instrumento da gestão educacional nos estados: relatório final. Belo Horizonte: Game/Faculdade de Educação/Universidade Federal de Minas Gerais, ago. 2011.

HAGOPIAN, Jesse (ed.). *More than a score*: the new uprising against high-stakes testing. Chicago: Haymarket Books, 2014.

HOLME, J. J.; RANGEL, V. S. Putting school reform in its place: social geography, organizational social capital, and school performance. *American Educational Research Journal*, v. 49, n. 2, p. 257-283, 2012.

JENNINGS, J. The effects of accountability system design on teachers' use of test score data. *Teachers College Record*, v. 114, nov. 2012.

KOSLINSKI, M. C.; CUNHA, C. P.; ANDRADE, F. M. Accountability escolar: um estudo exploratório do perfil das escolas premiadas. *Estudos em Avaliação Educacional*, v. 25, p. 108-125, 2014.

MACHADO, C.; ALAVARSE, O. M. Avaliação interna no contexto das avaliações externas: desafios para a gestão escolar. *Revista Brasileira de Política e Administração da Educação*, v. 30, n. 1, p. 63-78, jan./abr. 2014.

MANDINACH, E.; GUMMER, E. Data-driven decision making: components of the enculturation of data use in education. *Teachers College Record*, v. 117, 2015.

MARSH, J. A.; BERTRAND, M.; HUGUET, A. Using data to alter instructional practice: the mediating role of coaches and professional learning communities. *Teachers College Record*, v. 117, n. 4, 2015.

NEVO, D. *School-based evaluation*: a dialogue for school improvement. Oxford: Pergamon, 1995.

NÚÑEZ, C. P. *Ações e percepções de gestores e professores em um programa com base no incentivo ao uso de dados educacionais*. 2019. Tese (Doutorado) — Programa de Pós-graduação em Educação, Universidade Federal do Rio de Janeiro, Rio de Janeiro, 2019.

RAVITCH, D. *The death and life of the great American school system*: how testing and choice are undermining education. New York: Basic Books, 2009.

REESE, W. J. *Testing wars in the public schools: a forgotten history*. [*S. l.*]: Library of Congress Cataloging in Publication Data, 2013.

ROSISTOLATO, R. P. R.; PIRES DO PRADO, A. P.; FERNÁNDEZ, S. J. Cobranças, estratégias e jeitinhos: avaliações em larga escala no Rio de Janeiro. *Estudos em Avaliação Educacional* (*on-line*), v. 25, p. 78, 2015.

ROSISTOLATO, R. P. R.; VIANA, G. V. Os gestores educacionais e a recepção dos sistemas externos de avaliação no cotidiano escolar. *Educação e Pesquisa* (*on-line*), v. 40, n. 1, p. 13-28, 2014.

ROSISTOLATO, R. *et al*. A formação para o uso de dados educacionais no Rio de Janeiro. *In*: Congresso Brasileiro de Sociologia — Que sociologias fazemos? Interfaces com os contextos locais, nacionais e globais, 18., 2017, Brasília. *Anais* [...]. Brasília, 2017. p. 1-19.

ROSISTOLATO, R.; PIRES DO PRADO, A.; MARTINS, L. R. A "realidade" de cada escola e a recepção de políticas educacionais. *Ensaio*: avaliação e políticas públicas em educação, Rio de Janeiro, v. 26, n. 98, p. 112-132, mar. 2018.

SANTOS, J. C. dos. *A gestão gerencial na educação pública da cidade do Rio de Janeiro*: origens, implantação, resultados e percepções. Jundiaí: Paco Editorial, 2015.

SILVA, V. G.; GIMENES, N. A. S.; MORICONI, G. M. Uso da avaliação externa por equipes gestoras e profissionais docentes: um estudo em quatro redes de ensino público.*Textos FCC*, São Paulo: FCC/SEP, v. 38, 2013.

SOARES, J. F. Análise dos pressupostos educacionais e estatísticos do Índice de Desenvolvimento da Educação Básica (Ideb). *In*: ENCONTRO DE PESQUISA EM EDUCAÇÃO DA REGIÃO SUDESTE, 10., 2011, Rio de Janeiro. *Anais* [...]. Rio de Janeiro: UFRJ, 2011.

SOUSA, S. Z.; OLIVEIRA, R. P. Sistemas estaduais de avaliação: uso dos resultados, implicações e tendências. *Cadernos de Pesquisa*, v. 40, n. 141, p. 793-822, set./dez. 2010.

SOUSA, S. Z.; PIMENTA, C. O.; MACHADO, C. Avaliação e gestão municipal da educação. *Estudos em Avaliação Educacional*, São Paulo, v. 23, n. 53, p. 14-36, set./dez. 2012.

STILLMAN, J. Teacher learning in an era of high-stakes accountability: productive tension and critical professional practice. *Teachers College Record*, Columbia University, v. 113, n. 1, p. 133-180, jan. 2011.

SUPOVITZ, J. A. Getting at student understanding — the key to teachers' use of test data. *Teachers College Record*, v. 114, nov. 2012.

CAPÍTULO 4

Gestão escolar em tempos de Ideb: do compromisso com a qualidade à gestão baseada em resultados

Andréia Melanda Chirinéa
Bruno Vicente Lippe Pasquarelli

Desde a década de 1990, o Brasil tem vivenciado experiências na área da educação consonantes com a reorganização do Estado brasileiro, que passou de burocrático para gerencial. Entre as vertentes da reforma iniciada nesse período, ganharam destaque as avaliações externas, com a finalidade de mensurar a eficiência e a qualidade dos sistemas educacionais, e subsidiar a formulação de políticas públicas educacionais.

O principal propositor de tais políticas se consolida no Índice de Desenvolvimento da Educação Básica (Ideb), indicador criado em 2007 pelo Instituto Nacional de Estudos e Pesquisas Educacionais Anísio Teixeira (Inep), que combina duas variáveis: o desempenho dos estudantes em avaliações externas, promovidas pelo Sistema de Avaliação da Educação Básica (Saeb), e os indicadores de fluxo escolar, que são as taxas de promoção, repetência e evasão escolar.

O Ideb contempla uma escala que vai de zero a dez, e o objetivo do índice é alcançar a média seis no ano de 2022. Essa média corresponde ao patamar educacional de países que integram a Organização para a Cooperação e o Desenvolvimento Econômico. O ano de 2022 é proposital, uma vez que é comemorado o bicentenário da Independência do Brasil. Portanto, a meta estabelecida pelo Instituto Nacional de Estudos e Pesquisas Educacionais Anísio Teixeira (Inep) é a progressão da média nacional do índice de 3.8 aferida em 2005 para os anos iniciais do ensino fundamental, a ponto de alcançar a nota 6 em 2022. Já para os anos finais, a perspectiva é sair de 3.5 aferido em 2005 e chegar a 5.5. Finalmente, a última etapa da educação básica pretende progressivamente alcançar um patamar de 5.2, tendo como ponto de partida a média nacional de 3.4.

O principal instrumento de avaliação contemplado pelo índice é o Saeb (Sistema de Avaliação da Educação Básica), cujas diretrizes são estabelecidas pela Portaria n. 10 de 8 de janeiro de 2021, no âmbito da Política Nacional de Avaliação da Educação Básica.

Os pressupostos estabelecidos pelas diretrizes denotam a construção de uma cultura avaliativa, com o objetivo de oferecer à sociedade informações sobre o processo de ensino e aprendizagem comparáveis entre escolas e sistemas de ensino de todo o país. Ademais, o documento legal também preconiza a necessidade de produzir indicadores educacionais de modo comparado entre as regiões do país, seus estados, municípios e unidades escolares, com o propósito de avaliar a qualidade, a equidadade e a eficiência da educação promovida no Brasil em diversos níveis governamentais e de maneira a produzir séries históricas de monitoramento.

A partir da divulgação dos resultados do Ideb, escolas e sistemas de ensino responsabilizam-se pelo índice e, consequentemente, pela qualidade dos processos educativos. Tal responsabilização caracteriza um novo modelo de gestão escolar, ancorado principalmente nos resultados. Nesse sentido, o Ideb introduz dois conceitos que alteram as dinâmicas de gestão: responsabilização e mobilização social. A responsabilização pela qualidade da educação caracteriza-se como um novo modelo de gestão, uma vez que expõe à sociedade os resultados alcançados, assim como mobiliza ações para suprir deficiências e melhorar a qualidade de ensino.

A exposição à sociedade dos resultados do Ideb é muitas vezes veiculada pela imprensa do país, que elabora os *rankings* e tenta traduzir os resultados, sob forma de validar ou responsabilizar escolas e sistemas de ensino sobre o resultado do índice.

Afonso (2007), ao realizar um estudo sobre avaliação em educação, sob as perspectivas de emancipação social e regulação gestionária, afirma que a avaliação está num campo social subjacente às questões pedagógicas e se configura como um espaço amplo e complexo dotado de dinâmica própria e específica, em que se desenvolvem práticas, reflexões, pesquisas muitas vezes atravessadas por interesses divergentes, entre os quais está o confronto entre regulação e emancipação. Na concepção defendida por Afonso (2007, p. 10):

> [...] a regulação ocorre através de instâncias, mecanismos e instrumentos políticos, sociais e econômicos de controlo e integração social que delimitam, constrangem e reconfiguram acções e comportamentos individuais e coletivos.

A regulação social, portanto, se manifesta nas sociedades capitalistas sob a égide de três pilares: Estado, mercado e comunidade. Ao Estado cabe exercer funções de regulação, e é a instância política por excelência. Dessa feita, as funções de regulação do Estado são embasadas muitas vezes no uso da "violência física legítima" (Weber, 1982) ou no uso da "violência simbólica" (Bourdieu; Passeron, 1975). Ao mercado cabe a promoção de lógicas competitivas entre organizações, grupos sociais, comunidades e indivíduos.

No que se refere à educação no Brasil, a introdução de mecanismos de mercado promoveu uma maior desvalorização da escola pública, assim como de seus profissionais, aliando aspectos competitivos e de quase mercado no interior das instituições escolares. Um dos principais mecanismos utilizados para introduzir as lógicas do mercado nos sistemas educativos são as avaliações externas e os resultados do Ideb.

Destarte, a introdução das lógicas de mercado ou quase mercado na educação induz a concorrência entre os estabelecimentos de ensino, incentiva políticas meritocráticas, promove a competição entre estudantes e professores e cria *rankings* que responsabilizam unidades escolares, sistemas de ensino e docentes pelos resultados alcançados, além de aprofundar as desigualdades sociais.

O modelo da nova gestão pública ou a regulação gestionária, tal como define Afonso (2007), confere ao campo da educação novos espaços sociais, bem como a racionalização de recursos (humanos e materiais) e a consolidação dos aspectos de eficácia, eficiência, produtividade e competitividade. Diante da *New Manager Public*, cabe à gestão escolar utilizar os mecanismos estabelecidos pelo mercado para legitimar a qualidade dos processos educativos. Emerge desse contexto a necessidade de adequar os processos de gestão, no sentido de atender às notas preconizadas pelo Ideb. Afonso (2001) considera que, para atender ao "Estado Avaliador", adota-se a cultura gestionária ou gerencialista, tendo como pressuposto a introdução de mecanismos de controle e responsabilização.

A nova gestão pública iniciada no Brasil, a partir da reforma do Estado, traz em seu bojo a emergência de novos modelos de regulação ao alterar a forma de concepção de gestão das instituições escolares, uma vez que se instituem a prestação de contas e a gestão baseada em resultado.

Essa nova estrutura organizacional da gestão se deu principalmente a partir da década de 1990, depois da reforma do Estado e da implantação de medidas regulatórias com o propósito de reduzir o tamanho do Estado, assim como favorecer a abertura da economia ao mercado internacional. Para Sousa (2010), as reformas traziam no seu bojo as orientações de agências internacionais contempladas em quatro eixos principais: a) melhoria da eficácia da atividade administrativa;

b) melhoria da qualidade na prestação de serviços públicos; c) diminuição das despesas públicas; d) aumento da produtividade na administração do Estado.

A adoção e a implementação de tais orientações levaram os países, principalmente os periféricos, a adotarem sistemas de gestão, acompanhamento e controle dos recursos humanos, financeiro e de organização, com base na racionalidade econômica e numa perspectiva de flexibilização e autonomia da gestão.

Na educação, a reforma ganhou contornos de controle de resultados via avaliação externa e se constituiu num dos eixos estruturantes da política educacional; inseriu-se como uma das ferramentas mais importantes para o controle da educação.

A década de 1990 foi, para os países da América Latina, o período de reestruturação econômica e reformas administrativas implantadas, principalmente, pelo Banco Mundial (BM) e pelo Banco Internacional para Reconstrução e Desenvolvimento (Bird), que apoiavam o "enxugamento" do Estado e a melhoria da capacidade gerencial desses países, com mecanismos de controle dos gastos públicos, treinamentos, vigilância do Executivo sobre o poder Legislativo, introdução da competição no setor público e a intensificação do *accountability* (GLADE, 1998) ou prestação de contas.

Accountability e a perspectiva de uma nova gestão para a educação básica

Na área da educação, as reformas implantadas no decorrer da década de 1990, no governo Fernando Henrique Cardoso, tiveram como pano de fundo a reestruturação produtiva, a competitividade e o domínio dos códigos da modernidade. Para efetivar a reforma na educação, diversas agências multilaterais, como a Organização das Nações Unidas para a Educação a Ciência e a Cultura (Unesco), o Fundo das Nações Unidas para a Infância (Unicef) e o Programa das Nações Unidas para o Desenvolvimento (PNUD), além do Banco Mundial, realizaram, no decorrer da década, diversos diagnósticos, análises e propostas para os países da América Latina e Caribe, no que se refere tanto à educação quanto à economia. Essas análises influenciaram fortemente as políticas públicas educacionais no Brasil.

Portanto, a consolidação das reformas anunciadas no decorrer da década de 1990 começou a ganhar concretude na elaboração de propostas e políticas sugeridas e, muitas vezes, financiadas pelos organismos multilaterais, como o Banco Mundial. Afonso (2001) pondera que tais reformas decorrentes da transnacionalização do capitalismo, das globalizações e da crise fiscal e estrutural do Estado são formas de regulação supranacional, porque são sugeridas por organismos ou agências multilaterais.

Ressalta-se que tais propostas se fizeram presentes na Conferência Mundial de Educação para Todos, realizada em Jomtien, na Tailândia, em 1990, cujo objetivo foi o comprometimento de 155 países, entre eles o Brasil, de assegurar uma educação básica de qualidade a crianças, jovens e adultos. Nesse caso, os governos se comprometeram a impulsionar políticas educativas em consonância com o Fórum Consultivo Internacional para a Educação para Todos (*Education for All*, EFA), promovido pela Unesco, cujo propósito era avaliar a implantação e o desenvolvimento das propostas. No Brasil, a publicação do Plano Decenal de Educação para Todos, em 1993, começou a assegurar as propostas educacionais das agências multilaterais (Shiroma; Moraes; Evangelista, 2004).

Na mesma direção seguiu o documento *Eje de la Transformación Productiva con Equidad*, elaborado conjuntamente entre a Comissão Econômica para a América Latina e o Caribe (Cepal) e a Unesco, em 1992. Esse documento esboçou diretrizes políticas educacionais, no sentido de interligar a educação e o desenvolvimento nos países da América Latina e Caribe. Nessa direção, era preciso transformar as estruturas produtivas, aliando desenvolvimento tecnológico e equidade social. Isso só seria alcançado mediante a reforma dos sistemas educacionais, bem como a capacitação profissional. Segundo as agências, era preciso que a população aprendesse os códigos da modernidade, a fim de se desenvolver produtivamente na sociedade moderna. Os núcleos estratégicos da Cepal se constituíam em objetivos (cidadania e competitividade), políticas públicas (equidade e eficiência) e reforma institucional (integração nacional e descentralização).

Shiroma, Moraes e Evangelista (2004, p. 65) destacam que:

> [...] o documento, por outro lado, enfatizava a necessidade de reformas administrativas que operassem uma transmutação do Estado administrador e provedor para um Estado avaliador, incentivador e gerador de políticas. Para tanto, recomendava que se conjugassem esforços de descentralização e integração, o que pode ser traduzido em desconcentração de tarefas e concentração de decisões estratégicas.

Diante desses desafios, a educação foi vista como o mecanismo capaz de favorecer o desenvolvimento humano, assim como conter a pobreza e a exclusão social. A estratégia da Comissão Internacional sobre Educação para o século XXI, cujo coordenador era o francês Jacques Lucien Jean Delors, foi a proposta do conceito de educação ao longo de toda a vida, recomendando a potencialização de todos os tempos e espaços educativos e constituindo, dessa forma, uma sociedade educativa e aprendente. Partiu-se do pressuposto de que a educação estaria ligada aos pilares: aprender a conhecer; aprender a fazer; aprender a ser; aprender a viver junto.

Ao consolidar a proposta de educação, o *Relatório Delors* indica claramente a ligação que deve haver entre a educação escolar e o trabalho, partindo do pressuposto de que a sociedade aprendente se desenvolve tanto no ambiente escolar como no trabalho. O pano de fundo para essa proposta está ligado ao desenvolvimento econômico do país, via profissionalização do ensino médio. Com essa medida, repime-se também a demanda de estudantes para o ensino superior (Shiroma; Moraes; Evangelista, 2004).

O contexto de implantação de tais projetos e programas pode ser explicado pela influência que exerceram os organismos multilaterais nas políticas educativas no país; foi delineado, sobretudo, por um modelo universal de educação para a era da tecnologia e informação, com início na segunda metade da década de 1980 e se estendendo por toda a década de 1990.

Na educação, a reforma ganhou os contornos de práticas descentralizadoras, de controle e privatização. De acordo com Ferreira (2013, p. 256):

> A reforma buscou consolidar a figura de um Estado gerencial, com capacidade de regulação social mediante a transferência a outros setores/instituições da responsabilidade de prestação de serviços sociais. Com o olhar sobre o quadro político desse período da reforma, podemos entender o Estado gerencial como aquele que almeja uma relação harmoniosa e positiva com a sociedade civil, seja buscando avaliar os resultados das políticas públicas que chegam aos cidadãos, seja tratando os problemas por meio de agências reguladoras.

Diante desse contexto, amplia-se o espaço da gestão escolar, uma vez que são transferidos recursos e responsabilidades para entes federados, sistemas e escolas, na perspectiva de uma nova governabilidade escolar, que passa pelas áreas administrativa, pedagógica e financeira, conforme disposto no artigo 15 da Lei de Diretrizes e Bases da Educação Nacional (LDB), n. 9.394/96, cujo teor invoca os progressivos graus de autonomia pedagógica, administrativa e de gestão financeira.

No entanto, cabe explicitar que, no texto legal, é garantida a autonomia, contudo, não há uma indicação clara de como e quando isso ocorrerá. Outra crítica passível de ser feita sobre esse dispositivo é a colocação do termo "progressivos graus", tendo em vista que isso não garante efetivamente a condução dos processos educativos e administrativos de forma autônoma, uma vez que será feita de maneira parcelada e progressiva (Brandão, 2010).

Não obstante, o modelo de gestão escolar, ainda que situada no âmbito dos progressivos graus de autonomia, atende às demandas exigidas pela reorganização do papel do Estado e pela descentralização. Portanto, no contexto da passagem de um Estado burocrático para gerencial, a autonomia está intimamente relacionada a questões como competência, agilidade, flexibilidade e efetividade da gestão escolar, aliada a outras questões, como economia de tempo, recursos humanos e materiais e, finalmente, a melhoria da qualidade do ensino, exigida pelo Estado avaliador.

A ênfase maior das reformas se pautou na descentralização, na profissionalização docente, no currículo baseado em competências e no estabelecimento de avaliações de desempenho. Segundo Oliveira (2011), na reforma, a descentralização foi apresentada como alternativa de gestão de políticas públicas e sociais, o que favoreceu a fragmentação de propostas, aumentando, assim, o número de atores políticos dentro da dinâmica de colaboração com os entes federados. As reformas realizadas no Brasil, durante o governo Fernando Henrique Cardoso (FHC), determinaram, portanto:

> Novas formas de financiamento, gestão e avaliação da educação básica, conformando uma nova regulação assentada na descentralização e em maiores flexibilidade e autonomia local. Essas mudanças foram determinantes de novas relações entre as diferentes esferas administrativas na matéria educacional, especialmente entre União e municípios (Oliveira, 2011, p. 327).

Diante desse quadro, a concepção de qualidade de ensino passou a ser significativamente pautada por notas e resultados obtidos por meio das avaliações externas e compilados no Ideb. Essas avaliações têm, por um lado, o objetivo de mensurar habilidades cognitivas dos estudantes em conteúdos pertinentes às áreas de Língua Portuguesa e Matemática, Ciências Humanas e Ciências da Natureza, e, por outro, o propósito de oferecer um indicativo sobre a possível qualidade de ensino ministrado nas escolas, subsidiando, dessa forma, entre outras coisas, a tomada de decisões da gestão escolar.

O Ideb também integra o Plano Nacional de Educação, Lei n. 13.005/2014, e o Plano de Metas Compromisso Todos pela Educação (Decreto n. 6.094/07). Nos documentos oficiais, o índice tem como eixo central a articulação do regime de colaboração entre União, Distrito Federal, estados e municípios e a sociedade civil, em prol da qualidade da educação e da mobilização social. Segundo o artigo 1º do Decreto n. 6.094/07:

> O Plano de Metas Compromisso Todos pela Educação (Compromisso) é a conjugação dos esforços da União, Estados, Distrito Federal e Municípios, atuando em regime de colaboração, das famílias e da comunidade, em proveito da melhoria da qualidade da educação básica (BRASIL, 2007b).

De acordo com Ganzeli (2013), duas medidas se destacaram no compromisso firmado entre os entes federados para a organização da política educacional: a elaboração do Plano de Ações Articuladas (PAR) e a necessidade de utilização do Ideb. Tanto o Ideb quanto o PAR se constituem como propositores das políticas públicas educacionais desenvolvidas pelos 26 estados, o Distrito Federal e os 5.570 municípios que assinaram o Termo de Adesão ao Plano de Metas.

O PAR se consubstanciou em um instrumento de ordenamento da relação estabelecida entre União, estados, Distrito Federal e municípios: "o PAR é o conjunto articulado de ações, apoiado técnica ou financeiramente pelo Ministério da Educação, que visa ao cumprimento das metas do Compromisso e a observância das suas diretrizes" (BRASIL, 2007a, art. 9º).

Nesse sentido, cada ente federado assumiu voluntariamente o compromisso e a responsabilidade de promover a melhoria da qualidade da educação básica em sua esfera de competência, mediante meta estabelecida pelo Ideb (BRASIL, 2007b).

A proposta oficial era coibir a reprovação indiscriminada e estabelecer metas para os sistemas de ensino e as escolas, em uma mobilização pela qualidade da educação para que, em 2022, o país atingisse a meta de qualidade educacional dos países desenvolvidos (Haddad, 2008).

O Ideb, portanto, passou a ser, além de propositor de políticas públicas educacionais, o indutor de ações de escolas e sistemas de ensino para a efetivação de dinâmicas que contribuam para o alcance das metas preconizadas pelo MEC/Inep. Embora seja um indicador de resultado, e não de qualidade, é a partir dele (e da divulgação dos seus resultados) que se mobilizam ações e políticas para a melhoria da qualidade no sistema escolar.

Cabe ressaltar que as práticas de avaliação externa executadas pelo Estado estão em consonância com as orientações de agências internacionais, como o Banco Mundial. O controle de resultado está, portanto, subordinado à lógica gerencial, tecnicista e economicista.

Tais orientações estabelecem critérios de avaliação voltados para a produtividade, a rentabilidade e o menor custo, conceitos básicos da economia de mercado internalizados pelas escolas e que impactam, de forma negativa, no trabalho docente e na gestão escolar, pois promovem práticas pouco ortodoxas de atingir a meta estabelecida do MEC/Inep materializada no Ideb.

Os dados ou informações gerados pelo Ideb constituem subsídios para a formulação e a implantação de políticas públicas educacionais. Essas políticas, no bojo da concepção neoliberal, tendem a atribuir aos sistemas de ensino e às escolas a responsabilização e a prestação de contas pelos serviços educacionais prestados, bem como articular no próprio sistema de ensino ações que propiciem alcançar a meta do índice.

A funcionalidade do Ideb como *accountability*

O termo *accountability* passou a ser designado para expressar a responsabilidade educacional, reforçando o gerencialismo dos sistemas de ensino e escolas diante do termo. Para Afonso (2009), *accountability* para educação se consubstancia em prestação de contas, avaliação e responsabilização, muito embora o autor destaque que não há um sistema ou modelo consolidado de *accountability* em Portugal, tampouco no Brasil. Como não existe um modelo de prestação de contas, utilizam-se, nesses dois países, o que o autor considera formas parcelares de *accountability*, que são ações legalmente consagradas que procuram prestar contas e dar visibilidade às ações educativas. Essas ações se materializam em:

> A avaliação do desempenho docente; os resultados de exames e testes estandardizados (nacionais e internacionais) e os *rankings* escolares; o regime de autonomia e gestão das escolas e o programa de avaliação externa das escolas (Afonso, 2009, p. 60).

Segundo Dias Sobrinho (2002), a avaliação externa se transformou em *accountability*, uma vez que sua função era prestar contas ao governo e à sociedade, assim como cobrar das instâncias executoras, nesse caso, as unidades escolares, o cumprimento de obrigações, sob o ponto de vista da eficiência. Nesse sentido, sua característica mais marcante era demonstrar índices de rendimento, tanto aos governos como para a sociedade civil, além de controlar e propor políticas públicas, legitimando o controle do Estado.

A *accountability* ganha, portanto, centralidade social e política no contexto empreendido pelas reformas ocorridas em diversos países da América Latina na década de 1990. Em tais países, as reformas empreendidas evocam um novo modelo de gestão como estratégia para assunção de melhores serviços públicos e uma sociedade mais democrática e transparente, com ênfase também no controle dos gastos.

Segundo Oliveira (2005), sob esse aspecto, é possível afirmar que as avaliações externas, realizadas via testes padronizados, ganharam um papel significativo nas sociedades contemporâneas, cabendo-lhes, pois, a responsabilidade de validar e legitimar iniciativas educacionais. Essa validação e a legitimação se consubstanciam no Ideb, que se configura como o *accountability* da educação brasileira, na medida em que pressiona os sistemas de ensino a alcançar notas cada vez maiores no índice.

> O Estado determina os princípios e as bases da avaliação, desenvolve os exames, aplica os testes, corrige-os, afere e divulga os resultados. A partir dos resultados obtidos, as redes e instituições de ensino são compelidas a prestar contas, criando estratégias e implementando ações com vistas a reverter números indesejáveis (Schneider; Nardi, 2013, p. 35).

Portanto, ficam a cargo da gestão escolar a tomada de decisão, a responsabilização e a mobilização de ações que atendam a notas cada vez mais elevadas de Ideb, sem que isso se reverta necessariamente em qualidade educacional. São estratégias colocadas em ação para atender à política educacional vigente no país, deslocando o foco da qualidade e suas variáveis, como infraestrutura, formação de professores, nível socioeconômico e cultural dos educandos, tipo de gestão, para o foco da priorização de resultados mensuráveis que, na atual política, se constituem em fluxo e desempenho escolar e são compilados no Ideb.

As relações estabelecidas entre as notas das avaliações externas e a responsabilização das instituições escolares caracterizam um formato de política excludente, meritocrática e competitiva. Ademais, não asseguram a elaboração de um modelo ampliado de *accountability*, sob a perspectiva teórica e metodológica e sob a égide de democratização e autonomia escolar (Schneider; Nardi, 2013; Nardi; Schneider, 2014).

Na ausência de um modelo ampliado de *accountability*, as formas parcelares de *accountability* (Afonso, 2009), delineadas sutilmente pela política educacional brasileira, cumprem com a função da nova governabilidade educacional, baseada na lógica gerencial e no controle de resultados e monitoramento.

No entender de Schneider e Nardi (2013), o Ideb se materializa como uma forma parcelar de *accountability*, na medida em que sustenta orientações políticas e normativas, perspectivas sociais e práticas de responsabilização.

Entre as ações entendidas como formas parcelares de *accountability* pela política educacional brasileira estão: a publicação de informações e resultados, a participação nas avaliações externas, a *marketização* da imagem da escola e o recebimento de recursos e assistência técnica e financeira para o alcance das metas firmadas no PAR e estabelecidas pelo Ideb.

Tanto formas parcelares de *accountability* como a regulação do Estado, via Ideb para a educação, impõem a escolas e sistemas de ensino a responsabilidade de atender às metas estabelecidas pelo Ideb mediante algumas ações, tais como: alocar os conteúdos das avaliações no currículo escolar, desenvolver simulados para treinamento dos estudantes e evitar a reprovação como mecanismo capaz de compensar a nota do desempenho acadêmico dos alunos nas avaliações que compõem o índice (Sousa; Oliveira, 2010; Chirinéa, 2010).

Nesse sentido, o Ideb serve como indutor tanto de políticas educacionais quanto de ações dos sistemas de ensino e escolas, cujo objetivo final é alcançar as metas estabelecidas pelo índice. Segundo Maroy e Voisin (2013, p. 882): "A escola fica, dessa forma, cada vez mais sujeita à obrigação de resultados e de desempenho que são implantados por políticas educacionais".

Os usos sociais do Ideb e os resultados das avaliações externas se constituem em potencial ferramenta para a gestão escolar induzir mudanças qualitativas em suas redes e sistemas de ensino. Na perspectiva assumida por Sousa (2014), um dos usos sociais assumidos pelos sistemas de ensino tende a considerar os resultados obtidos pelos alunos nas avaliações externas como referencial da qualidade, ou seja, a evidência da qualidade se materializa em decorrência das avaliações externas e da nota do Ideb.

Outro traço comum de iniciativa da gestão escolar é o fortalecimento da cultura da avaliação e a utilização dos resultados para subsidiar iniciativas da gestão das redes e das escolas em prol da qualidade.

Sob o argumento da transparência, vêm se inserindo nos programas e planos governamentais mecanismos que visam dar ampla visibilidade

> aos resultados das avaliações e, em alguns casos, responsabilização de profissionais ou da escola por esses resultados, traduzida na implantação de incentivos simbólicos ou monetários, com vistas à indução de mudanças. A alocação de recursos diferenciados para as escolas, como meio de premiação por bons resultados, revela a crença de que se a competição no interior das redes de ensino induz a melhores resultados. O mesmo pressuposto está presente em iniciativas de incentivos monetários aos profissionais das escolas. A busca por melhores resultados pode levar a escola [ou, talvez, já esteja levando] a investir mais intensamente nos alunos julgados com maior potencial de obtenção de melhores pontuações nas provas externas, mesmo que isso resulte em iniquidades (SOUSA, 2014, p. 412).

Entende-se que a argumentação utilizada por Sousa (2014) define os propósitos da avaliação nos sistemas de ensino, ao mesmo tempo que fornece as ferramentas que subsidiarão a tomada de decisão da gestão escolar.

Esse processo é entendido por Maroy e Voisin (2013, p. 883) como políticas de regulação de resultados ou "gestão orientada por resultados", cuja qualidade deixa de ter uma concepção de técnica organizacional e passa a ter função gerencial, aos moldes propostos pelas políticas neoliberais, cujos mecanismos de regulação passam a ser o controle do Estado com bases nas dinâmicas de eficiência, eficácia e produtividade escolar.

Do compromisso com a qualidade à gestão baseada em resultados

As observações realizadas neste capítulo procuraram discutir as transformações ocorridas no Estado brasileiro a partir da década de 1990, e as avaliações externas como mecanismo de regulação da educação, sendo o Ideb a principal ferramenta da gestão escolar e sua nova governabilidade, baseada principalmente em resultados.

As argumentações partem da premissa de que a transformação dos processos de gestão escolar, subordinados à lógica de mercado e de regulação do Estado, instituídos pelas avaliações externas e pelo próprio Ideb, foram sendo paulatinamente implantados e, hoje, dinamizam o controle e a regulação do Estado sobre a educação brasileira. Tal prerrogativa tem em seu bojo qualificar escolas e sistemas de ensino, tendo por subsídio a nota do índice cujo enfoque se restringe a fluxo escolar e desempenho nas avaliações.

Destarte, o Ideb se configura como propositor de políticas educacionais do Estado para mobilizar ações de melhoria para o setor educacional, definindo prioridades com base nos dados coletados. No entanto, essa racionalidade do Estado se manifesta somente nos dados estatísticos apresentados no momento de divulgação do Ideb, pois ações e propostas de melhoria da qualidade educacional, como: valorização docente, piso salarial compatível com a função, redução do número de estudantes por sala, bibliotecas e salas de informática bem equipadas, cursos de formação e aperfeiçoamento para os professores e aumento do valor de financiamento da educação, não são comumente implantadas pelo Estado a partir da apresentação dos índices. Tal racionalidade imprime à gestão escolar atender às metas estabelecidas pelo Ministério da Educação e alcançar os resultados almejados pelo índice. Para isso, a gestão escolar lança mão de estratégias que vão desde o estudo das matrizes de referência do Saeb até a aplicação de simulados.

Finalmente, cabe destacar que o Ideb é um indicador de resultado importante para a educação brasileira e um marco para a política educacional. No entanto, a condução dos processos de gestão escolar, para além da gestão baseada em resultados, deve-se integrar aos resultados do desempenho escolar com os contextos ou dinâmicas intra e extraescolares, na medida em que essa integração dará condições para a gestão escolar traçar suas próprias metas e estratégias, além de definir intervenções alicerçadas na democratização e na autonomia.

Referências

AFONSO, A. J. Reforma do Estado e políticas educacionais: entre a crise do Estado-nação e a emergência da regulação supranacional. *Educação & Sociedade*, Campinas, v. 22, n. 75, p. 15-32, ago. 2001.

AFONSO, A. J. Avaliação em educação: perspectivas de emancipação social ou regulação gestionária. *In*: AFONSO, A. J.; MELO, M. M. (org.). *Avaliação na educação*. Pinhais: Editora Melo, 2007.

AFONSO, A. J. Políticas avaliativas e *accountability* em educação: subsídios para um debate ibero-americano. *Sísifo*: revista de ciências da educação, Lisboa, n. 9, p. 57-70, maio/ago. 2009. Disponível em: https://www.yumpu.com/pt/document/view/14840135/politicas- avaliativas-e-accountability-em-educacao-sisifo. Acesso em: 2 jan. 2015.

BEECH, J. A internacionalização das políticas educativas na América Latina. *Currículo sem Fronteiras*, v. 9, n. 2, p. 32-50, jul./dez. 2009. Disponível em: http://www.curriculosemfronteiras.org/vol9iss2articles/beech.pdf. Acesso em: 12 nov. 2020.

BONAMINO, A.; SOUSA, S. Z. Três gerações de avaliação da educação básica no Brasil: interfaces com o currículo da/na escola. *Educação e Pesquisa*, São Paulo, v. 38, n. 2, p. 373-388, abr./jun. 2012.

BOURDIEU, P.; PASSERON, J. C. C. *A reprodução*: elementos para uma teoria do sistema de ensino. Rio de Janeiro: Francisco Alves, 1975.

BRANDÃO, C. da F. *LDB passo a passo*: Lei de Diretrizes e Bases da Educação Nacional, Lei n. 9.394/96 comentada e interpretada, artigo por artigo. 4. ed. São Paulo: Avercamp, 2010.

BRASIL. Decreto n. 6.094, de 24 de abril de 2007. Dispõe sobre a implementação do *Plano de Metas Compromisso Todos pela Educação*, pela União Federal, em regime de colaboração com municípios, Distrito Federal e estados, e a participação das famílias e da comunidade, mediante programa e ações de assistência técnica e financeira, visando à mobilização social pela melhoria da qualidade da educação básica. *Diário Oficial da União*, Brasília, 25 abr. 2007a.

BRASIL. Ministério da Educação. Inep. *O Plano de Desenvolvimento da Educação*: razões, princípios e programas. Brasília: [*s. n.*], 2007b.

BRASIL, Ministério da Educação. Portaria Ministerial n. 10, de 8 de janeiro de 2021. *Diário Oficial da União*: seção 1, Brasília, p. 23, 11 jan. 2021.

CARVALHO, E. J. G. de. *Autonomia da gestão escolar*: democratização e privatização, duas faces de uma mesma moeda. 2005. 235 f. Tese (Doutorado) — Programa de Pós-graduação em Educação, Universidade Metodista de Piracicaba, Piracicaba, 2005.

CHIRINÉA, A. M. *O Índice de Desenvolvimento da Educação Básica (Ideb) e as dimensões associadas à qualidade da educação na escola pública municipal*. 2010. 121 f. Marília. Dissertação (Mestrado em Educação) — Faculdade de Filosofia e Ciências, Universidade Estadual Paulista "Júlio de Mesquita Filho", Marília, 2010.

CORAGGIO, J. L. Propostas do Banco Mundial para a educação: sentido oculto ou problema de concepção? *In*: TOMMASI, L.; WARDE, M. J.; HADDAD, S. (org.). *O Banco Mundial e as políticas educacionais*. São Paulo: Cortez, 2003. p. 75-124.

DIAS SOBRINHO, J. Campo e caminhos da avaliação: a avaliação da educação superior no Brasil. *In*: FREITAS, L. C. (org.). *Avaliação*: construindo o campo e a crítica. Florianópolis: Insular, 2002. v. 1, p. 13-62.

FERREIRA, E. B. Políticas educativas no Brasil em tempo de crise. *In*: OLIVEIRA, D. A.; FERREIRA, E. B. *Crise da escola e políticas educativas*. 2. ed. Belo Horizonte: Autêntica, 2013.

FRANCO, C.; ALVES, F.; BONAMINO, A. Qualidade do ensino fundamental: políticas, suas possibilidades, seus limites. *Educação & Sociedade*, Campinas, v. 28, n. 100, p. 989-1014, 2007.

GANZELI, P. Regime de colaboração e Plano Nacional de Educação: política de Estado ou política de governo. *In*: MARTINS, A. M. *et al*. *Políticas e gestão da educação*: desafios em tempos de mudanças. Campinas: Autores Associados, 2013. p. 45-64.

GLADE, W. A complementaridade entre a reestruturação econômica e a reconstrução do Estado na América Latina. *In*: PEREIRA, L. C. B.; SPINK, P. *Reforma do Estado e administração pública gerencial*. São Paulo: Editora FGV, 1998.

HADDAD, F. *O Plano de Desenvolvimento da Educação*: razões, princípios e programas. Brasília: Instituto Nacional de Estudos e Pesquisas Educacionais "Anísio Teixeira", 2008.

MAROY, C.; VOISIN, A. As transformações recentes das políticas de *accountability* na educação: desafios e incidências das ferramentas de ação pública. *Educação e Sociedade*, Campinas, v. 34, n. 124, p. 881-901, jul./set. 2013.

MARQUES, L. R. Repercussões da nova gestão pública na gestão da educação: um estudo da rede estadual de Goiás. *Educar em Revista*, Curitiba, v. 36, e69772, 2020. Disponível em: http://www.scielo.br/scielo.php?script=sci_arttext&pid=S0104- 40602020000100206&lng=en&nrm=iso. Acesso em: 9 abr. 2021.

NARDI, E. L.; SCHNEIDER, M. P.; RIOS, M. P. G. Qualidade da educação básica: ações e estratégias dinamizadoras. *Educação e Realidade*, Porto Alegre, v. 39, n. 2, p. 359-390, abr./jun. 2014.

OLIVEIRA, D. A. Das políticas de governo à política de Estado: reflexões sobre a atual agenda educacional brasileira. *Educação e Sociedade*, Campinas, v. 32, n. 115, p. 323-337, abr./jun. 2011.

OLIVEIRA, J. B. de A. Desigualdades e políticas compensatórias. *In*: SCHWARTZMAN, S.; BROCK, C. (org.). *Os desafios da educação no Brasil*. Rio de Janeiro: Nova Fronteira, 2005. p. 53-89.

OLIVEIRA, R. P. de; ARAÚJO, G. C. de. Qualidade do ensino: uma nova dimensão da luta pelo direito à educação. *Revista Brasileira de Educação*, São Paulo, n. 28, p. 5- 23, jan./abr. 2005.

SCHNEIDER, M. P.; NARDI, E. L. O potencial do Ideb como estratégia de accountability da qualidade da educação básica. *Revista Brasileira de Política e Administração da Educação* (RBPAE/ANPAE), v. 29, n. 3, set./dez. 2013.

SHIROMA, E. O.; MORAES, M. C. M. de; EVANGELISTA, O. *Política educacional*. 3. ed. Rio de Janeiro: DP&A, 2004.

SOUSA, S. Z. Concepções de qualidade da educação básica forjadas por meio de avaliações em larga escala. *Avaliação*, v. 19, n. 2, p. 407-420, 2014.

SOUSA, S. Z.; OLIVEIRA, R. P. de. Sistemas estaduais de avaliação: uso dos resultados, implicações e tendências. *Cadernos de Pesquisa*, São Paulo, v. 40, n. 141, dez. 2010.

SOUZA, A. L. L. Estado e educação pública: tendências administrativas e de gestão. *In*: OLIVEIRA, D. A.; ROSAR, M. de F. F. (org.). *Política e gestão da educação*. 3. ed. Belo Horizonte: Autêntica, 2010. p. 91-105.

TORRES, R. M. Melhorar a qualidade da educação básica? As estratégias do Banco Mundial. *In*: TOMMASI, L.; WARDE, M. J.; HADDAD, S. (org.). *Banco Mundial, OMC e FMI*: o impacto nas políticas educacionais. São Paulo: Cortez, 1998.

VIANNA, H. M. M. Avaliação: considerações teóricas e posicionamentos. *Estudos em Avaliação Educacional*, São Paulo, n. 16, p. 5-35, 1997.

WEBER, M. *Ensaios de sociologia*. 5. ed. Rio de Janeiro: Zahar, 1982.

WERLE, F. O. C. Políticas de avaliação em larga escala na educação básica: do controle de resultados à intervenção nos processos de operacionalização do ensino. *Ensaio*: avaliação e políticas públicas em educação, Rio de Janeiro, v. 19, n. 73, p. 769-792, 2011.

CAPÍTULO 5

Avaliação externa e *accountability* educacional: nos bastidores de um debate contemporâneo

Marilda Pasqual Schneider
Elton Luiz Nardi

Introdução

Neste capítulo, buscamos problematizar a relação entre avaliação externa e *accountability* educacional, com a finalidade de analisar o modelo utilizado para avaliar a qualidade da educação básica brasileira, consentâneo com o de *accountability* educacional em voga no país. Sem perder de vista a influência internacional na constituição do modelo, o que inclui considerar um amplo movimento que se processa na região latino-americana, referimo-nos à coexistência de dinâmicas que operam tanto na influência quanto na integração e diversificação do modelo em curso no Brasil.

Com esse propósito, partindo de uma revisita a aspectos do debate sobre *accountability* no seio da teoria democrática moderna, examinamos a apropriação de termos e instrumentos afins por correntes gerenciais empenhadas na implantação de um novo modelo de gestão pública, consociada à reforma neoliberal do Estado. Intentamos destacar a função atribuída à *accountability* na educação básica brasileira e, por conseguinte, às dimensões que a compõem, entre as quais a de avaliação e responsabilização, apontadas como moventes principais do modelo de *accountability* encampado na política educacional em nosso país. Trata-se de ter em vista que a associação entre *accountability* e avaliação externa, tal como a conhecemos no atual contexto educacional, insere-se em um quadro de políticas identificado com os interesses e as demandas do capitalismo contemporâneo.

Posto isso, diante de uma agenda de intensificação da avaliação externa, tanto na educação básica como superior, neste capítulo importa problematizar a finalidade dessa avaliação, sobretudo na interface com a escola, haja vista ser este o aspecto potencialmente identificador da função do modelo de *accountability* corrente — classificar, responsabilizar. É o que buscamos fazer, com base na hipótese de que essa circunstância promove o desvanecimento da função diagnóstica da avaliação externa, na perspectiva da avaliação de políticas públicas, e a crescente focalização nos resultados educacionais, que tem lugar em uma avaliação que mira a escola e os professores, constituindo-se em uma operação geradora de alguns dados cujo significado se encerra em si mesmo.

Notas do debate sobre *accountability*, sua promoção e seu uso na contemporaneidade

O tema da *accountability* tem sido amplamente difundido no debate sobre regimes democráticos modernos e, notadamente, ocupa posição destacada na agenda das políticas públicas contemporâneas, direcionando atenções para os meios sociais e institucionais presentes no sistema político com potencial para sujeitar agentes públicos a mecanismos de controle, inclusive de sanção (Mainwaring, 2003).

Na esteira desse fenômeno, é igualmente notável o crescente interesse pelo estudo do tema, que tem lugar na Ciência Política e Administração Pública, assim como em outras áreas de conhecimento.

Em geral, a aplicação da *accountability* é comumente relacionada aos processos de escolha de governantes e representantes pelos cidadãos, e a instâncias estatais de regulação que, em alguma medida, desempenham ações com determinado potencial de constrangimento a agentes públicos. São referências que, portanto, concordam com a ideia de *accountability* como prática de controle e fiscalização da atuação desses agentes, o que não significa dizer que também restem consensuados posicionamentos quanto à sua delimitação, por exemplo, em termos de seu escopo, sua abrangência, seus mecanismos e agentes (Ceneviva, 2006).

A esse respeito, os posicionamentos vão desde a defesa de que somente os mecanismos formais e institucionalizados subjazem à noção de *accountability* (O'Donnell, 1998; 2003; Mainwaring, 2003), passando pelo entendimento de que ela é mais abrangente que as formas institucionais, portanto envolve uma variedade de atores, devendo corresponder a relações de fiscalização e controle que incluam mecanismos de sanção a agentes públicos (Keohane, 2002), até posicionamentos em defesa de que todas as atividades de controle, fiscalização ou monitoramento de agentes e organizações públicas estão compreendidas na noção de *accountability* (Fox, 2006). Diferenciam-se, também, quanto à amplitude do conceito, à medida que, para alguns, apenas a capacidade de requerer justificação ou prestação de contas dos agentes públicos (*answerability*) é suficiente para que um determinado mecanismo seja compreendido como uma ação de *accountability* (Schedler, 1999; 2004; O'Donnell, 2003), enquanto, para outros, a *accountability* só pode ser considerada como tal se for capaz de impor sanções ou atribuir recompensas àqueles que são ou devem ser submetidos a uma ação ou ato de *accountability* (Elster, 1999; Fearon, 1999).

Diante das circunstâncias da história recente, o impulso do debate sobre o tema está relacionado à passagem de regimes autoritários para formas democráticas e a ciclos de reformas estruturais dos Estados nacionais, ocorridos no final do século XX. No primeiro caso, a relação é estabelecida com movimentos de democratização despontados na segunda metade dos anos 1970, de que são exemplos a Revolução dos Cravos, em Portugal, e a queda de regimes autoritários, na América Latina. Referida por Huntington (1994) como Terceira Onda de Democratização, este último movimento motivou o aquecimento do debate sobre a qualidade da democracia, das suas instituições e da confiança nelas, ali incluídas questões sobre a necessidade da imposição de consequências sobre as ações de agentes públicos.

Houve, nesse contexto, ampliação do debate sobre *inovação democrática*, proliferando-se a divulgação de um repertório robusto de experiências. Como um processo de criação institucional, a expressão abrigaria mais do que as formas conhecidas de participação cidadã, em termos de incidência social sobre o poder público, o aparato administrativo do Estado e o próprio sistema político referindo-se, especialmente, a um fenômeno mais plural (Gurza Lavalle; Isunza Vera, 2010). Consoante defendem os autores a esse respeito:

> Una peculiaridad de estas experiencias, sintomática de su carácter renovador, es que en ellas se entreveran prácticas que aparecen — o aparecían hasta hace poco — en la teoría democrática y en el lenguaje de los actores, separadas por lógicas diferentes o incluso opuestas. Claramente éste es el caso de términos cruciales para la innovación democrática, como participación, controles sociales y representación (Gurza Lavalle; Isunza Vera, 2010, p. 18).

Referindo-se à relação entre participação e controle social, e à pertinência de se definir a participação como uma forma de controle social, Gurza Lavalle e Isunza Vera (2010) assinalam que, embora as mencionadas experiências de inovação tenham sido pensadas muito mais sob a semântica da participação, a difusão crescente do discurso sobre a necessidade de controle social disputa parcialmente o sentido das referidas inovações:

> [...] se habla de "gobernança", "transparência", "controles democráticos" y "rendición de cuentas" (*accountability*) o, de modo más preciso, de "rendición de cuentas" — horizontal, vertical corporativa, inversa, retrospectiva, prospectiva, electoral, social y societal, por citar sólo algunas de sus expresiones usuales —, cuyos sentidos son siempre más restrictos en relación con la cara normativa a la idea de "participación" (Gurza Lavalle; Isunza Vera, 2010, p. 20, destaques dos autores).

Porém, assim como a tradução de reivindicações por espaços de participação e deliberação institucionais (NOBRE, 2004), também a elevada confiança nas inovações institucionais tem sido alvo de reservas no interior do debate contemporâneo da democracia, especialmente na América Latina. As reservas quanto à confiança nessas inovações estão amparadas, por exemplo, no questionamento acerca da capacidade de essas inovações, por si sós, transformarem a dinâmica social, como se elas pudessem, conforme depreende Botelho (2019, p. 17), "ser consideradas variáveis explicativas independentes da vida política".

Ademais, o impulso do debate sobre *accountability* está relacionado aos ciclos de reformas estruturais dos Estados nacionais, de inspiração neoliberal, ocorridos nos anos de 1980 e 1990. Se, no primeiro ciclo, datado dos anos de 1980, as atenções concentraram-se na superação do obstáculo representado pelo Estado burocrático e intervencionista ao crescimento econômico internacional, cujo clímax foi simbolizado pelos pontos firmados no chamado Consenso de Washington, entre os quais a racionalização dos gastos públicos, a liberalização do comércio internacional, a desregulamentação da economia e as privatizações (Costa, 2015), no segundo ciclo, a eficiência e a eficácia do Estado estiveram/estão na mira das reformas. Abrigadas na denominação nova gestão pública (*New Public Management*), as medidas incluíram pautas como a profissionalização das burocracias, inovações em parcerias entre Estado, mercado e sociedade civil, entre outras. Ou seja, a *New Public Management* tornou-se base de legitimação e, ao mesmo tempo, meio instrumental para o redesenho do aparelho do Estado e sua atuação nos diferentes setores, notadamente no social.

Diante da orientação de agências multilaterais e outras instituições internacionais, tais como o Fundo Monetário Internacional, a Organização das Nações Unidas e o Banco Central Europeu, influentes na formulação de políticas públicas, assistiu-se, no período, à valorização de termos frequentes no debate relacionado à teoria democrática, porém sob a inspiração de:

> [...] un ideario que promulga las virtudes de la descentralización, de la diversificación de probadores de servicios y la participación de los usuarios [...] considerados como agentes importantes que activan mecanismos de sanción y controle, ejerciendo presión sobre los formuladores y operadores de políticas, forzándolos a rendir cuentas y ser más responsivos (Gurza Lavalle; Isunza Vera, 2010, p. 24).

Nesse contexto, a *accountability* despontou como tema central no interior das reformas orientadas para a eficiência e a eficácia do Estado, razão que também impulsionou grande interesse pelo estudo do tema, sobretudo no âmbito da Administração Pública. Significa dizer que as reformas influenciaram sobremaneira a perspectiva de *accountability* que seria difundida a partir de então, inclusive na Educação, área em que, sabidamente, assume acentuadas conotações tensitivas, motivadas pela emergência de políticas de responsabilização (*School Accountability*). Emblematicamente, uma das dimensões de análise da *accountability*, privilegiadas na Administração Pública, é o controle exercido pela lógica dos resultados, ou seja, o exame dos objetivos, dos desempenhos e dos resultados obtidos pelas políticas públicas. Destacamos, nessa direção, "a introdução de mecanismos de avaliação de desempenho individual e de resultados organizacionais, atrelados uns aos outros, e basedos em indicadores de qualidade e produtividade" (Abrucio, 1997, p. 37).

Assim, em consonância com as políticas públicas guiadas por pressupostos das teorias da nova gestão pública em educação, a *accountability* tem como referentes a avaliação, a prestação de contas e a responsabilização e, como foco privilegiado, os resultados educacionais obtidos por meio de exames externos realizados pelos estudantes, tornados balizadores da qualidade da educação.

A respeito do movimento que se processa na América Latina, em relação ao qual apontamos a coexistência de dinâmicas de influência, integração e diversificação na determinação de políticas nacionais que abrigam o modelo corrente de *accountability* nos sistemas educacionais, cabe assinalar que o uso de ferramentas de *accountability* na educação é altamente recomendado por organismos atuantes na região, com evidente defesa a reformas educacionais, em que a descentralização de responsabilidades e o direito à escolha constituem temas prioritários. É o que procuramos demonstrar a seguir.

Accountability educacional: posicionamentos e recomendações de organismos multilaterais para a América Latina

Sintonizados com parâmetros de desenvolvimento do capitalismo na sua feição globalizatória, os organismos multilaterais atuam como grandes mentores teórico-políticos e ideológicos das mudanças educacionais, especialmente em países subdesenvolvidos ou de capitalismo retardatário, tal qual são comumente caracterizados os países da América Latina. Considerados necessários para assegurar a continuidade da política de ajuste estrutural e, conforme Coraggio (1996, p. 78), "[...] compensar conjunturalmente os efeitos da revolução tecnológica e econômica que caracterizam a globalização", o Banco Mundial e a Organização das Nações Unidas para a Educação, a Ciência e a Cultura (Unesco) são exemplos de organizações multilaterais que, nas últimas duas décadas, investem fortemente na publicação periódica de materiais (boletins, informes, relatórios, artigos, livros, entre outros), com o propósito de disseminar programas e ações internacionais que focam a responsabilização por resultados. As publicações difundidas por essas organizações destacam a eficácia desses programas e ações na melhoria educacional.

Em obra publicada em 2011, o Banco Mundial defende a ampla divulgação, inclusive por governos nacionais, de informações sobre a pontuação obtida por escolas e estudantes em testes nacionais e internacionais, e de informes sobre questões mais abrangentes do setor educacional, tais como: características socioeconômicas dos estudantes, medidas de desempenho, satisfação de pais e alunos, recursos financeiros, dados de auditoria, entre outros. A percepção do Banco é de que a falta de informação sobre o desempenho de estudantes e insumos limita a possibilidade de pais e alunos tornarem escolas e professores *accountables,* além de dificultar uma ação mais contundente sobre os formuladores de políticas (World Bank, 2011). Nessa direção, defende que a produção e a disseminação de informações pelos governos nacionais podem tornar-se importantes ferramentas para alavancar a *accountability per se,* à medida que elas favorecem a tomada de decisões e a aplicação de sanções por parte dos administradores educacionais.

Em anos mais recentes, a Unesco também passou a atuar em temas que reforçam a importância de mecanismos de *accountability* na melhoria educacional. O segundo Relatório de Monitoramento Global da Educação, lançado mundialmente em 2017, é emblemático do envolvimento dessa Organização com o tema. A publicação do Relatório compõe uma das ações resultantes do *Marco de Ação da Educação 2030* para a implementação do *Objetivo de Desenvolvimento Sustentável para a Educação.* Os compromissos traduzidos nesse objetivo foram assumidos durante o 2º Fórum Mundial de Educação, organizado pela Organização das Nações Unidas (ONU) e realizado em maio de 2015, em Incheon, Coreia do Sul. O Marco é constituído por 17 diretrizes consideradas necessárias para um desenvolvimento sustentável, as quais representam a agenda *Educação 2030* (Unesco, 2015). Com prazo para o cumprimento dessa agenda até o ano de 2030, as diretrizes que a integram voltam-se especificamente para a promoção de oportunidades de aprendizagem ao longo da vida, por meio de uma educação inclusiva e equitativa de qualidade.

Com o título, na versão para a língua portuguesa, *Responsabilização na educação: cumprir nossos compromissos* (Unesco, 2017), o Relatório de Monitoramento Global da Educação, publicado em 2017, enfatiza a importância da responsabilização compartilhada entre "governos, escolas, professores, pais e atores privados para a melhoria da qualidade da educação". Destaca, ainda, a relevância de se cobrar a responsabilização devida a cada um dos agentes públicos por meio de um arcabouço legal e justificável (Unesco, 2017). Como é possível verificar, a tônica do Relatório recai sobre o uso de dispositivos de *accountability* como instrumento para se alcançar a qualidade educacional.

Imbuída desse propósito, a Unesco concebe a *accountability* como a capacidade "[...] de agir quando algo está dando errado, por meio de políticas, leis e defesa (*advocacy*), inclusive por meio de *ombudsmen,* para proteger o direito dos cidadãos" (Unesco, 2017, p. 7). Colaboração, confiança, comunicação clara e foco nos resultados são dispositivos considerados eficientes para impulsionar processos de *accountability* educacional.

Alinhado às perspectivas do Banco Mundial e da Unesco, está o Programa de Promoção da Reforma Educativa na América Latina e Caribe (Preal). Esse Programa é financiado pelo United States Agency for International Development (Usaid), pelo Banco Interamericano de Desarrollo (BID), pelo Grupo GE Foundation e pela International Association for the Evaluation of Educational Achievement (IEA). Segundo anunciado em seu sítio na web,[1] a missão do Preal consiste em contribuir para a melhoria da qualidade e da equidade na educação, mediante: a avaliação e o monitoramento do progresso educativo, a identificação, a análise e a difusão de boas práticas e a promoção de debates informados sobre temas de política educacional e reforma educativa. Para isso, conta com uma rede de pessoas e organizações da sociedade civil, setor governamental, organizações multilaterais, centros acadêmicos e universidades, assim como com colaboradores

1. O link http://www.preal.online/ permite acesso à plataforma regional mantida pelo Preal.

de reconhecimento internacional nos âmbitos educacional, social, econômico e político.

Dada sua identidade política, o Preal pode ser caracterizado como um intelectual orgânico do capital, cuja principal função consiste em formar consensos em torno de reformas educacionais tidas como necessárias à região. Em se tratando da implantação de sistemas e mecanismos de *accountability* na educação, uma das medidas adotadas pelo Programa tem sido a disseminação de informações de governos nacionais, com o intuito de evidenciar a eficácia da implantação de políticas educacionais com foco nos resultados.

Em uma obra publicada em 2006, resultante do seminário *Accountability educacional: posibilidades y desafíos para América Latina a partir de la experiencia internacional*, o Programa relaciona o conceito de *accountability* aos resultados da aprendizagem dos estudantes e à consequente responsabilidade que a escola e a comunidade escolar devem assumir perante os resultados educacionais de seus alunos.

A definição de *standards* de desempenho e insumos, bem como o acesso a informações confiáveis sobre os resultados dos alunos nas avaliações nacionais e internacionais e às medidas tomadas pelas escolas para solucionar problemas, incluída a previsão de consequências externas com base em um sistema de prestação de contas demandado às escolas, são apontados como condição necessária para que se responsabilize a comunidade escolar pelo desempenho das instituições de ensino latino-americanas e caribenhas. Associada a esses elementos, estão a concentração de autoridade às escolas e seus respectivos sistemas de ensino na tomada de decisões.

No prefácio da obra, coeditores do Preal assinalam que a *accountability* no campo educativo remete aos resultados da aprendizagem e à responsabilidade que cabe às escolas pelos resultados alcançados pelos estudantes. Por isso afirmam:

> [...] resulta prioritario evaluar periódicamente los resultados del aprendizaje y el cumplimiento de metas curriculares; alinear estas

> evaluaciones con estándares de contenido, desempeño y oportunidades de aprendizaje, dentro y fuera del aparato escolar; premiar o castigar el buen desempeño de los actores del sistema y, tan importante como esto, cuidar que estos ejercicios de medición y regulación no acaben distorsionando el contenido y orientación de la práctica educativa [...] (Gajardo; Puryear, 2006, p. 7).

Como é possível constatar, os discursos difundidos pelo Preal, assim como os do Banco Mundial e da Unesco, estão em sintonia com pressupostos da nova gestão pública e, pelo que se pode depreender, sugerem que a tão propalada qualidade educacional depende do quanto de *accountability* os governos dos países estão dispostos a implantar nos sistemas educativos. O foco parece recair mais no tipo de consequência, e a quem ela é aplicada, e menos nas estratégias de produção das informações. Essa perspectiva tornam incertos os efeitos das consequências aplicadas, uma vez que pouco se investe na análise sobre a percepção dos sujeitos que sofrem as ações sancionatórias, neste caso, os professores, os estudantes e a comunidade escolar, bem como sobre as repercussões políticas e sociais dos modelos implantados em distintas realidades culturais e econômicas.

Intensificação e afirmação da avaliação externa: e a escola?

Destacada a função da *accountability* na lógica de alguns organismos multilaterais, caracterizada por seu endereçamento à produção de resultados e pelo ímpeto à classificação, à responsabilização e à prestação de contas, deslocamos as atenções para a avaliação externa, tendo em vista problematizar a finalidade do modelo corrente no Brasil. Embora essa questão há muito permeie o debate, tratando-se de um dos temas mais controversos em circulação na área da Educação, em tempos mais recentes, a problematização ora lançada tem em conta a interface do modelo com a escola pública sob a hipótese de que ocorre o desvanecimento da função diagnóstica da avaliação externa, no plano das políticas públicas, à medida que o modelo mira a escola, os professores e a produção de resultados.

Para lidar com essa problemática, temos em conta que a avaliação externa, implementada e desenvolvida pelo poder público nacional, constitui atividade importante para a produção de diagnósticos sobre a realidade educacional brasileira, cujo objetivo central é (ou deveria ser) a reorientação das políticas educacionais. Todavia, com as crescentes práticas dissonantes desse objetivo, conforme se constata pela lógica que tem orientado os processos de avaliação operados em nível federal, assim como por estados e municípios, essa modalidade de avaliação tem sido alvo de recusa contundente por aqueles que reconhecem, no modelo corrente, uma forma restritiva de relacionar resultados educacionais a resultados da avaliação externa.

Esse desvanecimento da função diagnóstica (esperada) da avaliação externa, haja vista certo apagamento no que concerne à finalidade de reorientação das políticas educacionais — embora não o seja no plano discursivo dos governos —, tem dado lugar, progressivamente, a funções convergentes com uma regulação por resultados educacionais. Ancorado em práticas que se servem da linguagem estatística para a leitura da qualidade, esse modelo de regulação abre caminho para políticas de responsabilização dos agentes escolares, com tom de culpabilização.

Assim percebido, o afastamento da avaliação externa de sua função diagnóstica também encontra lugar no interior de muitas escolas, especialmente quando elas concentram esforços no que constitui hodiernamente alvo dessa avaliação, de modo que a dianteira do processo educativo escolar seja assumida pelos referenciais que orientam os exames nacionais. Não faltam estudos que examinam e discutem, por exemplo, a decorrente configuração de um reducionismo curricular (Sousa, 2003; Barreto, 2013), a fragilização da agenda político-pedagógica das escolas e a tendente mudança de rumo da avaliação interna das instituições de ensino, haja vista certa conversão à lógica produtivista, diferentemente de uma articulação com o trabalho pedagógico a fim de que ele seja aprimorado.

Nas palavras de Sordi e Lüdke (2019, p. 318), com o advento da avaliação praticada em larga escala, consoante as reformas educacionais de perfil neoliberal, ocorre o rompimento das fronteiras da sala de aula e do foco nos alunos, de modo que a busca prevalecente é pela reunião de "subsídios que orientem os sistemas educativos, que passam a assumir importante protagonismo, inclusive na indução das escolas a um determinado padrão de qualidade". Contrariamente a essa perspectiva, a defesa das autoras é pela atenção dos agentes educativos àquilo que ocorre para além do espaço da sala de aula e que pode contribuir, subsidiariamente, para níveis mais ampliados de análise acerca do fenômeno educativo e "melhor captar a qualidade de uma instituição de ensino" (Sordi; Lüdke, 2019, p. 318).

A argumentação tecida pelas autoras concorda com um modelo de avaliação que combine os dados da avaliação externa com os da avaliação interna, tal como aponta Nevo (1997, p. 94) no excerto:

> Ao combinarmos as avaliações externa e interna para avaliar a escola como um todo [...] supomos que não exista uma única forma objetiva de avaliar a qualidade da escola. A chamada verdade sobre a qualidade da escola não é prerrogativa de um avaliador externo, nem da própria escola, que atesta pela sua qualidade. Mesmo que exista uma verdade única sobre a escola, estará em algum nível intermediário, e, portanto, somente poderá ser revelada através de um diálogo entre as duas partes, as duas recolhendo dados e interpretando-os.

Nessa linha de pensamento, as medidas que oferecem a avaliação externa (assim como a da aprendizagem e a institucional) não se configuram, por si, em avaliação, haja vista a necessidade de que sejam submetidas à análise em decorrência de critérios referenciais, assim como à interpretação pedagógica, que não deve prescindir da observância das condições de cada escola e da rede de ensino (Alavarse, 2015).

Na educação básica, as avaliações externas têm como principal referência a Prova Brasil (desde 2018, identificada apenas como Sistema de Avaliação da Educação Básica — Saeb) e o Índice de Desenvolvimento da Educação Básica (Ideb). Essas avaliações permitem comparabilidade de resultados ao longo do tempo em relação à progressão dos estudantes de uma mesma escola. A devolutiva dos resultados às escolas, por meio de boletins de desempenho e de outros materiais (ainda que tardem a chegar às escolas), favorece uma avaliação pedagógica desse instrumento, especialmente por facilitar a realização de um diagnóstico das principais dificuldades apresentadas pelos estudantes, considerando as condições institucionais e a escala de proficiência que orientam os testes. E ainda contribui para o planejamento de ações político-pedagógicas em diálogo com a avaliação interna da escola (Nevo, 1997; Alavarse, 2015).

Ocorre que a vinculação dos resultados das avaliações do Saeb, adicionados dados de rendimento escolar, correspondentes às taxas de aprovação, impactou os propósitos dessas avalições, abrindo caminho para consequências quanto ao uso que escolas e redes de ensino poderiam fazer de posse desses resultados. Com foco nos resultados educacionais e não mais na equalização entre processos e produtos, traduzidos por metas bienais por escola, o Ideb incorporou objetivos para uma *accountability* educacional como política eficaz para a melhoria da qualidade educacional (Schneider; Nardi, 2013; 2014).

O foco na responsabilização perante os resultados do Ideb impulsionou escolas e redes de ensino à adoção de medidas que viabilizassem soluções imediatas para o atingimento das metas nacionais. A realização de simulados e treinamentos direcionados ao preenchimento de gabaritos, o afunilamento curricular mirando as matrizes de referência dos exames nacionais e a redução, ao mínimo, das taxas de reprovação em todas as séries do ensino fundamental e médio constituem medidas recorrentes implementadas pelas escolas, com a finalidade de atingir as metas a elas impostas pela via do Ideb.

No tocante às redes de ensino, algumas delas desencadearam programas específicos de avaliação externa, que incluem premiação às escolas com melhores desempenhos nessas avaliações. Outras passaram a premiar escolas da rede com base nos resultados do Ideb e realizar parcerias com instituições educacionais privadas com o propósito de promover a padronização curricular. Essas medidas concordam com a implantação de formas de *accountability*, em diálogo com recomendações do Banco Mundial, da Unesco e do Preal, contribuindo para a implementação de políticas educacionais alinhadas às perspectivas da *New Public Management*.

Não podemos perder de vista, também, que a interrupção do sistema de medida imposto pelo Ideb, uma vez concluídas as projeções para escolas e redes de ensino, torna incerta a destinação das políticas nacionais de avaliação da educação básica no país a partir de 2022. É certo que as estratégias 20.6, 20.7 e 20.8 do atual Plano Nacional de Educação — PNE — (Brasil, 2014) definiram o prazo de dois anos da vigência do PNE para implantação dos referenciais mínimos de qualidade educacional. Contudo, a imprevisibilidade de implantação dessas estratégias representa um vácuo na produção de indicadores que assegurem o monitoramento nacional da qualidade da educação básica. Soma-se a esse fato a incerteza quanto à ampliação dos investimentos em educação previstos na meta 20 do PNE (2014-2024).

A Política Nacional de Avaliação e Exames da Educação Básica, implantada em 2018 por meio do Decreto n. 9.432, de 29 de junho de 2018 (Brasil, 2018), e complementada pela Portaria Ministerial n. 458, de 5 de maio de 2020 (Brasil, 2020), que institui normas complementares ao cumprimento do referido Decreto, apesar de anunciar como um de seus objetivos a verificação da qualidade da educação básica, não dá pistas acerca dos indicadores que serão utilizados para aferir a qualidade. Sabemos que a aplicação nacional de exames aos alunos não é, por si só, um referencial de qualidade.

Algumas estratégias que compõem a meta 7 do PNE (2014-2024) apontam para a constituição de um conjunto nacional de indicadores de avaliação institucional (Estratégia 7.3), bem como para o reforço contínuo à autoavaliação das escolas, possibilitado pela constituição de instrumentos de avaliação capazes de indicar as dimensões a serem fortalecidas (Estratégia 7.4), e, ainda, à focalização no Programa Internacional de Avaliação de Estudantes (Pisa) como instrumento externo de referência (Estratégia 7.11) (Brasil, 2014). Essas estratégias, bem com a meta que as orienta, dão indícios de alguns caminhos, ainda que incertos, sobre o futuro das avaliações externas na educação básica brasileira; representam, em alguma medida, uma oportunidade de se resgatar as finalidades pedagógicas e formativas das avaliações, convertendo-as no que, de fato, elas devem representar para as escolas: ferramentas que, somadas às avaliações internas (da aprendizagem e institucional), constituem instrumento para o diagnóstico das necessidades e o planejamento de prioridades e ações para a melhoria das aprendizagens dos estudantes.

À guisa de algumas conclusões

Neste capítulo, argumentamos acerca do desvanecimento da função diagnóstica e formativa da avaliação externa na educação básica e do reforço, no plano das políticas públicas, de um modelo conducente ao robustecimento da regulação e do controle sobre as ações da escola. A denúncia implícita a esse fenômeno é indicativa de um apequenamento da função social da avaliação (Sordi; Lüdke, 2019), que tinha relação com o processo de legitimação de um determinado referencial de qualidade.

Se não se pode negar a importância das avaliações externas na geração de informações sobre os gargalos educacionais, o mesmo não se pode dizer sobre alguns usos que se fazem dela, como a implementação de dispositivos de *accountability* com finalidades meritocráticas. A focalização majoritária nos resultados obtidos pelos estudantes nessas avaliações pode levar a escola ao enrijecimento das práticas pedagógicas e à robotização dos processos educacionais. Contudo, não se trata de desprezar a importância de avaliações externas para fins de diagnóstico da situação educacional, e para alimentar os processos de avaliação institucional e autoavaliação interna da escola.

Assim como a diversificação nos instrumentos de coleta de dados pode favorecer a obtenção de informações mais precisas sobre as dimensões nas quais se situam as maiores fragilidades da escola, também o uso de ferramentas de *accountability*, pela própria instituição de ensino, pode representar seu esforço de tornar mais democráticos e participativos os processos de tomada de decisão, contribuindo, assim, para o aperfeiçoamento de princípios e mecanismos de gestão democrática. A transparência e a objetividade na divulgação de seu Projeto Político-Pedagógico, o compromisso com a comunidade escolar, a avaliação formativa e a partilha equitativa de responsabilidades sobre o processo educacional são exemplos de ferramentas que contribuem para a implementação de um projeto que atenda às necessidades da comunidade escolar.

Na perspectiva de uma escola como construção social democrática, o uso de ferramentas de *accountability* pode vir a se constituir em contraponto às que focalizam resultados e eficácia educacional, segundo parâmetros de um mercado gerencial. Nesse sentido, à propensão ao diálogo, soma-se o destaque ao potencial de tais ferramentas em incitar a reflexão sobre as prioridades da escola, as condições de trabalho dos professores e as condições de aprendizagem dos alunos. Portanto, em vez de uma limitação à autonomia da escola, tratar-se-ia de uma oportunidade para enfrentar a complexidade dos problemas demandados da realidade em que se insere.

Contudo, não podemos perder de vista que os efeitos de uma política de *accountability* dependem das finalidades a que ela se destina e dos modelos de prestação de contas e responsabilização adotados, consoante o projeto de educação e de sociedade que se tenha em pauta. Logo, cabe ampliar a reflexão sobre limites e possibilidades dos modelos em curso, e da sua capacidade de impulsionar a qualidade educacional proclamada nos discursos oficiais. Estudos nessa direção não podem prescindir, também, de uma análise aprofundada sobre as finalidades quanto aos usos de ferramentas vinculadas às noções de *accountability*, em voga na educação básica brasileira.

Referências

ABRUCIO, F. L. O impacto no modelo gerencial na administração pública: um breve estudo sobre a experiência internacional recente. *Cadernos Enap*, Brasília, n. 10, 1997.

ALAVARSE, O. M. Avaliações externas e seus efeitos. *In*: MOSTRA DO CAEM 2015: 30 anos de formação continuada de professores de matemática. São Paulo: IME-USP, 2015. v. 1. p. 1-8.

BARRETO, E. S. de S. As novas relações entre o currículo e a avaliação. *Retratos da Escola*, Brasília, v. 7, n. 12, p. 133-144, jan./jun. 2013.

BOTELHO, A. *O retorno da sociedade*: política e interpretações do Brasil. Petrópolis: Vozes, 2019.

BRASIL. Lei n. 13.005, de 25 de junho de 2014. Aprova o Plano Nacional de Educação — PNE e dá outras providências. *Diário Oficial da União*, Brasília, 26 jun. 2014. Edição extra.

BRASIL. Decreto n. 9.432, de 29 de junho de 2018. Regulamenta a Política Nacional de Avaliação e Exames da Educação Básica. *Diário Oficial da União*: seção 1, Brasília, p. 1, 2 jul. 2018.

BRASIL. Ministério da Educação. Portaria n. 458, de 5 de maio de 2020. Institui normas complementares necessárias ao cumprimento da Política Nacional de Avaliação da Educação Básica. *Diário Oficial da União*: seção 1, Brasília, edição 85, p. 57, 6 maio 2020.

CENEVIVA, R. *Accountability*: novos fatos e novos argumentos — uma revisão da literatura recente. *In*: ENCONTRO DE ADMINISTRAÇÃO PÚBLICA E GOVERNANÇA, 30., 2006, São Paulo. *Anais* [...]. São Paulo: Anpad, 2006. p. 1-17.

CORAGGIO, J. L. Propostas do Banco Mundial para a educação: sentido oculto ou problemas de concepção? *In*: DE TOMAZZI, L.; WARDE, M. J.; HADDAD, S. (org.). *O Banco Mundial e as políticas educacionais*. São Paulo: Cortez, 1996. p. 75-123.

COSTA, V. M. F. Reforma do Estado. *In:* DI GIOVANNI, G.; NOGUEIRA, M. A. (org.). *Dicionário de políticas públicas*. São Paulo: Fundação Editora Unesp; Fundap, 2015. p. 845-850.

ELSTER, J. Accountability in Athenian politics. *In*: PRZEWORSKI, A.; STOKES, S. C.; MANIN, B. (ed.). *Democracy, accountability, and representation*. Cambridge: Cambridge University Press, 1999. p. 254-255.

FEARON, J. D. Electoral accountability and the control of politicians: selecting good types versus sanctioning poor performance. *In*: PRZEWORSKI, A.; STOKES, S. C.; MANIN, B. (ed.). *Democracy, accountability, and representation*. Cambridge: Cambridge University Press, 1999. p. 55-97.

FOX, J. Sociedad civil y políticas de rendición de cuentas. *Perfiles Latinoamericanos*, Ciudad de México, v. 13, n. 27, p. 33-68, 2006.

GAJARDO, M.; PURYEAR, J. M. Prefácio. *In*: CORVALÁN, J.; MCMEEKIN, R. W. (ed.). *Accountability educacional*: posibilidades y desafíos para América Latina a partir de la experiencia internacional. Santiago: Cide; Preal, 2006. p. 7-9.

GURZA LAVALLE, A.; ISUNZA VERA, E. Precisiones conceptuales para el debate contemporáneo sobre la innovación democrática: participación, controles sociales y representación. *In:* ISUNZA VERA, E.; GURZA LAVALLE, A. (coord.). *La innovación democrática en América Latina*: tramas y nudos de la representación, la participación y el control social. México: Publicaciones de la Casa Chata, 2010. p. 19-80.

HUNTINGTON, S. *A terceira onda*: a democratização no final do século XX. São Paulo: Ática, 1994.

KEOHANE, R. Global governance and democratic. Unpublished paper fron de Liliband Lectures. London School of Economics, 2002. Disponível em: https://citeseerx.ist.psu.edu/viewdoc/download?doi=10.1.1.610.6432&rep=rep1&type=pdf. Acesso em: 21 set. 2022.

MAINWARING, S. Introduction. *In:* MAINWARING, S.; WELNA, C. (ed.). *Democratic accountability in Latin America*. Oxford: Oxford University Press, 2003. p. 3-33.

NEVO, D. Avaliação por diálogos: uma contribuição possível para o aprimoramento escolar. Tradução: John Stephen Morris. *In*: SEMINÁRIO INTERNACIONAL DE AVALIAÇÃO EDUCACIONAL, 1997, Brasília. *Anais* [...]. Brasília: Inep, 1997. p. 89-97.

NOBRE, M. Participação e deliberação na teoria democrática: uma introdução. *In*: COELHO, V. S. P.; NOBRE, M. (org.). *Participação e deliberação*: teoria democrática e experiências institucionais no Brasil contemporâneo. São Paulo: Editora 34, 2004. p. 21-40.

O'DONNELL, G. *Accountability* horizontal e novas poliarquias. *Lua Nova*, São Paulo, n. 44, p. 27-103, 1998.

O'DONNELL, G. Horizontal accountability: the legal institutionalization of mistrust. *In*: MAINWARING, S.; WELNA, C. (ed.). *Democratic accountability in Latin America*. Oxford: Oxford University Press, 2003. p. 34-54.

SCHEDLER, A. Conceptualizing accountability. *In*: SCHEDLER, A.; DIAMOND, L. J.; PLATTNER, M. F. *The self-restraining state*: power an accountability in new democracies. London: Lynne Rienner Publishers, 1999. p. 13-28.

SCHEDLER, A. ¿Qué es la rendición de cuentas? *Cuadernos de Transparencia*, México, D.F.: Instituto Federal de Accesso a la Información Pública, n. 3, 2004.

SCHNEIDER, M. P.; NARDI, E. L. O potencial do Ideb como estratégia de *accountability* da qualidade da educação básica. *Revista Brasileira de Política e Administração em Educação — RBPAE*, v. 29, n. 1, p. 27-44, jan./abr. 2013.

SCHNEIDER, M. P.; NARDI, E. L. O Ideb e a construção de um modelo de *accountability* na educação básica brasileira. *Revista Portuguesa de Educação*, Braga, v. 27, n. 1, p. 7-28, semestral, 2014.

SORDI, M. R. L. de; LÜDKE, M. Da avaliação da aprendizagem à avaliação institucional: aprendizagens necessárias. *Avaliação*, Campinas/Sorocaba, v. 14, n. 2, p. 313-336, jul. 2019.

SOUSA, S. M. Z. L. Possíveis impactos das políticas de avaliação no currículo escolar. *Cadernos de Pesquisa*, São Paulo, n. 119, p. 175-190, jul. 2003.

UNESCO. *Educação 2030*. Declaração de Incheon e marco de ação para implementação do Objetivo de Desenvolvimento Sustentável 4: assegurar a educação inclusiva e equitativa de qualidade, e promover oportunidades de aprendizagem ao longo da vida para todos. [*S. l.*: *s. n.*], dez. 2015. Disponível em: www.mpsp.mp.br/portal/page/portal/cao_civel/aa_ppdeficiencia/aa_ppd_educacaoinclusiva/Declaração de Incheon e Marco de Ação — Educação 2030.pdf. Acesso em: 28 abr. 2021.

UNESCO. *Relatório de monitoramento global da educação 2017/8*: resumo. Responsabilização na educação: cumprir nossos compromissos. [*S. l.: s. n.*], 2017. Disponível em: https://unesdoc.unesco.org/ark:/48223/pf0000259593_por. Acesso em: 28 abr. 2021.

WORLD BANK. *Making schools work*: new evidence on accountability reforms. Washington, D. C., 2011. Disponível em: http://documents1.worldbank.org/curated/en/483221468147581570/pdf/600500PUB0ID181s0Work09780821386798.pdf. Acesso em: 23 mar. 2021.

CAPÍTULO 6

Base Nacional Comum Curricular (BNCC), regulação e trabalho pedagógico dos professores da Educação Básica no Brasil

Célia Tanajura Machado
Liliana Soares Ferreira
Ânthony Scapin Eichner

Introdução

No âmbito da escola, especialmente da escola pública, o trabalho dos professores é, na maioria das vezes, decorrente de ações desenhadas externamente à instituição escolar, mas que nela se implementam. De toda maneira, tais ações, quando aportadas na escola, cegam-lhe como aparência, mas contêm, em si, os sentidos com os quais vai operar cotidianamente. Nesses sentidos, há os argumentos a partir ou contra os quais se posicionam os discursos, os processos educativos e o trabalho pedagógico.[1]

Nesse contexto, o estabelecimento de uma Base Nacional Comum Curricular (BNCC) para as escolas de Educação Básica no Brasil decorre de uma ação do Estado brasileiro para a educação. Como ação que designa cargas horárias, conteúdos e disciplinas a serem cumpridos pelas escolas de Educação Básica, em todo o território do país, a organização e a implantação da BNCC também se desdobram na regulação do trabalho pedagógico dos professores e no dia a dia das escolas.

As análises apresentadas neste capítulo se fundamentam em pesquisa documental e bibliográfica sobre a temática e se organizam, tendo, como plano de fundo, a necessidade de se estabelecer um debate teórico sobre as relações entre a BNCC, os aspectos regulatórios (avaliações externas em larga escala, por exemplo) e o trabalho pedagógico dos professores, que possibilita uma reflexão frente aos desafios cotidianos presentes nesse trabalho específico nas escolas de Educação Básica do Brasil.

Nesse sentido, propõe-se discutir aspectos relativos aos conhecimentos privilegiados e inseridos no currículo nacional, em um país plurirregional e pluricultural, a relação que a priorização da BNCC pelo modelo de competências estabelece com as necessidades e os interesses do capital, e as consequências e os impactos da implantação da BNCC na escola básica, como uma política de regulação dos saberes ensinados na escola, conforme argumentado, gera sobre

1. Trabalho pedagógico é compreendido com base na seguinte consideração: "[...] propõe-se que o trabalho dos professores, ao selecionar, organizar, planejar, realizar, avaliar continuamente, acompanhar, produzir conhecimento e estabelecer interações, só possa ser entendido como trabalho pedagógico, imerso em um contexto capitalista, no qual a força de trabalho dos professores é organizada pelas relações de emprego e no qual os sujeitos agem em condições sociais, políticas. Entretanto, ainda que esteja imerso nas relações capitalistas, o trabalho pedagógico, por suas características, apresenta possibilidades de o sujeito trabalhador ir além, projetar-se no seu trabalho de modo a confundir-se e movimentar-se humanamente com ele, uma vez que uma matéria-prima é a linguagem" (Ferreira, 2018, p. 605).

o trabalho pedagógico. O debate proposto se encerra, assim, com questões, denúncias e anúncios que emergem de reflexões e conjecturas apresentadas.

Organização curricular nas Leis de Diretrizes e Bases da Educação Nacional

A história da educação registra que o país vivenciou, até o momento, três leis de educação, daquilo que se conhece como forma mais estruturada e ampla de regulação da educação nacional, a que se dedicaram os legisladores brasileiros ao longo dos séculos. Vale destacar que, até o final da década de 1940, no tocante à educação, decretos e leis regulavam segmentos da oferta educacional, cujas determinações eram cumpridas ou por constarem na Constituição (é o caso do período imperial e da República Velha); ou por imposição do governo (como as reformas propaladas por ministros da pasta ainda no século XIX e na primeira metade do século passado).

Assim, somente na década de 1940, com o fim da Era Vargas, os debates ocorridos em torno do capítulo da educação da Constituição de 1934 e da Constituição de 1946 são retomados, por meio da apresentação do anteprojeto de Diretrizes e Bases da Educação Nacional.[2] O anteprojeto, proposto ao Congresso Nacional, em 1948, pelo então ministro da Educação e Saúde Pública, Clemente Mariani, em seu texto, revelava certa proximidade com os ideais da Escola Nova[3] e com os

2. Fruto do trabalho de uma Comissão de 15 membros, subdivididos em três subcomissões (Ensino Primário, Médio e Superior), presidida pelo então Diretor-Geral do Departamento Nacional de Educação, professor Manuel Bergstron Lourenço Filho.

3. O Escolanovismo foi um movimento protagonizado por professores brasileiros, na década de 1930, sob a influência da obra do norte-americano John Dewey, com evidentes características liberais. Todavia, apesar de seu caráter liberal, também teve méritos, por exemplo, constituir-se em oposição à hegemonia da Pedagogia Tradicional. Entre os professores que defenderam o Escolanovismo, naquela época, estiveram Anísio Teixeira, Lourenço Filho, Fernando de Azevedo, entre muitos outros (Ferreira, 2001).

princípios estabelecidos no Manifesto dos Pioneiros da Educação.[4] Os debates em torno da proposta, entretanto, se estenderam por uma década, sendo sucumbidos pelo substitutivo apresentado, em 1958, pelo deputado Carlos Lacerda, cujo texto revelava franca defesa da liberdade de ensino à iniciativa privada (Lobo Neto, 2009).

Assim, somente em 1961, após 461 anos de história oficial do país e muitas centenas de história da educação, tem-se a LDB n. 4.024/61 (Brasil, 1961), que estabeleceu as Diretrizes e Bases da Educação Nacional. Analisado sob a perspectiva dos conhecimentos a serem trabalhados nas escolas brasileiras, o texto dessa lei permite inferir que as bases dos conhecimentos estariam no currículo definido para o ensino médio (ginasial e colegial), que conteriam conhecimentos obrigatórios, estabelecidos pela Câmara de Educação Básica do Conselho Federal de Educação. Também apresentava uma parte flexível, na ordem de até 25% das disciplinas ofertadas nos ciclos iniciais de cada etapa, por escolha do estabelecimento de ensino. Para o ensino primário, que poderia ter duração de quatro a seis anos, essa lei não estabeleceu conteúdos obrigatórios específicos, objetivando, entretanto, "[...] o desenvolvimento do raciocínio e das atividades de expressão da criança, e a sua integração no meio físico e social" (Brasil, 1961).

Dez anos mais tarde, a segunda Lei, a LDB n. 5.692/71 (Brasil, 1971), na continuidade da anterior, promulgada ainda durante o Estado civil e militar, ao expor os conhecimentos a serem trabalhados na escola brasileira, detalhou a composição do desenho curricular para a escola básica, com um conjunto integrado pela formação geral e pela parte especial, "[...] sendo organizado de modo que: a) no ensino de primeiro grau, a parte de educação geral seja exclusiva nas séries iniciais e predominantes nas finais; e b) no ensino de segundo grau, predomine a parte de formação especial" (Brasil, 1971). Por meio

4. O Manifesto dos Pioneiros da Educação foi publicado em 1932. Oriundo do Escolanovismo, o Manifesto dos Pioneiros da Educação Nova tinha, entre seus objetivos, propor a escola elementar obrigatória, pública, gratuita e leiga. Contrário à pedagogia tradicional, protagonizada sobretudo pela Igreja, que propunha uma escola excludente, verbalista, anacrônica e pouco prática, o Manifesto reafirmava a função pública da educação (Ferreira, 2001).

dessa organização curricular, a educação profissionalizante passou a ser compulsória nas escolas de segundo grau no Brasil.

Também a Lei de 1971 estabeleceu o currículo organizado por disciplinas, áreas de estudo e atividades. Em conformidade com o entendimento dos militares conservadores que governavam o país, a educação escolar deveria ofertar, obrigatoriamente, Educação Moral e Cívica, Educação Física, Educação Artística e Programas de Saúde nos currículos plenos dos estabelecimentos de primeiro e segundo graus, sendo que, também no segundo grau, seria obrigatória a oferta da disciplina Organização Social e Política Brasileira (OSPB).

Passados 25 anos, foi promulgada a LDB n. 9.394/96, em um contexto de país democratizado, sobre a qual versa este estudo. Nesse texto legal, no que tange aos conhecimentos a serem trabalhados na escola, o artigo 26 anuncia uma base curricular e estabelece que:

> Art. 26. Os currículos da educação infantil, do ensino fundamental e do ensino médio devem ter base nacional comum, a ser complementada, em cada sistema de ensino e em cada estabelecimento escolar, por uma parte diversificada, exigida pelas características regionais e locais da sociedade, da cultura, da economia e dos educandos (Brasil, 1996).

O núcleo comum engloba as disciplinas que reúnem, pretensamente, os conhecimentos básicos historicamente produzidos pela humanidade, conhecimentos tidos como obrigatórios; e a parte diversificada é responsável pela ambicionada flexibilidade do currículo.

No artigo 32 da LDB, o inciso III, pela primeira vez, refere-se ao "desenvolvimento da capacidade de aprendizagem tendo em vista a aquisição de conhecimentos e habilidades e a formação de atitudes e valores" (Brasil, 1996). Dessa maneira, a noção de habilidades aparece na legislação educacional brasileira, no que tange à regulação nacional na seção que trata do Ensino Fundamental da LDB n. 9.394/96.

Novamente, na mesma lei, o conceito de habilidades também se evidencia, quando a LDB se refere aos conhecimentos a serem avaliados mediante exames supletivos associados à Educação de Jovens e Adultos. Desde então, a ideia de avaliar conhecimentos e habilidades como um par que representa a capacidade de produzir conhecimento de cada um dos sujeitos matriculados nas escolas começa a aparecer de forma mais presente em uma legislação sobre a educação brasileira, vinculado ao Ensino Fundamental e à Educação de Jovens e Adultos.

Após a aprovação da LDB n. 9.394/96, as orientações para o currículo, a ser implementado na educação brasileira, se evidenciaram-se por meio de elaboração e divulgação aos professores dos Parâmetros Curriculares Nacionais (PCNs). A elaboração desse documento contou com a consultoria técnica do psicólogo espanhol César Coll, cuja perspectiva teórica "supervalorizava o como fazer em detrimento de outros princípios de igual ou, até, de maior valor, uma vez que a maior preocupação de Coll era traduzir os princípios que informavam o currículo em um desenho para orientar o trabalho docente" (PRZYLEPA, 2015). Acompanhado de processos formativos voltados aos professores, conhecidos como "Parâmetros em Ação", os PCNs chegaram à escola e à casa dos professores, em *boxes*, contendo os fascículos de todas as áreas, encaminhados por meio dos Correios pelo Ministério da Educação. Ou seja, foram forjados materiais orientadores aos professores com os conhecimentos selecionados nas diferentes áreas a serem "ensinados" nas escolas, à semelhança de uma BNCC.

Os debates sobre a implementação de uma Base Nacional Comum Curricular continuaram e, em 2010, o Conselho Nacional de Educação (CNE) faz referência a esse dispositivo por meio da Resolução CNE 04/2010, que aprovou as Diretrizes Curriculares Nacionais para a Educação Básica (CNE, 2010). Ao estabelecer essas Diretrizes indica, no artigo 14, que trata da formação básica comum:

> [...] componentes curriculares são organizados pelos sistemas educativos, em forma de áreas de conhecimento, disciplinas, eixos temáticos, preservando-se a especificidade dos diferentes campos do conhecimento, por meio dos quais se desenvolvem as habilidades indispensáveis ao

exercício da cidadania, em ritmo compatível com as etapas do desenvolvimento integral do cidadão (CNE, 2010).

Em 2014, no Plano Nacional de Educação (Brasil, 2014), a relação entre conhecimentos e habilidades emerge na estratégia 3.6, ao abordar a universalização do Exame Nacional do Ensino Médio (Enem), prevendo que seja:

> [...] fundamentado em matriz de referência do conteúdo curricular do ensino médio e em técnicas estatísticas e psicométricas que permitam comparabilidade de resultados, articulando-o com o Sistema Nacional de Avaliação da Educação Básica (Saeb), e promover sua utilização como instrumento de avaliação sistêmica, para subsidiar políticas públicas para a educação básica, de avaliação certificadora, possibilitando aferição de conhecimentos e habilidades adquiridos dentro e fora da escola, e de avaliação classificatória, como critério de acesso à educação superior (Brasil, 2014).

No que diz respeito à organização de uma Base Nacional Comum Curricular, compromisso inicialmente constante na LDB n. 9.394/96 e reafirmado na Resolução CNE/CP 04/2010, na perspectiva de seu cumprimento, volta a ser referenciado no Plano Nacional da Educação 2014/2024. Está evidenciado nas estratégias 2.2 e 3.3, cuja redação indica o compromisso em se estabelecer: "[...] um pacto entre União, estados, Distrito Federal e municípios, para a implantação dos direitos e objetivos de aprendizagem e desenvolvimento que configurarão a base nacional comum curricular" do ensino fundamental e médio (Brasil, 2014).

Todavia, por caminhos e com formatos diferentes daqueles previstos no PNE 2014/2024, em 22 de setembro de 2016, a descrição desses conhecimentos e a distribuição nos diferentes níveis e etapas da Educação Básica foram alteradas pela Medida Provisória n. 746/2016 (Brasil, 2016), a qual foi transformada na Lei n. 13.415/2017, em 16 de fevereiro de 2017 (Brasil, 2017a). A Lei n. 13.415/2017, entre outras modificações, alterou a LDB n. 9.394/1996 quanto à organização curricular das escolas de Educação Básica e estabeleceu os elementos para a elaboração da nova BNCC.

A nova redação dada à LDB, de 1996, apresentou a descrição dos conhecimentos a serem ensinados na escola básica, sendo resultantes de competências e habilidades (não conhecimentos e habilidades, conforme estava previsto até aqui); estabeleceu que devem ser sequenciais, de modo que o Ensino Fundamental seja base para o Ensino Médio; e, entre outros, indicou mudanças profundas no Ensino Médio, incluindo uma nova priorização e organização dos conhecimentos, por meio de diferentes e fragmentados percursos formativos. Da descrição anterior dos conhecimentos atinentes a cada área, foram incluídas pela Lei n. 13.415/2017 (portanto, não estavam no texto original da LDB) menções à necessidade de que, ao final do Ensino Médio, o estudante domine aspectos científicos e tecnológicos da produção moderna (e cabe pôr em relevo que é moderna e não contemporânea, o que, por si somente, já é questionável) e o conhecimento, aí sim, da linguagem em seus aspectos contemporâneos (Brasil, 2017a). Por fim, não há como deixar de comentar que a atual LDB, em vigor há 25 anos, está tão remendada que se distanciou política e semanticamente da proposta original, esta, por sua vez, também estranha aos anseios populares, como registra a história daquele período (Saviani, 1997; Brzezinski, 2010).

Conhecimentos curriculares e regulação interessada

Resultante de compromissos firmados na LDB n. 9.394/96 (Brasil, 1996), nas Diretrizes Curriculares Nacionais para a Educação Básica (CNE, 2010) e no Plano Nacional de Educação (Brasil, 2014) — ressignificados e adaptados aos interesses correntes do capital —, a BNCC, como ideia original, visa à organicidade, à sequencialidade à articulação da Educação Básica e, quanto aos conhecimentos, propõe que os componentes curriculares estejam a serviço do desenvolvimento de competências e habilidades. Nessa perspectiva, de acordo com Krawczyk e Ferretti (2017, p. 35):

> [...] no plano remoto, pretende contribuir para a constituição da sociabilidade própria à organização da sociedade brasileira, que é capitalista e, portanto, para a produção, seja de bens e serviços, seja da força de trabalho que lhe convém, por meio da difusão e inculcação dos valores sociais e culturais que fortalecem tal forma de produção, tendo em vista a acumulação do capital. A temática, tal como proposta, traz consigo a necessidade de se refletir sobre quais conhecimentos deveriam ou poderiam ser priorizados pelos professores em seu trabalho pedagógico nas escolas brasileiras. Tal pergunta, antes que se proponha uma resposta possível, será desmembrada e os aspectos que a compõem serão analisados. Nela, se imagina estar a raiz de qualquer intenção que interfira no currículo escolar. Portanto, se torna premente apresentar questões para se pensar sobre a relação intrínseca entre a BNCC, os conhecimentos nela privilegiados e os aspectos regulatórios dela derivados, implícitos na base do trabalho pedagógico dos professores, revelando, como proposição ou como resistência, a essência dessa relação. Isto posto, desmembrando a questão, é preciso direcionar as preocupações pelo início da pergunta, que iniciou este parágrafo: "quais conhecimentos".

A noção de conhecimento, apontada pela Lei n. 13.415/2017 e disseminada na matriz de constituição da BNCC, distancia-se do previsto nas LDBs brasileiras, inclusive daquela em vigor, na sua versão original, aproximando-se mais da lógica mercantilista, na medida em que conhecimento aparece subsumido ao conceito de competências. Para entender a não natural substituição do conceito de conhecimento por competências, cabe entender de quais competências se fala. Conforme Ferreira (2011), as competências são noções, pois não têm elaboração conceitual suficiente para se sedimentar na cultura educacional, apresentando-se oscilantes quanto às perspectivas que lhes dão base epistêmica.

Nesse sentido, de acordo com Ramos (2001), a estruturação de um currículo por competências se inicia com a Lei n. 9.394/96 e com a separação entre a Educação Básica e a Educação Profissional, ainda que no texto original da lei a palavra competência não tenha sido explicitada. Esse formato de currículo fragmenta a educação na escola básica. Por sua vez, a vinculação entre a escola e o modelo de competências, oriundo das relações de trabalho estabelecidas pelas empresas capitalistas, é criticada por Kuenzer (2002), isso porque entende que a designação à escola da tarefa de garantir "aquisição e desenvolvimento" de competências revela desconhecimento e minimização da característica de uma instituição de ensino. Ou seja, da perspectiva de compreendê-la como "[...] espaço de apropriação do conhecimento socialmente produzido, e, portanto, de trabalho intelectual com referência à prática social, com o que, mais uma vez, se busca esvaziar sua finalidade, com particular prejuízo para os que vivem do trabalho" (Kuenzer, 2002, p. 7). Assim, quando os modelos de competência são os elementos basilares dos conhecimentos escolares, "[...] a escola se torna lugar de obtenção de um sujeito esperado, premeditado em acordo com interesses anteriores e, não raramente, atrelados a lógicas de mercado, como a tão propalada 'formação de mão-de-obra'" (Ferreira, 2011, p. 122).

De toda maneira, a concepção de "desenvolvimento de competências" não é um tema pacificado entre os pesquisadores da área de Educação, tão menos compreendida no âmbito da instituição escolar. Por ensejar conceitos migrados do mundo do trabalho, a noção implicada nos "modelos de competências profissionais" traz consigo uma perspectiva educativa hermética, pois é diretamente vinculada aos "novos modelos de produção e gerenciamento"; e a sua utilização torna-se "[...] substitutiva da noção de qualificação ancorada nos postos de trabalho e das classificações profissionais que lhes eram correspondentes" (Hirata, 1994, p. 132). Nesse sentido, "o desenvolvimento de competências", conforme já tratado por Ferreira (2011), "é atrelado ao modelo flexível de produção e à qualificação ao seu antecessor, o modelo taylorista-fordista, de produção em série".

Vale relembrar nesse contexto que, para Ramos (2001, p. 39), a noção de competência, alinhada ao desenvolvimento assentado na reestruturação produtiva, atende, pelo menos, a três propósitos:

> [...] reordenar conceitualmente a compreensão da relação trabalho-educação, desviando o foco dos empregos, das ocupações e das tarefas para o trabalhador em suas implicações subjetivas com o trabalho; institucionalizar novas formas de educar/formar os trabalhadores e de gerir o trabalho internamente às organizações e no mercado de trabalho em geral, sob novos códigos profissionais em que figuram as relações contratuais, de carreira e de salário; formular padrões de identificação da capacidade real do trabalhador para determinada ocupação, de tal modo que possa haver mobilidade entre as diversas estruturas de emprego em nível nacional e, também, em nível regional (como entre os países da União Européia e do Mercosul).

Portanto, trata-se de compreender a forma como o modelo de organização do currículo por competências chega à escola e ocorre rapidamente, "[...] talvez por sua praticidade, ou por tecnicismo", isso porque: "aparentemente, elaborar currículos que parecem supor, inicialmente, produzir aulas na perspectiva do desenvolvimento de competências logo se tornam práticas generalizadas na educação brasileira" (Ferreira, 2011, p. 123). Dessa maneira, torna-se possível pensar em um processo que se reveste de um movimento de regulação que transita do mundo acadêmico para o trabalho, via modelo de competências. Ou seja, seria "um modo de se expandir o modelo das competências em seu aspecto regulador para além da escola e do local do trabalho, gerando-se a crença de que são os próprios trabalhadores que devem buscar os meios e condições de 'desenvolver' suas competências", de maneira tal que "o culto da competência é a apologia ao poder individual" (Ferreira, 2011, p. 125), gerando separação entre o trabalho e as relações sociais no imaginário popular. Além disso, estabelece-se uma espécie de concorrência nas escolas, que, ao fim e ao cabo, "[...] também propicia que a sua prática educativa, por excelência colaborativa, se converta em algo fragmentado e baseado na concorrência, atingindo não só professores, mas também os próprios estudantes" (Freitas, 2018, p. 129).

Compreende-se, dessa forma, que a BNCC se trata de uma política de regulação que, ao defender o desenvolvimento de competências, se alia aos interesses do mundo do trabalho sob a égide do capital. Quanto ao aspecto de conhecimentos, primeira parte da questão orientadora dessa abordagem, de acordo com o documento, a BNCC deve se apresentar como um rol de habilidades e competências essenciais a cada etapa da Educação Básica, objetivando o desenvolvimento das pessoas. Para tanto, são listadas as habilidades e competências a serem desenvolvidas. O objetivo final seria a cidadania e, de modo mais objetivo e interessado, assim como bem marcado na LDB n. 5.692/71, a "qualificação para o mercado de trabalho", de forma fragmentada, incompleta e pragmática.

A BNCC e a regulação do trabalho pedagógico dos professores

Os princípios que regem a BNCC trazem, em si, o desafio de entender o trabalho pedagógico de professores da escola básica e a regulação inserida nesses princípios, como uma ação voltada para o "desenvolvimento de competências". Além disso, a existência de um currículo comum representa a busca por padronização e homogeneização pela BNCC, não levando concretamente em consideração as variações e as desigualdades das diversas instituições escolares do Brasil. Incluem-se também as avaliações de larga escala, aplicadas à educação em todo o país, como um elemento que contribui para a exigência de um currículo nacional, elemento que se associa aos critérios de avaliação, com impacto sobre as escolas e o trabalho pedagógico dos professores:

> No Brasil, pode-se caracterizar o momento atual das políticas educacionais de avaliação como sendo de segunda e terceira gerações. O Ideb

> consiste em importante instrumento para a instituição de mecanismos de *accountability*, pois seu resultado é divulgado por escolas, municípios e estados e vem sendo utilizado por redes estaduais e municipais de ensino, como critério para premiação e punição das escolas e dos sujeitos nelas envolvidos (Silva, 2016, p. 514).

Essa centralização curricular possibilita ampliar a regulação do trabalho dos professores e legitima as já existentes avaliações externas, de larga escala, que aferem competências e habilidades "adquiridas" dentro da escola e, consequentemente, o processo de produção do conhecimento pelo qual passaram os estudantes. Tais avaliações, se se conformam como fortes mecanismos de controle e regulação do trabalho pedagógico, a partir da responsabilização dos professores pelos resultados das instituições escolares e pelos desempenhos dos estudantes, ao atribuir-lhes o sucesso ou insucesso, contribuindo para sobrecarga e intensificação do seu trabalho, também levam ao ranqueamento, à bonificação e à premiação de escolas e docentes, e a decisões de políticas de transferência de recursos financeiros a instituições educacionais, estados e municípios.

A análise desse conjunto de elementos permite argumentar que a BNCC pode ser compreendida como uma política de regulação do trabalho pedagógico. Entende-se, porém, que a atual condição de regulação se relaciona com uma agenda de reformas educacionais conservadoras, implementadas no Brasil desde a década de 1990, as quais, retomadas com voracidade a partir do *impeachment* e do golpe jurídico-midiático-parlamentar (Hermida; Lira, 2018) perpetrado contra a Presidenta Dilma Rousseff em 2016, que colocou Michel Temer na Presidência da República, abriram o caminho para a aprovação e a implementação da atual BNCC. Essa agenda tinha influência neoliberal, e é acompanhada da adoção do modelo de acumulação flexível no contexto de reestruturação produtiva do capital e, decisivamente, influenciada por políticas de regulação supranacional, por meio dos organismos internacionais de financiamento a países capitalistas periféricos, tal qual o Brasil (Machado, 2001; 2007). No entendimento de Oliveira (2009), os processos de regulação implementados no Brasil vêm acompanhados, principalmente, da descentralização administrativa e financeira. Entretanto, "[...] as mudanças vincularam o sucesso da gestão escolar ao desempenho dos alunos, aferidos sistematicamente pelo Sistema Nacional de Avaliação da Educação Básica — Saeb, e mais recentemente os sistemas estaduais" (Oliveira, 2009, p. 53). Ou seja, descentralizam-se os modelos administrativos e repassam-se recursos financeiros, mas, por outro lado, regula-se e controla-se o trabalho pedagógico por meio das avaliações nacionais[5] em larga escala.

A autonomia das escolas, portanto, é uma autonomia de gestão administrativa e financeira, baseada nos moldes estabelecidos pelas reformas, e se reveste de transferência de responsabilidades do âmbito central para o local. Nesse contexto, as mudanças nas políticas educacionais ocorrem, especialmente, por meio das mudanças na legislação, que implantam diferentes mecanismos de regulação. Conforme Oliveira (2009, p. 50): "A legislação constituiu um dos instrumentos privilegiados de política para direcionar essa nova regulação educativa". Ao explicar a regulação que se implementou na educação brasileira, Oliveira (2009, p. 47) assim argumenta:

> No caso específico da educação, esta discussão aparece como resultado de um novo rearranjo ao nível macro, redefinindo as bases sobre as quais se assenta a regulação social. A tensão presente no contexto de globalização entre as dimensões locais e globais tem forjado uma nova regulação social e educativa. As novas formas de gestão e financiamento da educação constituem medidas políticas e administrativas de regulação dos sistemas escolares.

5. Não foi prioridade temática deste capítulo abordar centralmente as avaliações de larga escala na educação. Todavia, ao se tratar de regulação e de BNCC, não há como ignorá-las, pois "dentro de um Estado Neoliberal com políticas de *accountability* na educação, o Estado estabelece os princípios e as bases da avaliação, elabora, aplica, corrige, afere e divulga os resultados" (Amestoy, 2019, p. 22).

A centralidade atribuída à avaliação é um dos principais exemplos de mecanismos de regulação, a qual vem recebendo destaque nas políticas educacionais. O fortalecimento da gestão por resultados e de políticas de decisões, com base nas avaliações em larga escala, é uma forma de avaliar o desempenho dos professores, de culpabilizá-los e responsabilizá-los pelos resultados apresentados pelos estudantes e, dessa forma, regular e controlar o trabalho pedagógico. Assim, as

> [...] avaliações padronizadas acabam determinando como o trabalho pedagógico dos professores deve acontecer, desconsiderando os objetivos educacionais da escola e o regionalismo. Isso tem associado, cada vez mais, a educação a mecanismos de mercado educacional (Machado; Souza, 2020, p. 309).

Em convergência, Maués (2009, p. 476), ao discutir sobre a regulação decorrente das políticas para educação e a descentralização de responsabilidades, discorre sobre a forma como se caracterizam as políticas de regulação:

> Na área da educação, a regulação tem-se baseado prioritariamente na descentralização das ações acompanhada da avaliação dos resultados e da centralização de decisões relativas ao processo pedagógico como o currículo e as formas de certificação. Dessas duas bases centrais — descentralização/gestão e avaliação — derivam outras formas intermediárias de regulação que estão presentes na educação e que as diferentes políticas estabelecidas procuram dar conta desse novo formato, resultante da adaptação do sistema ao mercado globalizado.

Também Saviani (2016, p. 75) trata da relação existente entre os testes globais padronizados da educação nacional ou avaliação em larga escala, realizada a partir de demandas externas à escola, entendendo o empenho na elaboração da BNCC, em 2016/2017, relacionado a parâmetros das avaliações gerais padronizadas:

> Considerando a centralidade que assumiu a questão da avaliação aferida por meio de testes globais padronizados na organização da educação nacional e tendo em vista a menção a outros países, com destaque para os Estados Unidos tomados como referência para essa iniciativa de elaborar a "base comum nacional curricular" no Brasil, tudo indica que a função dessa nova norma é ajustar o funcionamento da educação brasileira aos parâmetros das avaliações gerais padronizadas. Essa circunstância coloca em evidência as limitações dessa tentativa, pois, como já advertimos, essa subordinação de toda a organização e funcionamento da educação nacional à referida concepção de avaliação implica numa grande distorção do ponto de vista pedagógico.

Conforme demonstrado por diferentes pesquisadores aqui citados (Oliveira, 2009; Maués, 2009; Saviani, 2016, entre outros), os instrumentos de regulação, consubstanciados até a Lei n. 13.415/2017, por meio da legislação que organiza a educação no Brasil, estabelecem os caminhos para o processo de regulação da Educação Básica. Todavia, a partir da publicação dessa lei, diferentes resoluções[6] foram aprovadas pelo Conselho Nacional de Educação, permitindo ao Ministério da Educação dar corpo aos conteúdos (competências e habilidades) a serem ensinados na escola e desenvolver os processos educativos profissionais para professores, indicando os elementos a serem medidos nos métodos de avaliação externa e global das escolas brasileiras.

---

6. As Resoluções CNE/CP 02/2017 e 04/2018 instituem a Base Nacional Comum Curricular em todas as etapas e modalidades da Educação Básica; e a Resolução CNE/CP 2/2019 define as Diretrizes Curriculares Nacionais para a Formação Inicial de Professores para a Educação Básica e institui a Base Nacional Comum para a Formação Inicial de Professores da Educação Básica (BNC-Formação). Além disso, desde as décadas finais do século XX e ao longo deste início do século XXI, o foco no desenvolvimento de competências tem orientado a maioria dos estados e municípios brasileiros e diferentes países na construção de seus currículos. É esse também o enfoque adotado nas avaliações internacionais da Organização para a Cooperação e Desenvolvimento Econômico (OCDE), que coordena o Programa Internacional de Avaliação de Alunos (Pisa, na sigla em inglês), e da Organização das Nações Unidas para a Educação, a Ciência e a Cultura (Unesco, na sigla em inglês), que instituiu o Laboratório Latino-americano de Avaliação da Qualidade da Educação para a América Latina (LLECE, na sigla em espanhol) (Brasil, 2017b, p. 13).

Nesse sentido, o documento da BNCC leva para dentro da escola o formato dos conhecimentos básicos a serem ensinados pela via do desenvolvimento de competências, tal qual é retratado no documento *Base Nacional Comum Curricular: educação é a base*, publicado pelo Ministério da Educação em parceria com o Conselho Nacional de Secretários de Educação (Consed) e União Nacional dos Dirigentes Municipais de Educação (Undime). De acordo com o documento, indicando um pacto nacional formado entre dirigentes da educação de todas as esferas de governo:

> Ao adotar esse enfoque, a BNCC indica que as decisões pedagógicas devem estar orientadas para o desenvolvimento de competências. Por meio da indicação clara do que os alunos devem "saber" (considerando a constituição de conhecimentos, habilidades, atitudes e valores) e, sobretudo, do que devem "saber fazer" (considerando a mobilização desses conhecimentos, habilidades, atitudes e valores para resolver demandas complexas da vida cotidiana, do pleno exercício da cidadania e do mundo do trabalho), a explicitação das competências oferece referências para o fortalecimento de ações que assegurem as aprendizagens essenciais definidas na BNCC (Brasil, 2017b, p. 13).

No que tange aos processos de regulação pela avaliação, o documento da BNCC também registra a forma como as políticas de currículo para a escola básica no Brasil se irmanam com as definições dos organismos internacionais e, como tal, cumpre a agenda de regulação supranacional:

> Além disso, desde as décadas finais do século XX e ao longo deste início do século XXI, o foco no desenvolvimento de competências tem orientado a maioria dos Estados e Municípios brasileiros e diferentes países na construção de seus currículos. É esse também o enfoque adotado nas avaliações internacionais da Organização para a Cooperação e Desenvolvimento Econômico (OCDE), que coordena o Programa Internacional de Avaliação de Alunos (Pisa, na sigla em inglês), e da Organização das

> Nações Unidas para a Educação, a Ciência e a Cultura (Unesco, na sigla em inglês), que instituiu o Laboratório Latino-americano de Avaliação da Qualidade da Educação para a América Latina (LLECE, na sigla em espanhol) (Brasil, 2017b, p. 13).

Como se objetivou demonstrar, há uma relação direta entre as políticas educacionais recentes, visando à regulação dos conhecimentos trabalhados na escola, e o modo como o trabalho pedagógico é organizado, tendo em vista atender a essas determinações, conformando-se e adaptando-se, ou seja, perdendo suas características de autonomia, portanto, a sua dimensão política.

À guisa de finalização

Entende-se, diante de todo o apresentado, que a BNCC, pautada pelo modelo de competências, tende a ser aliada das políticas de avaliação em larga escala e, dessa forma, do controle e da regulação do trabalho pedagógico, sendo as duas expressões e contribuições para a mercantilização da educação no Brasil.

Para enfatizar o porquê da defesa do trabalho pedagógico como categoria potente para uma "resistência ativa" (Hermida; Lira, 2018), retoma-se a necessidade anteriormente aventada de dar sentidos ao que se produz. Esses sentidos revigoram e permitem, com o trabalho de professores, ir além, em movimentos individual-coletivo-individual (Ferreira, 2018), tendo o trabalho como princípio educativo. Reiterando a possibilidade dessa resistência ativa a partir e no trabalho pedagógico, é imperativo concluir, apresentando, a seguir, algumas denúncias e, sem perder a esperança, anúncios.

Vista como política pública educacional, a BNCC recebe mais denúncias do que perspectivas. Como texto, apresenta aspectos que se salientam:

a) Leitura restrita do conhecimento escolar;

b) O fato de ignorar a pluralidade que está na base da educação;

c) Heterogeneidade obnubilada por um conhecimento comum a todos;
d) Apesar de afirmar que se trata de BNCC e não de currículo, ao descrever a concepção de currículo, na mesma página, acaba por alinhá-los, citando "comunhão de princípios e valores";
e) As políticas públicas nos últimos 30 anos destacam que a educação escolar deve visar ao pleno desenvolvimento dos seres humanos e a seu preparo para a cidadania, objetivo alcançado com o desenvolvimento de competências e habilidades;
f) Trata-se de um documento normativo que deve ser cumprido;
g) Há imprecisão sobre o trabalho pedagógico, gerando furtiva impressão de que os professores devem cumprir e não propô-las;
h) Há desconexão entre as áreas do conhecimento e dos níveis de ensino, sob o ponto de vista do trabalho pedagógico autônomo e autoral;
i) Trata-se de uma Base Nacional, o que indica homogeneização das múltiplas e evidentes diferenças no povo brasileiro;
j) Em decorrência do item anterior, propõe estratégias para dirimir as diferenças de raça, credo e classe social.

Ao olhar para a BNCC, incluída no conjunto de políticas para a Educação Básica, que visam à regulação e a avaliações externas em larga escala, observa-se que elas, assim como aquela, como discursos, acabam por indicar:

> [...] tendência à construção de uma ideia de participação circunscrita ao espaço da escola, mais diretamente nas questões atinentes à gestão do pedagógico.[7] Ainda que evoquem diferentes atores, dispositivos e finalidades, os propósitos a que se destinam os espaços de participação possuem alcance predominantemente intrainstitucional. Os espaços institucionais de participação e as finalidades a que se

7. O conceito de "gestão do pedagógico" tem por base o texto de Ferreira (2008).

> remetem pouco contribuem para fortalecer a consciência política dos cidadãos, consoante a concepção contemporânea de democracia (Schneider, 2019, p. 489).

Apresentam-se, da mesma forma, anúncios, a fim de manter a esperança:

a) A BNCC pode ser um meio pelo qual se recuperam os sentidos do trabalho, potencializando-o como trabalho pedagógico, pondo-se em relevo o conteúdo crítico da educação dos seres humanos;
b) Como sujeitos autônomos e coletivos de seu trabalho, os professores podem produzir uma educação que leve em conta a contemporaneidade, e, assim, permitir que a crítica e a análise social adentrem a aula, de modo responsável e dialógico;
c) Mais do que nunca, aliar conhecimento teórico e crenças no ser humano parece ser alternativa para a produção mais humana do conhecimento, em detrimento da racionalidade técnico-instrumental que paira sobre a escola, quando esta não é assumida por coletivos de sujeitos.

Referências

AMESTOY, M. B. *A política de accountability na educação básica e os efeitos da avaliação externa no ensino e na gestão escolar*: um estudo no município de Santa Maria/RS. 2019. 265 f. Tese (Doutorado em Educação em Ciências) — Universidade Federal de Santa Maria, Santa Maria, 2019.

BRASIL. *Lei n. 4.024, de 20 de dezembro de 1961*. Fixa as Diretrizes e Bases da Educação Nacional. Brasília, 1961.

BRASIL. *Lei n. 5.692, de agosto de 1971*. Fixa Diretrizes e Bases para o ensino de 1º e 2º graus, e dá providências. Brasília, 1971.

BRASIL. *Lei n. 9.394, de 20 de dezembro de 1996*. Estabelece as Diretrizes e Bases da Educação Nacional. Brasília, 1996.

BRASIL. *Parâmetros Curriculares Nacionais*: terceiro e quarto ciclos: Língua Portuguesa. Brasília: MEC/SEF, 1998a.

BRASIL. *Parâmetros Curriculares Nacionais*: terceiro e quarto ciclos: Matemática. Brasília: MEC/SEF, 1998b.

BRASIL. *Plano Nacional de Educação 2014-2024*: Lei n. 13.005, de 25 de junho de 2014, que aprova o Plano Nacional de Educação (PNE) e dá outras providências. Brasília: Câmara dos Deputados, Edições Câmara, 2014.

BRASIL. *Exposição de Motivos n. 00084/2016/MEC*: Medida Provisória n. 746, de 22 de setembro de 2016. Brasília, 2016.

BRASIL. *Lei n. 13.415, de 16 de fevereiro de 2017*. Altera a Lei n. 9.394, de 20 de dezembro de 1996, que estabelece as diretrizes e bases da educação nacional [...]. Brasília: Senado Federal, 2017a.

BRASIL. Ministério da Educação. *Base Nacional Comum Curricular*: educação é a base. Brasília, 2017b.

BRZEZINSKI, I. Tramitação e desdobramentos da LDB/1996: embates entre projetos antagônicos de sociedade e de educação. *Trabalho, Educação e Saúde*, Rio de Janeiro, v. 8, n. 2, p. 185-206, out. 2010.

CNE. *Resolução CNE/CP n. 2, de 22 de dezembro de 2017*. Institui e orienta a implantação da Base Nacional Comum Curricular, a ser respeitada obrigatoriamente ao longo das etapas e respectivas modalidades no âmbito da Educação Básica. Brasília: Conselho Nacional de Educação, 2017.

CNE. *Resolução CNE/CP n. 4, de 17 de dezembro de 2018*. Institui a Base Nacional Comum Curricular na Etapa do Ensino Médio (BNCC-EM), como etapa final da Educação Básica [...]. Brasília: Conselho Nacional de Educação, 2018.

FERREIRA, L. S. *Educação & história*. Ijuí: Editora Unijuí, 2001.

FERREIRA, L. S. Gestão do pedagógico: de qual pedagógico se fala? *Currículo sem Fronteiras*, v. 8, n. 2, p. 176-189, 2008.

FERREIRA, L. S. O trabalho dos professores e o discurso sobre competências: questionando a qualificação, a empregabilidade e a formação. *Currículo sem Fronteiras*, v. 11, n. 2, p. 120-133, 2011.

FERREIRA, L. S. Trabalho pedagógico na escola: do que se fala? *Educação e Realidade (on-line)*, v. 43, n. 2, p. 591-608, 2018.

FREITAS, L. C. *A reforma empresarial da educação*: nova direita, velhas ideias. São Paulo: Expressão Popular, 2018.

HERMIDA, J. F.; LIRA, J. de S. Políticas educacionais em tempos de golpe: entrevista com Dermeval Saviani. *Educação e Sociedade*, Campinas, v. 39, n. 144, p. 779-794, set. 2018.

HIRATA, H. Da polarização das qualificações ao modelo da competência. *In:* FERRETTI, C. J. *et al. Novas tecnologias, trabalho e educação*: um debate multidisciplinar. 2. ed. Petrópolis: Vozes, 1994.

KRAWCZYK, N.; FERRETTI, C. J. Flexibilizar para quê? Meias verdades da "reforma". *Retratos da Escola*, Brasília, v. 11, n. 20, p. 33-44, jan./jun. 2017.

KUENZER, A. Z. Conhecimento e competências no trabalho e na escola. *Boletim Técnico do Senac*, Rio de Janeiro, v. 28, n. 2, p. 7-8, maio/ago. 2002.

LOBO NETO, F. J. Há cinquenta anos: o debate sobre a primeira LDB. *Revista Trabalho Necessário*, v. 7, n. 8, 30 jun. 2009.

MACHADO, C. T. *O Projeto Nordeste e a formação do professor*: diretrizes da reforma educacional brasileira. 2001. Dissertação (Mestrado em Educação: História, Política e Sociedade) — Programa de Estudos Pós-graduados em Educação: História, Política, Sociedade, Pontifícia Universidade Católica de São Paulo, São Paulo, 2001.

MACHADO, C. T. *O Banco Mundial e a educação no Brasil*: uma análise comparativa dos processos de negociação. 2007. Tese (Doutorado em Educação) — Faculdade de Educação, Universidade Federal da Bahia, Salvador, 2007.

MACHADO, C. T.; SOUZA, M. V. C. Estado avaliador. *In*: GALEFFI, D. A. *et al.* (org.). *Transciclopédia, termos e usos em difusão do conhecimento*: criando conceitos, fuctivos, perceptos/afetos e intuitos. Salvador: Quarteto Editora, 2020.

MAUÉS, O. C. Regulação educacional, formação e trabalho docente. *Estudos em Avaliação Educacional*, v. 20, n. 44, 2009.

OLIVEIRA, D. A. Política educacional e regulação no contexto latino-americano: Argentina, Brasil e Chile. *Linhas Críticas*, Brasília, v. 15, n. 28, p. 45-62, jan./jun. 2009.

PRZYLEPA, M. Políticas curriculares no Brasil nos governos FHC e Lula: Continuidade? *Laplage em Revista*, v. 1, n. 2, p. 119-131, 2015.

RAMOS, M. *Saberes e competências*: o uso de tais noções na escola e na empresa. Campinas: Papirus, 2001.

SAVIANI, D. *A nova lei da educação*: trajetória, limites e perspectivas. Campinas: Autores Associados, 1997.

SAVIANI, D. Educação escolar, currículo e sociedade: o problema da Base Nacional Comum Curricular. *Movimento*: revista de educação, Niterói: UFF, ano 3, n. 4, p. 54-84, 2016.

SCHNEIDER, M. P. Dispositivos de accountability na reforma da educação básica brasileira: tendências em curso. *Diálogo Educacional*, Curitiba, v. 19, n. 60, p. 469-493, jan./mar. 2019.

SILVA, A. F. Políticas de *accountability* na educação básica brasileira: um estudo do pagamento de docentes por desempenho. *Revista Brasileira de Políticas e Administração Educacional (RBPAE)*, Porto Alegre, v. 32, n. 2, p. 509-526, 2016.

CAPÍTULO 7

Governança em rede em torno do Movimento pela Base Nacional Comum (MBNC) e efeitos em políticas de currículo e de avaliação

Eliezer Alves Martins
Maira Ferreira

Introdução

A partir da Lei de Diretrizes e Bases da Educação Nacional (LDBEN/96), foram produzidas, de forma sistemática, políticas públicas de currículo para a Educação Básica. Nessas políticas, incluindo a Base Nacional Comum Curricular (BNCC) (Brasil, 2018), percebe-se uma gama de relações com a educação escolar, não só pelas reformas curriculares anunciadas ou de seus efeitos nas avaliações em larga escala, mas também pela presença de grupos e agências nacionais/ /internacionais participando do financiamento (e da proposição) de políticas para a Educação Básica (e, também, para o ensino superior)

(Shiroma; Moraes; Evangelista, 2004). Assim, mesmo que não possamos falar que a educação está sendo privatizada, podemos dizer que interferências de grupos privados no âmbito da produção de políticas educacionais têm sido recorrentes e permanentes.

Tais grupos e agências consideram o conceito de Nova Gestão Pública (NGP), ou Administração Pública Gerencial, ao operar com seu ponto de vista empresarial em setores públicos (incluindo as instituições de ensino), cujo modelo é a lógica do mercado em eficiência, competição e concorrência (Cavalcante, 2018). Em consonância com a NGP, o conceito de pós-Nova Gestão Pública (pós-NGP) surge com a ideia principal de "menos governo e mais governança", com permeabilidades híbridas que complexificam a identificação entre o público e privado (Cavalcante, 2018). Para esse autor, a pós-NGP aponta para a colaboração em parcerias de redes entre os setores (agências públicas, privadas, ONGs e outras), com visão integrada, colaborativa e inclusiva, tendo o cidadão como parceiro do governo e vice-versa, por meio das redes por onde a gestão e a prospecção de novas políticas públicas se fundamentam.

Na literatura brasileira, pesquisas sobre a temática de governança em rede e sobre as parcerias público-privadas (PPPs) em educação mostram tensionamentos com relação aos aspectos formativos, propostos pelas agências do ramo corporativo do terceiro setor, filantropos, *think tanks*, entre outros. Tais pesquisas envolvem análises sobre a materialização/efeitos dos projetos das PPPs acerca da gestão e do currículo escolar e/ou da formação docente/discente, entre outras ações, nas quais as agências de fomento, com ou sem fins lucrativos, desenvolvem suas práticas em instituições municipais/estaduais das redes escolares do Brasil (Sousa, 2000; Dourado, 2007; Adrião; Peroni, 2011; Silva, 2011; Caetano, 2015; 2017; Bego; Terrazzan, 2015; Peroni *et al.*, 2009; Peroni; Oliveira, 2019; Peroni, 2013; 2018; 2019; Cóssio; Scherer, 2019).

Na literatura estrangeira, pesquisas do sociólogo inglês Stephen Ball (2007; 2008; 2012; 2014), no campo educacional, incorporam a discussão sobre as parcerias em rede — PPPs —, utilizando um arcabouço de conceitos, instrumentos e ferramentas teórico-analíticas, cujos trabalhos têm inspirado pesquisas realizadas no Brasil sobre as formas/tipos de participação do setor privado na educação brasileira pelas parcerias público-privadas.

Este texto se refere ao estudo da organização de parcerias em rede em torno do Movimento pela Base Nacional Comum (MBNC),[1] com o (re)conhecimento de grupos/agências do terceiro setor (organizações não governamentais), produtores de políticas curriculares vinculadas à BNCC, de artefatos/materiais e de proposições formativas para a Educação Básica, cujas ações e práticas têm implicações nas reformas de currículo e impactos nas avaliações em larga escala, em uma lógica operada pelas agências do terceiro setor para legitimar suas ações e sua influência em políticas educacionais.

Etnografia de rede em articulação ao contexto de influência para a construção de redes e de dados

A etnografia de rede (Howard, 2002; Ball, 2012; 2014; 2016) possibilita tornar a internet como um vasto campo de investigação, cujas camadas complexas de informação e dados estão disponíveis publicamente, o que contribui para dar visibilidade à composição do contexto de influência do ciclo de políticas (Bowe; Ball; Gold, 1992; Ball; Bowe, 1992; Ball, 1993; 1994). Tal composição leva em conta a concepção de atemporalidade relacionada aos diferentes contextos de forma não hierárquica. A seguir, na Figura 1, apresentamos o Ciclo de Políticas, com destaque ao contexto de influência, que associamos à etnografia de rede, visando compreender o modo de operação da rede.

1. O MBNC foi organizado em 2013 por diferentes grupos do meio público-privado, ramo filantrópico, empresarial (com ou sem fins lucrativos) e político, para apoio à proposta da BNCC. Informações relacionadas à participação de instituições privadas e governamentais podem ser encontradas em: http://movimentopelabase.org.br.

Figura 1 — Ciclo de políticas em movimento de relações.

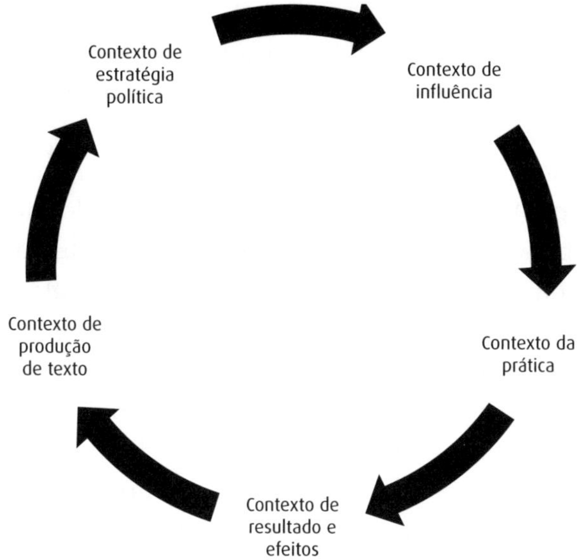

Fonte: Bowe, Ball e Gold (1992, p. 20); Ball (1994), com adaptações pelos autores.

No Ciclo de Políticas, o contexto de influência é aquele no qual, em meio a discursos de grupos de influência que entram em disputas para direcionar os rumos/as definições e proposições educacionais, as políticas curriculares são pensadas. No caso das políticas públicas educacionais brasileiras, grupos privados como o Banco Mundial (BM) e o Banco Interamericano de Desenvolvimento (BID), entre outros, produzem e legitimam discursos que dão suporte às políticas educacionais produzidas (Bowe; Ball; Gold, 1992; Ball; Bowe, 1992). Tais agências internacionais se relacionam com grupos nacionais, no âmbito público/privado em educação, fornecendo capital de investimento para o desenvolvimento de projetos de uma política em percurso (Ball, 2012; Mainardes, 2006; Shiroma; Moraes; Evangelista, 2004; Shiroma, 2013). Com relação aos demais contextos do Ciclo de Políticas, o contexto de produção de texto político pode ser caracterizado como o que trata da materialização das políticas em documentos legais, em pronunciamentos políticos oficiais e, até mesmo, em *performances* públicas em vídeos oficiais anunciando uma determinada política (Bowe; Ball; Gold, 1992; Ball; Bowe, 1992); o contexto da prática é aquele no qual as políticas educacionais, mediante tradução/interpretação dos textos políticos, são postas em atuação pelos professores (Avelar, 2016; Ball; Maguire; Braun, 2016); o contexto dos resultados/efeitos preocupa-se com questões relacionadas às desigualdades sociais e às diferentes formas de injustiça (Ball, 1994), podendo ter efeitos em mudanças ocasionadas na prática ou em impactos em relação ao padrão de acesso social, das oportunidades e da justiça social; e o contexto de estratégia política envolve a identificação de funcionamento de um conjunto específico de políticas sociais, para sanar mais eficientemente as desigualdades (Ball, 1994). Como já dito, articulada ao contexto de influência, tomamos a etnografia de rede como conceito que mostra novas formas de comunicação virtual e eletrônica, bastante adequada para a análise de políticas públicas educacionais por possibilitar acesso amplo a conteúdos de relações políticas sobre um campo específico (Castells, 2000; Ball, 2012; 2014; 2016; Ball; Junemann, 2012; Shiroma, 2013; Hogan, 2015).

Para Castells (2000), a rede (Network) é vista como um sistema de comunicação, no qual é falada uma língua universal que integra e cria novos modos de comunicação, cujos efeitos implicam mudanças na maneira de compreender a vida em sociedade, com a estrutura social sendo articulada às formas de produção, de consumo, de experiências e de relações de poder. Além disso, pode ser compreendida como um dispositivo analítico, uma espécie de tecido que conecta e se junta, dando alguma durabilidade às formas distantes e momentâneas de relação/interação social, ao mesmo tempo que dá visibilidade às agências públicas e privadas em suas complexidades de ambiente (Lopes; Baldi, 2009; Ball, 2012; 2014; Shiroma, 2020).

Essa dinâmica, envolvendo o público e o privado, tem efeitos para a produção de discursos em prol da privatização em setores públicos da Educação Básica. Ball e Youdell (2007; 2008) e Ball (2012; 2014) falam sobre a privatização de dois modos: endógena, com caráter reformista, baseado na importação de ideias e métodos do setor privado, simulando práticas empresariais; e exógena, com caráter de privatização por meio da terceirização, com base na abertura dos serviços da educação pública à participação do setor privado, em modalidades que implicam algum benefício econômico.

Em atualização a essa compreensão de privatização endógena/ /exógena (Ball, 2012; 2014), Avelar e Ball (2017) apresentam o conceito de heterarquia/novas formas de governança (Ball; Junemann, 2012; Ball, 2012; 2014), sendo uma espécie de organização dos diferentes atores dispersos na mesma rede, entre a hierarquia e a rede, sem que haja uma centralidade estrita ao governo, mas sim com base na cooperação e na competição dos diferentes atores que fazem parte dos processos de construção da política (Cássio *et al.*, 2020).

Neste capítulo, tomamos a ideia de redes de governança em políticas públicas educacionais, considerando as reformas curriculares anunciadas aos sistemas de ensino público com concepção gerencialista e empreendedora, em um caráter pós-neoliberal, nos quais o papel do Estado é apresentado com novas formas e modelos, envolvendo a mudança na noção de governo para governança (Ball, 2012; 2014), implicando não considerar a produção de políticas públicas como função e realização do governo, mas sim a cooperação de diferentes atores políticos ou sociais, públicos ou privados.

Em análises envolvendo redes de governança, é necessário levar em conta, na teia de relações, a identificação dos atores nas redes, as relações de poder e seus efeitos (Ball, 2012; 2014; Goodwin, 2009). Com essa compreensão, a abordagem de redes sociais/políticas pode ser vista como uma importante estratégia para a análise estrutural, com relação existente entre diferentes grupos que se intercomunicam com ideais e interesses em comum (Carrington; Scott; Wasserman, 2005).

Para Borgatti, Everett e Johnson (2018), as redes consistem em um formato de pensar sobre os sistemas sociais, focando as relações que os compõem, cujos atores sociais são representados pelos "nós" nas redes. Para esses autores, os "nós" indicam atores com atributos, características categóricas, que podem contemplar gênero, idade ou outras especificidades. Além disso, são indicadas as relações entre os "nós", apontando características que podem ser pensadas em tipos de laços ou *links* (Borgatti; Everett; Johnson, 2018).

Em síntese, para Borgatti e Halgin (2011), a rede consiste em um conjunto de atores (nós) interligados por um longo/pequeno caminho em uma espécie de vínculo (amizades, parcerias etc.), com a interconexão dos laços acontecendo por meio de ideais e fins semelhantes compartilhados na rede. Algumas propriedades da estrutura de rede são apresentadas a seguir.

Quadro 1 — Propriedades de uma rede.[2]

Propriedades da rede	Significado
A. Conteúdo transacional	Tipos de troca (afeto; influência; informações; bens e serviços)
B. Natureza das ligações	
1. Intensidade	1. Força das relações entre sujeitos (atores).
2. Reciprocidade	2. Grau de uma relação perceptiva aceita pelos indivíduos em expectativas (o grau de simetria).
3. Transparência das expectativas	3. Grau em que todos os pares de indivíduos apresentam expectativas objetivamente definidas sob a perspectiva do outro indivíduo na relação.
4. Multiplexidade	4. Grau em que os indivíduos estão ligados/conectados por múltiplas relações.
C. Características de estrutura	
1. Tamanho	1. É o número de indivíduos participantes da rede
2. Densidade	2. É o número de conexões (*links*) atuais na rede em medida proporcional à dos *links*/conexões possíveis.
3. *Clustering*	3. É o número das regiões densas em uma rede.
4. Centralidade	4. É o grau para onde as relações são direcionadas de acordo com a hierarquia de formalidade.

Fonte: Tichy e Fombrun (1979, p. 508), com adaptações dos autores.

2. Este estudo não analisa a rede em termos de métricas estatísticas, trata apenas de alguns itens da rede, a exemplo da indicação de um grupo mais central, um *cluster* ou uma multiplexidade.

Das propriedades elencadas no Quadro 1, Everett e Borgatti (2005) destacam a centralidade como uma das propriedades mais exploradas e utilizadas como ferramenta para análise de redes sociais, pois, na maioria dos estudos empíricos acerca das redes, a tentativa é identificar os atores mais importantes, podendo um único ator (representado por um "nó" central na rede) se conectar a todos os outros "nós" que, por sua vez, podem não estar conectados um ao outro, embora permaneçam na rede.

No âmbito da construção de redes e produção dos dados, no caso do MBNC, além do acesso aos *sites* para identificar atores associados à construção da BNCC e ações propostas para a Educação Básica, é possível mapear relações entre os apoiadores ou parceiros em cada agência e proceder à construção da rede.[3]

Mapeando um contexto de influência: atores na rede do MBNC como parceiros em prol da educação

Ao investigar os atores envolvidos na rede do MBNC, encontramos diferentes agências/grupos e suas proposições, conforme indicado no Quadro 2.

---

3. Com o uso da ferramenta DataTools (https://tools.digitalmethods.net/netvizz/youtube/mod_channels_net.php), um recurso que consiste em localizar, por meio de endereços ou localizadores padrão de recursos (Uniform Resource Locator — URL), os canais do YouTube que se relacionam dentro de um mesmo interesse ou temática, por exemplo, a temática "educação", de modo a conhecer as agências que operam na plataforma e ser possível gerar um arquivo no formato de leitura do Gephi — versão 0.9.5 (Bastian; Heymann; Jacomy, 2009) (*software* de código aberto [https://github.com/gephi e https://gephi.org/] com manipulação em terceira dimensão — 3D).

Quadro 2 — Rede de atores institucionais relacionados ao MBNC.

Agências Institucionais	Proposições
1. Abave	Proporcionar a socialização de experiências acadêmicas.
2. Cenpec	Desenvolver ações para a melhoria da educação pública, via políticas sociais.
3. Comunidade Educativa Cedac	Apoiar profissionais da Educação em suas práticas.
4. Consed	Congregar Secretarias de Educação dos estados e Distrito Federal.
5. Fundação Lemann	Apoiar projetos inovadores em educação e formação de profissionais da educação.
6. Fundação Maria Cecilia Souto Vidigal	Conscientizar a sociedade, mobilizando lideranças de apoio à educação infantil.
7. Fundação Roberto Marinho	Contribuir para a educação e o desenvolvimento da cidadania.
8. Instituto Ayrton Senna	Ampliar oportunidades educacionais a crianças e jovens.
9. Instituto Inspirare	Inspirar inovações em iniciativas empreendedoras à educação.
10. Instituto Natura	Executar e apoiar projetos para a melhoria da educação básica.
11. Instituto Unibanco	Ampliar oportunidades aos jovens em contexto da educação pública.
12. Itaú BBA	Atuar como investidor corporativo.
13. Todos pela Educação	Assegurar o direito à educação básica.
14. Undime	Contribuir e defender a educação pública.

Fonte: MBNC.

A construção de redes (graphos) possibilita conhecer os atores envolvidos, bem como suas funções e proposições relacionadas às instituições em estudo (Ball, 2012; 2014; 2017). Apresentamos a seguir a representação das redes de governança ligadas ao MBNC (Figuras 2 e 3).

Figura 2 — Gephi [grapho 1] — MBNC — Redes de governança na Educação Básica.

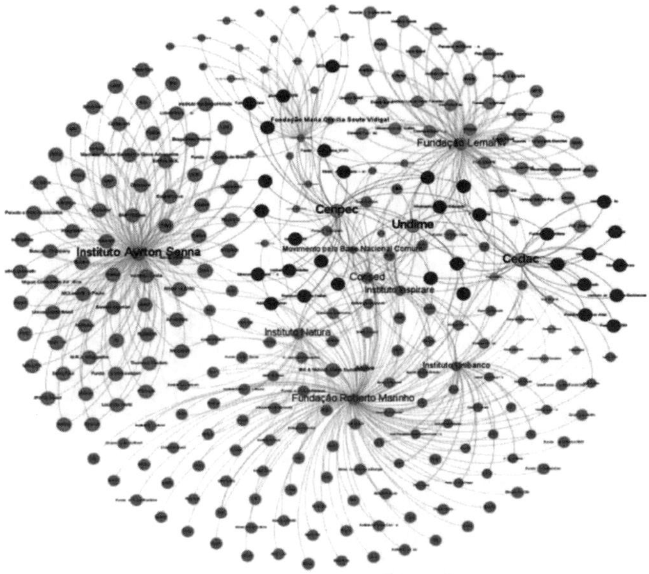

Para ver esta figura em cores, aponte a câmera do seu celular para o código abaixo:

Layout Fruchterman-Reingold com classe modular (método de espalhamento de rede separando/aproximando atores (Cherven, 2015)

Fonte: MBNC.

Nessa rede, podemos observar vários grupos (nós) inter-relacionados e representados por diversos *clusters* ou regiões densas de uma rede com multiplexidades diversas entre os atores, sendo as cores referentes às diferentes agências ligadas ao MBNC. Entre os "nós" menores em que os nomes não estão em destaque, existem outras interações na rede, podendo, ou não, estarem associadas a políticas para a Educação Básica. As linhas representam ligações de interesses particulares de uma agência com outra, podendo uma agência ter mais de uma relação dentro da rede e, assim, aumentar o seu tamanho conforme seu nível de influência ou de parcerias (grau de multiplexidade) (ver Quadro 1). Como dito anteriormente, também em espaços midiáticos, como o YouTube, há participação das parcerias público-privadas nas redes associadas ao MBNC (Figura 3).

Figura 3 — Gephi [grapho 2] — Representação das redes privadas e públicas em canais do YouTube[4] associadas a agências do MBNC.

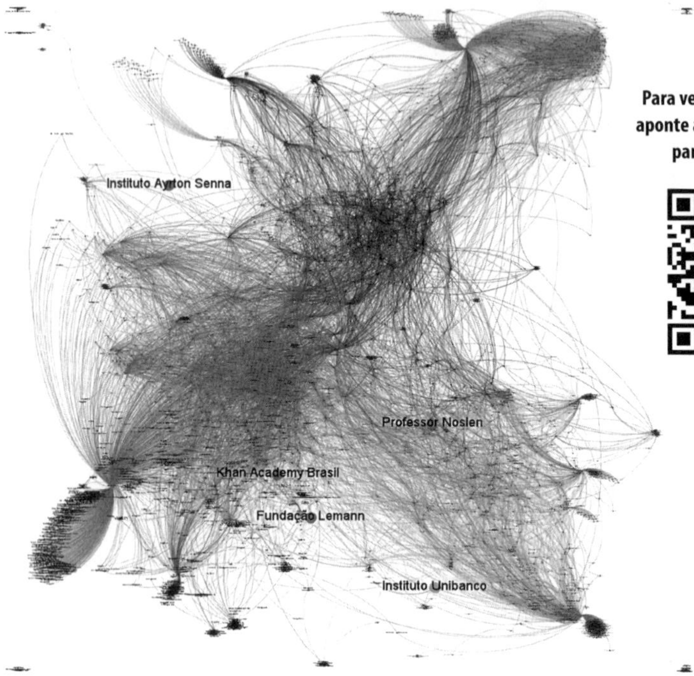

Para ver esta figura em cores, aponte a câmera do seu celular para o código abaixo:

Layout Force Atlas 2[5] com classe modular
Fonte: Channel YouTube Google.

Na imagem, é possível ver em destaque agências/grupos representados pela Fundação Lemann (e um de seus "braços", a Khan Academy), pelo Instituto Unibanco e pelo Instituto Ayrton Senna, bem

4. As agências/atores em destaque na rede servem para se ter uma ideia da complexidade das relações de governança.

5. Para uma rede mais densa, o uso do Force Atlas 2 é mais otimizado do que Fruchterman-Reingold, pois mostra forças que criam um movimento para um estado de equilíbrio da rede, de modo que se possa interpretá-la (Jacomy *et al.*, 2012).

como por um profissional, o prof. Noslen, que interagem com outros sujeitos/atores em outros lugares espalhados na rede, envolvendo uma: "combinação de mapear, visitar e questionar, numa espécie de seguir a política" (Ball, 2017, p. 32), possibilitando um seguir virtual-etnográfico por meio dos mecanismos de busca na internet. Em alguns *clusters*,[6] reconhecemos personagens de diferentes naturezas (profissionais liberais, *think tanks*, parcerias público-privadas, banqueiros, empresas, filantropos etc.), como é o caso do professor Noslen, um profissional liberal que estabelece conexões com outros personagens dentro da mesma rede, por meio da plataforma YouTube EDU.

Mostra-se, assim, que pessoas físicas/profissionais podem estar em um mesmo nível de interação com agências/grupos empresariais para a produção de conteúdos, tanto midiáticos e interativos, quanto de modo impresso. No entanto, cabe destacar que as redes não consistem apenas em um conjunto de conexões entre sítios eletrônicos; são mais do que isso, representam uma "história de esforço contínuo, a exemplo de eventos e reuniões da rede, programas que são lançados, histórias de políticas que são contadas, e compromissos [anunciados] (alguns financeiros)" (Ball, 2016, p. 2), daí sua relevância em pesquisas no campo das políticas públicas.

Nesse sentido, considerando os *sites* das agências descritas no Quadro 2 e as interações apresentadas nas redes/grafos, mostramos com um sociograma (Figura 4) a identificação de instituições e sujeitos que formam a rede que contribuiu para a proposição e a execução da BNCC.

No sociograma da rede pelo MBNC, há sujeitos associados a agências/grupos, parcerias público-privadas, podendo a quantidade dos envolvidos variar conforme o fluxo de atores que entram na rede de governança e saem dela em um determinado período, pois, nas redes, há mudança de membros (pessoas) de responsabilidades distintas, mostrando que as redes "não são fixas, tendo componentes [...] experimentais" (Ball, 2014, p. 33), com variação no tecido constitutivo da rede, desde a sua proposição até o momento de execução das proposições.

---

6. Região densa de uma rede.

Também Shiroma (2020, p. 6) salienta que as redes de governança reúnem "agências multilaterais, governos nacionais, organizações sociais, *think thanks*, empreendedores sociais e corporações multinacionais", apresentadas como alternativas diante da prerrogativa de "falha" do Estado para com a educação. Discursos que remetem à necessidade de parcerias privadas para resolver os problemas na educação já se faziam presentes em documento do Banco Mundial, em 1995, anterior à promulgação da LDBEN/96, mantendo-se ao longo do tempo e justificando a parceria dos grupos multilaterais, que ganham espaço e ditam os rumos da educação no país.

A seguir, a título de exemplo, mostramos como a Fundação Lemann (FL) e o Instituto Unibanco (IU), participantes na rede de relações e de grupos ligados ao MBNC, organizam-se, estabelecendo parcerias com o setor público para a promoção de políticas voltadas à Educação Básica brasileira.

Organização em rede de governança da FL e do IU: oferta de ações e proposições para a Educação Básica

Nesta seção, apresentamos um recorte da rede de governança em torno do MBNC (ver Figura 2), considerando a participação de duas agências: Fundação Lemann (FL) (Figura 5) e Instituto Unibanco (IU) (Figura 6). Essas agências promovem, por meio de parcerias público-privadas (também conhecidas como terceiro setor), ações para a Educação Básica usando a lógica do mercado nos setores públicos (Peroni, 2013). Tais ações podem se configurar em projetos relacionados a proposições curriculares e à gestão das escolas públicas, seus principais temas de interesse. A partir de experiências de outros países, anunciam ter como objetivo a melhoria da qualidade na educação e, para tal, propõem que reformas educacionais aconteçam com essa lógica.

Figura 4 — Sociograma das pessoas (função dos atores) relacionadas ao MBNC.

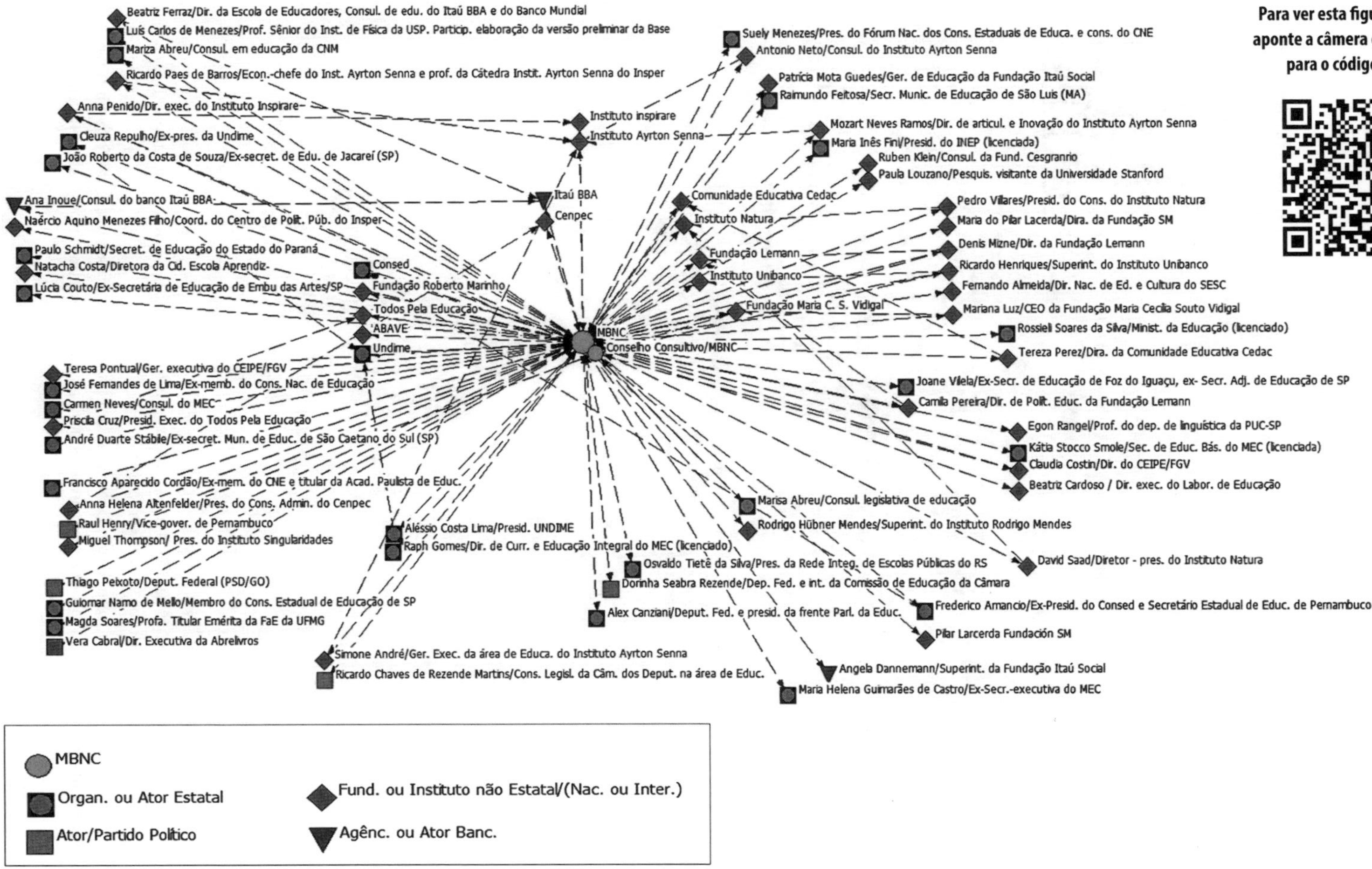

Para ver esta figura em cores, aponte a câmera do seu celular para o código abaixo:

Fonte: MBNC.

Figura 5 — Gephi [grapho 1.1] — Rede Ego[7] Fundação Lemann.[8]

Para ver esta figura em cores, aponte a câmera do seu celular para o código abaixo:

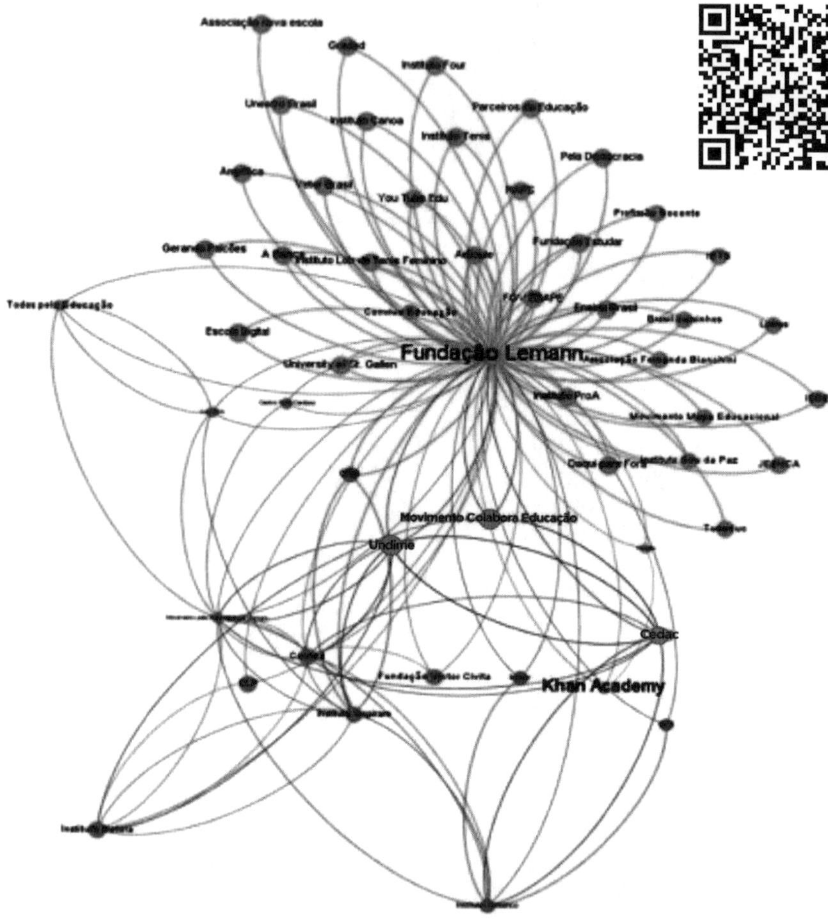

Fonte: Fundação Lemann.

7. Grupo na rede e suas relações mais diretas (dados de 2019), podendo, a cada ano, existir novas parcerias, alterando os atores envolvidos.

8. Criada em 2002 por Jorge Paulo Lemann e família, a fundação se apresenta com o intuito de contribuir com a educação pública mediante iniciativas que gerem uma possível melhoria social.

Figura 6 — Gephi [grapho 1.2] — Rede Ego Instituto Unibanco.[9]

Para ver esta figura em cores, aponte a câmera do seu celular para o código abaixo:

Fonte: Instituto Unibanco.

9. Criado em 1982, com o propósito de realização de investimentos sociais pelo próprio banco.

De modo geral, a FL e o IU se constituem pelos atores ou parceiros que estão diretamente ligados às instituições. No caso da FL, as conexões mais afastadas do centro podem atuar com a FL em outras frentes, tendo ou não relação com a educação. Em outras modularidades de classe, os seguimentos são direcionados à Educação Básica, como indicado por um dos programas operados pela FL, a Khan Academy (KA),[10] cujas ações envolvem proposições curriculares, ações formativas e produção de materiais didáticos, que se colocam disponíveis para a educação escolar.

Conforme os *sites*[11] da FL e da KA, entre as ações que lhes dão visibilidade (nacional/internacionalmente) e impulsionam seus "produtos", indicam: proposições curriculares que contemplam práticas pedagógicas para solução de problemas e aceleração do aprendizado; oferta de acesso gratuito à biblioteca da Khan Academy em diferentes áreas do conhecimento; oferta de ferramentas para a capacitação de professores, com personalização de instruções para atender às necessidades dos alunos; disponibilização do canal YouTube EDU com videoaulas relacionadas às disciplinas escolares; oferta de cursos para gestores da Educação Básica e para professores nas áreas de Matemática, Matemática Avançada, Economia e Finanças, Ciências Humanas, Ciências e Engenharia, Computação, Ciências da Natureza (BNCC — 1º ao 9º ano), Português (BNCC — 3º ao 5º) e Matemática (BNCC — 1º ao 9º).

Ainda com relação à oferta de ações de formação docente,[12] a FL, em parceria com estados e municípios, atua na formação profissional

---

10. Nas redes de governança, há um entrelaçamento de instituições e de seus "braços", como é o caso da FL em relação à KA, como um novo *modus operandi* no estabelecimento de parcerias com o público.

11. Disponível em: https://fundacaolemann.org.br/; e https://pt.khanacademy.org. Acesso em: 21 set. 2022.

12. As frentes de trabalho docente ou projetos de formação podem variar no *site* da FL ou serem atualizados com pequenas alterações. Além disso, as descrições das ações não são claras e objetivas quanto ao seu direcionamento, sendo necessário, para um estudo mais detalhado, buscar informações em outras fontes.

para a gestão educacional; no desenvolvimento de ações pedagógicas para garantir a alfabetização na idade certa; na proposição de programas de apoio a educadores do Brasil "comprometidos com a transformação do país", e no desenvolvimento e na oferta de plataformas educacionais para professores e gestores escolares.

Nesse sentido, também o IU propõe ações para a educação, contemplando proposições curriculares, ações formativas e produção de materiais didáticos, entre outros. Conforme o *site* do IU,[13] o projeto "Jovem de Futuro", criado com o objetivo de contribuir para a aprendizagem dos alunos do Ensino Médio, está associado à disponibilização de metodologias e instrumentos de suporte ao trabalho de gestão a escolas e redes de ensino, de modo a promover avanços e melhorias na educação pública via editais para gestão, com foco em "Projetos e Soluções, Desenvolvimento Institucional, Produção de Conhecimento e Produção Audiovisual".

Atua também na oferta de publicações aos gestores educacionais, acerca do contexto educacional brasileiro e das políticas públicas produzidas; na apresentação e na proposição de discussão sobre temáticas que impactam a qualidade do Ensino Médio e a Gestão em Educação, visando contribuir com o debate educacional e aprimoramento das políticas públicas por meio de parcerias; na participação de voluntariado com colaboradores (Itaú Unibanco e convidados) que incentivam os estudantes do Ensino Médio da rede pública a prosseguir nos estudos, e na oferta de eventos educacionais pelo canal do YouTube (Google).

Com relação a parcerias com o Google, Peroni (2019) refere que a parceria com a FL/KA para a produção da plataforma YouTube EDU, com investimento da FL ao google.org no ano de 2017, possibilitou aliar à revista *Nova Escola* o desenvolvimento de projetos em plataformas digitais direcionados à BNCC, com a proposição de produzir "materiais", como planos de aula específicos para cada disciplina, entre outros projetos.

---

13. Disponível em: https://www.institutounibanco.org.br.

Sobre a produção de videoaulas no YouTube EDU, nem sempre há informações sobre a formação acadêmica dos profissionais que as elaboram, gerando dúvidas sobre a formação acadêmica e, consequentemente, sobre a qualidade dos projetos educacionais oferecidos, o que, de certa forma, contraria o anúncio da FL, que seria trabalhar na produção de educação pública de qualidade e liderança de impacto social, com o intuito de apontar e corrigir fragilidades no cenário educacional brasileiro (Peroni, 2010).

Também as proposições do IU,[14] alicerçadas numa concepção de gestão e liderança aos diferentes contextos escolares do país, estão fundamentadas na noção de governança, com a presença de economistas e empresários, entre outros profissionais, sendo raros os atores com formação na área de educação. Para Caetano (2015), a concepção de gestão pelo IU está focada nos resultados, estando entre suas metas o desempenho dos alunos, bem como a redução dos indicadores de desistência escolar. A proposição do projeto "Jovem de Futuro", ofertado em 2011 em conjunto com o programa Ensino Médio Inovador[15] (ProEMI), está entre as ações pensadas para que essas metas sejam atingidas (Caetano, 2015). Para Cóssio (2018), nesse tipo de gestão há uma forte presença do setor empresarial, envolvendo processos de formação e de desenvolvimento profissional em gestão para os professores, sempre com a lógica empresarial, implicando o foco nos resultados, no desempenho e na competitividade. No caso da FL ou do IU, bem como de outras instituições privadas, a parceria em prol da educação supõe uma "correlação de forças na educação pública brasileira" (Peroni, 2019, p. 47), na qual a responsabilidade do Estado com a educação passa a ser, também, do setor privado, em uma ampliação para setores de cunho social, com imposição de regras empresariais para as parcerias firmadas, cujo efeito é a busca de resultados de produtividade. Tal produtividade, com foco nos

14. Disponível em: https://www.institutounibanco.org.br/o-instituto/governanca.

15. Criado pelo Ministério da Educação, em 2009.

resultados, no desempenho e na competitividade, é balizada e legitimada no âmbito de políticas de avaliação em larga escala.

No caso da rede de governança em torno do MBNC (e, por extensão, da BNCC e das avaliações em larga escala), as redes políticas da FL e do IU apresentam pequenas diferenças nas ações que desenvolvem, bem como muitas semelhanças em frentes de trabalho sincronizadas em termos de produção de políticas curriculares e de avaliação (uma vez que o foco está nos resultados), considerando que apresentam uma estrutura conjunta em torno de uma ideia de caminho/rumo para a educação, com rotas e espaços traçados de como e onde podem atuar em prol dessa ideia.

Neste breve panorama apresentado, podemos ver a etnografia de rede operando para mostrar como os grupos privados, por meio do setor público, transitam e organizam seus projetos educacionais e suas proposições curriculares, criando uma ideia de "socorrer" as instituições públicas de ensino na resolução de problemas. Para Peroni e Comerlatto (2017), a visão do ensino público brasileiro como insuficiente e sem eficácia abre possibilidades para que instituições privadas se apresentem como solucionadoras dos problemas de ineficiência e fracasso escolar.

Para Ball (2014, p. 181), esses novos tipos de organização no setor público (com a participação do privado) "trazem novos jogadores, novas vozes, novos valores e novos discursos", deslocando uma gama de funções e de relações dentro do Estado para a lógica empresarial.

Redes de governança e sua relação com políticas de currículo e de avaliação

O mapeamento de relações de instituições públicas e privadas em torno do MBNC possibilita mostrar a participação de agências, como a Fundação Lemann e o Instituto Unibanco, que, direta ou indiretamente, apresentam proposições e "soluções" para resolver problemas na Educação Básica; é o caso da produção de políticas curriculares como a BNCC.

Em especial, no caso do Ensino Médio, a BNCC, criada e pensada em termos de padronização dos processos educativos com foco nos resultados, também foi pensada para ter alinhamento com o Exame Nacional de Ensino Médio (Enem), uma avaliação em larga escala vista como um "termômetro" da qualidade da educação no Ensino Médio.

Nesse sentido, ao olhar para as redes de governança e seu papel na produção de políticas curriculares, não temos como não reconhecer a relação entre a organização curricular no Ensino Médio e a avaliação pelo Enem, uma busca recorrente de associação em todas as reformas educacionais elaboradas e postas em atuação desde a LDB/96. Tais reformas sempre foram acompanhadas de expectativa quanto à melhoria de resultados no Enem, e com relação à BNCC e ao Novo Ensino Médio (Brasil, 2018) isso não seria diferente. No entanto, ao buscarmos associações do proposto pela BNCC, em termos de conhecimentos previstos, com o previsto pela reforma do Ensino Médio, não é possível afirmar que o esperado alinhamento entre conhecimentos previstos pela reforma e os avaliados pelo Enem venha a se concretizar, considerando que haverá escolha do itinerário formativo pelos alunos, o que, possivelmente, resultará em formação diferenciada e, de modo presumível, não atenderá às demandas de conhecimentos esperadas em uma avaliação classificatória como o Enem.

Assim, pode ser que, mesmo atendendo às competências previstas pela BNCC, os conhecimentos tratados, de forma diferenciada, não sejam suficientes para as exigências do Enem para os que se submeterem a ele. Nesse caso, o discurso em nome da igualdade de oportunidades apregoada pelo MBNC pode ser falacioso, em especial com relação ao Ensino Médio. Mas isso parece não ser levado em consideração pelas agências/grupos que fazem parte da rede em torno do MBNC, uma vez que as avaliações em larga escala são tomadas como a "régua" que mede o desempenho, a competência e eficácia das reformas curriculares. Para Lopes (2015, p. 459), há uma pretensa igualdade de oportunidades por meio de currículos comuns, reduzidos "a um conjunto de índices passíveis de serem medidos em uma prova internacional (além das muitas provas nacionais), igualmente naturalizadas".

Nesse sentido, também as parcerias com o Google (por exemplo, o YouTube EDU) mostram as conexões alinhadas à rede do MBNC, junto aos diferentes profissionais que criam conteúdo educativo para atendimento da reforma curricular representada pela BNCC, a fim de oferecer ações para as redes públicas e privadas de ensino. Com as instituições parceiras em torno do MBNC, suas produções ocorrem em termos de parametrização à BNCC, no que se refere a pensar currículos e preparar os professores e a gestão para a execução da reforma nas escolas, com propostas alinhadas às políticas públicas educacionais, mas produzidas pelas instituições privadas como modo de atender e fazer funcionar tais políticas no contexto da prática (um dos contextos do Ciclo de Políticas).

Assim, não apenas com relação aos resultados esperados pelas avaliações em larga escala, mas também, de modo geral, em nome da eficácia e da eficiência (que o setor público não estaria dando conta de atender), as instituições privadas produzem materiais didáticos e propõem práticas pedagógicas direcionadas às diferentes áreas do conhecimento, bem como elaboram e oferecem cursos de formação para professores e projetos de gestão para as instituições de ensino de todas as regiões do país. O discurso de ineficiência do Estado é o lema para que tais agências e grupos privados se coloquem como parceiros dos entes estatais para desenvolver ações nas áreas de educação e saúde (Peroni, 2013; Cóssio, 2018).

É o "terceiro setor" se organizando com ideias solucionadoras/salvacionistas dos problemas educacionais, definindo e ditando os rumos da educação. Isso pode ser percebido quando diferentes empresas e sujeitos (ramo de negócios variados), bem como instituições filantrópicas (filantropos), se articulam em torno das reformas para a Educação Básica no país, indo da formação discente/docente à gestão da escola, representadas por treinamentos/capacitação para líderes dentro de uma concepção e um ideário mercadológico/empresarial/privado de gerir as instituições públicas na ideia de governança. Vê-se, assim, que a relação ou a intervenção do privado em direção ao público acontece não somente por um processo de ideologia, mas também por trocas possibilitadas pelas novas tecnologias de informação e comunicação, em escala de âmbito mundial (Laval, 2004).

Referências

ADRIÃO, T.; PERONI, V. Consequências da atuação do Instituto Ayrton Senna para a gestão da educação pública: observações sobre 10 estudos de caso. *Práxis Educativa*, Ponta Grossa, v. 6, n. 1, p. 45-53, 2011. Disponível em: http://www.redalyc.org/articulo.oa?id=89419159005. Acesso em: 10 dez. 2020.

AVELAR, M. Interview with Stephen J. Ball: analysing his contribution to education policy research. *Education Policy Analysis Archives*, v. 24, p. 1-16, 29 fev. 2016. Disponível em: http://dx.doi.org/10.14507/epaa.24.2368. Acesso em: 21 set. 2022.

AVELAR, M.; BALL, S. J. Mapping new philanthropy and the heterarchical state: the mobilization for the national learning standards in Brazil. *International Journal of Educational Development*, v. 64, p. 65-73, jan. 2017. Disponível em: http://dx.doi.org/10.1016/j.ijedudev.2017.09.007. Acesso em: 21 set. 2022.

BALL, S. J. What is policy? Texts, trajectories and toolboxes. *Discourse*: studies in the cultural politics of education, v. 13, n. 2, p. 10-17, abr. 1993. Disponível em: http://dx.doi.org/10.1080/0159630930130203. Acesso em: 21 set. 2022.

BALL, S. J. *Education reform*: a critical and post-structuralist approach. Buckingham: Open University Press, 1994.

BALL, S. J. *Education plc*: understanding private sector participation in public sector education. New York: Routledge, 2007. 231 p.

BALL, S. J. New philanthropy, new networks and new governance in education. *Political Studies*, Sage, v. 56, n. 4, p. 747-765, dez. 2008.

BALL, S. J. *Global education Inc.*: policy networks and edu-business. Abingdon: Routledge, 2012.

BALL, S. J. *Educação global S.A.*: novas redes políticas e o imaginário neoliberal. Ponta Grossa: Editora UEPG, 2014.

BALL, S. J. Following policy: networks, network ethnography and education policy mobilities. *Journal of Education Policy*, v. 31, n. 5, p. 549-566, 13 jan. 2016. Disponível em: http://dx.doi.org/10.1080/02680939.2015.1122232. Acesso em: 21 set. 2022.

BALL, S. J.; BOWE, R. Subject departments and the "implementation" of National Curriculum policy: an overview of the issues. *Journal of Curriculum Studies*, v. 24, n. 2, p. 97-115, mar. 1992. Informa UK Limited. Disponível em: http://dx.doi.org/10.1080/0022027920240201. Acesso em: 21 set. 2022.

BALL, S. J.; EXLEY, S. Making policy with "good ideas": policy networks and the intellectuals of new labour. *Journal of Education Policy*, v. 25, n. 2, p. 151-169, mar. 2010. Disponível em:http://dx.doi.org/10.1080/02680930903486125. Acesso em: 21 set. 2022.

BALL, S. J.; JUNEMANN, C. *Networks, new governance, and education*. Bristol: The Policy Press, 2012.

BALL, S. J.; MAGUIRE, M.; BRAUN, A. *Como as escolas fazem as políticas*: atuação em escolas secundárias. Ponta Grossa: Editora UEPG, 2016. 230 p.

BALL, S. J.; YOUDELL, D. *Hidden privatisation in public education*. London: Institute of Education, 2008.

BASTIAN, M.; HEYMANN, S.; JACOMY, M. Gephi: an open source software for exploring and manipulating networks. *In*: INTERNATIONAL AAAI CONFERENCE ON WEBLOGS AND SOCIAL MEDIA, 2009, Califórnia. *Proceedings* [...]. Califórnia, 2009.

BEGO, A. M.; TERRAZZAN, E. A. Características das apostilas de ciências da natureza produzidas por um sistema apostilado de ensino e utilizadas em uma rede escolar pública municipal. *Ensaio*: pesquisa em educação em ciências, Belo Horizonte, v. 17, n. 1, p. 59-83, abr. 2015. Disponível em: http://dx.doi.org/10.1590/1983-211720175170103. Acesso em: 21 nov. 2022.

BORGATTI, S. P. *NetDraw software for network visualization*. Lexington: Analytic Technologies, 2002.

BORGATTI, S. P.; EVERETT, M. G; JOHNSON, J. C. *Analyzing social networks*. London: Sage, 2018. 16 p.

BORGATTI, S. P.; EVERETT, M. G.; FREEMAN, L. C. *Ucinet for windows*: software for social network analysis. Harvard: Analytic Technologies, 2002.

BORGATTI, S. P.; HALGIN, D. S. On network theory. *Organization Science*, v. 22, n. 5, p. 1168-1181, out. 2011. Disponível em: http://dx.doi.org/10.1287/orsc.1100.0641. Acesso em: 21 set. 2022.

BOWE, R.; BALL, S. J.; GOLD, A. *Reforming education and changing schools*: case studies in policy sociology. New York: Routledge, 1992. 192 p.

BRASIL. *Base Nacional Comum Curricular*. 3. ed. Brasília: [*s. n.*], 2018.

CAETANO, M. R. Ensino médio no Brasil e a privatização do público: o caso do Instituto Unibanco. *Universidade e Sociedade*, Porto Alegre, n. 56, p. 84-99, 2015.

CAETANO, M. R. Relações entre o público e o privado: influências do setor privado na gestão da educação pública. E agora? *O Público e o Privado*, v. 30, p. 209-226, 2017.

CARRINGTON, P. J.; SCOTT, J.; WASSERMAN, S. *Models and methods in social network analysis*: structural analysis in the social sciences. London: Cambridge University Press, 2005. 345 p.

CÁSSIO, F. *et al.* Heterarquização do Estado e a expansão das fronteiras da privatização da educação em São Paulo. *Educação & Sociedade*, Campinas, v. 41, n. 241711, p. 1-20, 2020.

CASTELLS, M. Materials for an exploratory theory of the network society. *The British Journal Of Sociology*, v. 51, n. 1, p. 5-24, jan. 2000. Disponível em: http://dx.doi.org/10.1111/j.1468-4446.2000.00005.x. Acesso em: 21 set. 2022.

CAVALCANTE, P. Convergências entre a governança e o pós-nova gestão pública. *Boletim de Análise Político-Institucional*, v. 19, p. 17-23, 2018.

CHERVEN, K. *Mastering Gephi Network Visualization*: produce advanced network graphs in Gephi and gain valuable insights into your network datasets. Birmingham: Packt Publishing, 2015.

CÓSSIO, M. de F. A nova gestão pública: alguns impactos nas políticas educacionais e na formação de professores. *Educação*, v. 41, n. 1, p. 66-73, 29 maio 2018. Disponível em: http://dx.doi.org/10.15448/1981-2582.2018.1.29528. Acesso em: 21 set. 2022.

CÓSSIO, M. de F.; SCHERER, S. S. Governança em rede e parcerias público-privadas em educação no estado do Rio Grande do Sul. *Contrapontos*, Pelotas, v. 19, n. 2, p. 71-92, 2019.

DOURADO, L. F. Políticas e gestão da educação básica no Brasil: limites e perspectivas. *Educação & Sociedade*, Campinas, v. 28, n. 100, p. 921-946, 2007.

EVERETT, M. G.; BORGATTI, S. P. Extending centrality. *Models and Methods in Social Network Analysis*, Cambridge University Press, p. 57-76, 7 fev. 2005.

GOODWIN, M. Which networks matter in education governance? A reply to ball's "New philanthropy, new networks and new governance in education". *Political Studies*, Sage, v. 57, n. 3, p. 680-687, out. 2009.

HOGAN, A. Network ethnography and the cyberflâneur: evolving policy sociology in education. *International Journal of Qualitative Studies in Education*, Informa UK Limited, v. 29, n. 3, p. 381-398, 29 jul. 2015.

HOWARD, P. N. Network ethnography and the hypermedia organization: new media, new organizations, new Methods. *New Media & Society*, Sage, v. 4, n. 4, p. 550-574, dez. 2002.

JACOMY, M. *et al*. *ForceAtlas2, a continuous graph layout algorithm for handy network visualization*. [*S. l.*: *s. n.*], 2012. p. 1-21.

LAVAL, C. *A escola não é uma empresa*: o neo-liberalismo em ataque ao ensino público. Tradução: Maria Luiza M. de Carvalho e Silva. 21. ed. Londrina: Planta, 2004. 324 p.

LOPES, A. C. Por um currículo sem fundamentos. *Linhas Críticas*, Brasília, v. 21, n. 45, p. 445-466, maio/ago. 2015.

LOPES, F. D.; BALDI, M. Redes como perspectiva de análise e como estrutura de governança: uma análise das diferentes contribuições. *Revista Administração Pública*, Rio de Janeiro, p. 1007-1035, 2009.

MAINARDES, J. Abordagem do ciclo de políticas: uma contribuição para a análise de políticas educacionais. *Educação & Sociedade*, Campinas, v. 27, p. 47-69, 2006.

PERONI, V. M. V. A democratização da educação em tempos de parcerias entre o público e o privado. *Revista de Educação Pública*, Cuiabá, v. 19, n. 40, p. 215-227, ago. 2010.

PERONI, V. M. V. As relações entre o público e o privado nas políticas educacionais no contexto da terceira via. *Currículo sem Fronteiras*, Porto Alegre, v. 13, n. 2, p. 234-255, 2013.

PERONI, V. M. V. Múltiplas formas de materialização do privado na educação básica pública no Brasil: sujeitos e conteúdo da proposta. *Currículo sem Fronteiras*, Porto Alegre, v. 18, n. 1, p. 212-238, 2018.

PERONI, V. M. V.; CAETANO, M. R.. Redefinições no papel do Estado: terceira via, novo desenvolvimentismo e as parcerias público-privadas na educação. *Revista da Faeeba*: educação e contemporaneidade, Salvador, v. 21, n. 38, p. 57-67, 2012.

PERONI, V. M. V.; COMERLATTO, L. P. Parceria público-privada e a gestão da educação: o programa gestão nota 10 do Instituto Ayrton Senna. *Perspectiva*, Florianópolis: Universidade Federal de Santa Catarina, v. 35, n. 1, p. 113-133, 31 mar. 2017.

PERONI, V. M. V. *et al.* Terceira via, terceiro setor e a parceria IAS/sistemas de ensino público no Brasil. *Educação*: teoria e prática, v. 32, n. 19, p. 17-35, jun. 2009.

PERONI, V. M. V. *et al.* Relações entre o público e o privado na educação básica brasileira: implicações para processos de democratização. *Políticas Educativas*, Porto Alegre, v. 7, n. 1, p. 92-109, 2013.

PERONI, V. M. V.; OLIVEIRA, C. M. B. de. O marco regulatório e as parcerias público-privadas no contexto educacional. *Práxis Educacional*, Edições UESB, v. 15, n. 31, p. 38-57, 17 jan. 2019.

PERONI, V. M. V.; OLIVEIRA, R. T. C. de; FERNANDES, M. D. E. Estado e terceiro setor: as novas regulações entre o público e o privado na gestão da educação básica brasileira. *Educação & Sociedade*, Campinas, v. 30, n. 108, p. 761-778, out. 2009.

SILVA, D. M. da. ONGs e escolas públicas: a palavra dos educadores. *Etd — Educação Temática Digital*, Campinas, v. 12, p. 138-150, 2011.

SOUSA, S. M. Z. L. *et al.* Parceria escola-empresa no estado de São Paulo: mapeamento e caracterização. *Educação & Sociedade*, Campinas, v. 70, p. 171-188, 2000.

SHIROMA, E. O. Networks in action: new actors and practices in education policy in Brazil. *Journal of Education Policy*, Informa UK Limited, v. 29, n. 3, p. 323-348, 2 set. 2013.

SHIROMA, E. O. Redes, experts e a internacionalização de políticas educacionais. *Revista de Estudios Teóricos y Epistemológicos en Política Educativa*, v. 5, p. 1-22, 2020.

SHIROMA, E. O.; MORAES, M. C. M. de; EVANGELISTA, O. *Política educacional*. 3. ed. Rio de Janeiro: DP&A, 2004. 140 p.

TICHY, N.; FOMBRUN, C. Network analysis in organizational settings. *Human Relations*, Sage, v. 32, n. 11, p. 923-965, nov. 1979.

CAPÍTULO 8

Testes padronizados, estreitamento curricular e papel docente: a escola e a mercantilização do ensino

Micheli Bordoli Amestoy

Introdução

Na agenda das políticas educacionais brasileiras, o currículo tem ganhado espaço nas discussões e pautas das alterações, reformas e implementações que fazem parte de um grande projeto: o desmonte da educação pública. Dentro de uma lógica negacionista e neoliberal, não há espaço para a coisa pública, para o pobre, o diferente. Padronizar o diferente é algo que descaracteriza a diversidade de brasis dentro do nosso Brasil.

A Base Nacional Comum Curricular (BNCC) naturaliza-se em meio a um processo de padronização — já iniciado pelas avaliações externas no país —, e às concepções associadas ao gerencialismo e às novas formas de gestão pública (*New Public Management*) (Hypolito, 2011; Afonso, 2009; Ball, 2005; Abrucio, 1997), as quais preveem a escolarização como uma prestação de serviço e apostam em um potente mercado, o educacional. Na educação, consideram-se condições prévias para implementar políticas gerencialistas: "a criação de um currículo nacional, o estabelecimento de normas-padrão e a realização de testes também a nível nacional" (Afonso, 2005, p. 117).

Padronizar para ter currículo único, avaliação em concordância, formação de professores preparada para esse novo formato e, não menos importante, livros didáticos adequados ao novo currículo comum. São algumas das justificativas utilizadas para garantir a qualidade na educação brasileira, tão desejada por todos(as). No entanto, é copiosamente lançada com falácias sedutoras: inovação no ensino, protagonismo estudantil e autonomia do professor, quando, na realidade, temos um documento conservador, incentivador da privatização e uma ameaça à autonomia docente. Um documento em que o debate sobre questões de gênero, sexualidade e educação ambiental é ocultado de todo o texto não pode ser inovador!

A retirada de menções à identidade de gênero e à orientação sexual do texto ignora e descaracteriza a necessidade de dialogar esses assuntos e evita que temas muito pertinentes, como violência doméstica, por exemplo, sejam tratados nas escolas. Além de incorporar, pela via da lógica de competências e habilidades (um grande retrocesso aos anos 1990, ao tecnicismo e à preparação para o mercado de trabalho) preceitos de individualização, competição e responsabilização ao ambiente escolar e à formação docente, o documento desvela, ainda, o quão despreparadas estão as escolas para a implementação de todas essas mudanças.

A Reforma do Ensino Médio, expressa na Lei n. 13.415/2017, da qual a BNCC faz parte, tornou obrigatórias nas escolas brasileiras de Ensino Médio apenas as disciplinas de Português e Matemática. Qual será o futuro de todas as outras disciplinas (Biologia, Física, Química, História, Geografia, Sociologia, Filosofia, Artes, Educação Física, Língua Estrangeira) que não são mais obrigatórias?!

Haverá uma redução no número de professores(as), já que as escolas precisarão basicamente de docentes para as disciplinas de Português e Matemática?! Qual o futuro dos cursos de licenciaturas que formam esses professores?! O currículo flexível emergente dessa reforma poderá ser conduzido totalmente fora das escolas, por meio de inúmeras certificações de qualidade um tanto quanto duvidosas e desatreladas dos princípios da formação escolar, por exemplo, cursos de capacitação oferecidos por centros ou programas ocupacionais, como o "Sistema S".

A implementação dos itinerários formativos no Ensino Médio será não o protagonismo explanado, mas sim o abismo tecido entre a escola pública e a escola privada. Estudantes sem poder de escolha e cursando o que a escola do seu bairro puder e tiver condições de ofertar. Essa proposta serve para dificultar cada vez mais o ingresso da população de baixa renda à universidade. Aos pobres, só Português e Matemática! Aos ricos, todas as outras disciplinas (certamente vendidas em pacotes extras) que ajudam a ingressar nas universidades públicas. E, outra vez, aquela música nunca fez tanto sentido: "o de cima sobe e o debaixo desce".

Mercantilizar o Ensino Médio, transferindo a parte flexível do currículo e até mesmo componentes da BNCC para a iniciativa privada por meio da educação a distância, é uma das exigências dos maiores apoiadores da BNCC — o setor privado! A quem interessa todo esse contexto de reformas educacionais recentes?! Não por acaso, a mercantilização e a privatização do Ensino Médio, descortinadas pela Reforma citada, caminham de forma harmônica com a Emenda Constitucional 95 (EC 95), a qual instaura um novo regime fiscal, que limita os gastos e os investimentos públicos, inclusive de natureza social, como a educação, pelo prazo de 20 anos, ou seja, 2016-2036.

A pandemia de covid-19 deflagrou os mais variados contextos de escolas, professores(as), alunos(as). Nessa pandemia, o *Wi-fi*, um computador, um celular ou um *tablet* não foi realidade de milhões de brasileiros(as). Fala-se que o ensino híbrido veio para ficar, mas há localidades no país em que não há sinal de internet (ironia ou não, é um fato).

Por esse motivo, este capítulo tem em seu escopo a tessitura de um diálogo reflexivo sobre a influência das avaliações externas e em larga escala, e o direcionamento das políticas educacionais brasileiras à ideologia do mercado, bem como o quanto essas políticas impactam a escola e o trabalho docente.

Agenda 2030 e qualidade educacional

A globalização tem reverberado diretamente nas políticas educacionais, em especial, nas políticas de currículo, em que é possível identificar uma cultura de performatividade (Ball, 2010). De acordo com Lopes e López (2010, p. 101):

> É por meio da performatividade e da responsabilidade (*accountability*) que serviços sociais como a educação são padronizados, calculados, qualificados e comparados, em uma dinâmica na qual os conhecimentos legitimados dos estudantes passam a ser vistos como idênticos aos resultados dos testes que os representam.

No Brasil, a "Era dos Fernandos" — Fernando Collor de Mello (FCM) e Fernando Henrique Cardoso (FHC) — deu o pontapé inicial ao projeto neoliberal no país. A Reforma Gerencial do Estado que ocorreu no governo FHC (1995-2002) tem consequências até hoje no setor da administração pública brasileira. Hypolito (2011, p. 59) considera que o gerencialismo segue critérios de "produtividade, orientação para o cliente, modelos descentralizados, eficiência dos serviços, introdução de mecanismos de mercado na administração pública e programas de responsabilização".

Em outras palavras, o gerencialismo torna-se um "instrumento para criar uma cultura empresarial competitiva" (Bernstein, 1996, p. 75).

A introdução da lógica de mercado na educação pública naturaliza a ideia de que tudo que engloba a educação pública pode ser igualado a produtos comercializáveis. Essa lógica considera, de forma análoga, a escola uma empresa e incentiva a atuação de políticas de privatização.

Por outro lado, não se pode esquecer que o reconhecimento da educação como um direito público subjetivo faz parte da nossa Constituição Federal desde 1988 (Brasil, 1988). No artigo 206, ficam determinados os princípios básicos em que o ensino será ministrado, entre eles a "garantia do padrão de qualidade" (Brasil, 1988). A intenção aqui é refletir e dialogar sobre o movimento nacional e internacional que propaga a noção de qualidade para todos. Que qualidade é essa e quais os efeitos colaterais da administração de dosagens equivocadas de meios para atingi-la?

Importante pontuar aqui em quais perspectivas de qualidade de educação este capítulo está se pautando. Compreendem-se aqui as relações entre as Parcerias Público-Privadas (PPPs), encabeçadas por projetos pensados e articulados por uma rede de influências, liderada pelo Grupo de Institutos, Fundações e Empresas (GIFE), e pela rede de influências internacionais, assim como os acordos firmados com os Organismos Internacionais (OI) e as demandas emergentes da Agenda 2030 para o desenvolvimento sustentável da Organização das Nações Unidas (ONU).

A influência dos organismos internacionais nas políticas educacionais brasileiras fica bem evidente pós-1990 (Amestoy, 2019). Um exemplo recente da demarcação da agenda global nas políticas educacionais nacionais foi a repercussão no currículo escolar brasileiro a partir da adesão do país à Declaração de Incheon (2015), que orienta os Objetivos de Desenvolvimento Sustentável (ODS) da Agenda 2030 para a educação mundial (Mattos; Amestoy; Tolentino-Neto, 2021).

O documento intitulado *Transformando nosso mundo: a Agenda 2030 para o desenvolvimento sustentável* apresenta os 17 objetivos gerais e as 169 metas a serem alcançadas pelos países até o ano de 2030, delineando uma nova Agenda Global. Entre os 17 objetivos de desenvolvimento sustentável (ODS), destacam-se aqui os objetivos (ODS 4 e ODS 17) que versam sobre "educação e qualidade" e "parcerias e meios de implementação", respectivamente:

> [ODS 4] Assegurar a educação inclusiva e equitativa e de qualidade, e promover oportunidades de aprendizagem ao longo da vida para todas e todos (ONU, 2016, p. 18).
> [ODS 17] Fortalecer os meios de implementação e revitalizar a parceria global para o desenvolvimento sustentável (ONU, 2016, p. 30).

O objetivo 4 é constituído por metas que sinalizam aspectos como: conhecimentos e habilidades necessários; competências técnicas e profissionais; resultados; eficácia; equidade; desenvolvimento sustentável e integral; gratuidade; acesso e permanência; e formação de professores qualificados. Não por acaso, para atender a esse objetivo da Agenda, o documento da BNCC (Brasil, 2018) adotou dez competências gerais que são o "fio condutor" para a Educação Básica e uma Base Nacional para Formação de Professores (BNC-Formação/2019), a fim de alinhar os cursos de formação de professores à Base.

O documento da ONU apresenta qualidade da educação articulada a um discurso progressista, atrelada ao progresso e ao desenvolvimento econômico e sustentável. Não é à toa que a perspectiva de qualidade defendida pelo Grupo de Institutos, Fundações e Empresas (GIFE) associa o ODS 4 ao ODS 17, que tem entre suas metas: "incentivar e promover parcerias públicas, público-privadas, privadas, e com a sociedade civil eficazes, a partir da experiência das estratégias de mobilização de recursos dessas parcerias" (ONU, 2016, p. 32).

Temos aqui uma incoerência estabelecida: um discurso de educação e qualidade a serviço do desenvolvimento econômico "travestido" de sustentável e sob o olhar da teoria do capital humano. De acordo com Shiroma e Zanardini (2020, p. 712):

> Na versão contemporânea de desenvolvimento, o capitalismo adota a narrativa humanitária. Todavia, por mais que tentem adorná-lo, a

realidade dinâmica expõe suas contradições, especialmente em momentos de grandes crises, como a pandemia provocada pela covid-19 [...].

Destaca-se, também, o fato de o GIFE defender a bandeira e o *slogan* da necessidade de se firmar parcerias no setor público para a melhoria da qualidade da educação. No entanto, as ações do Grupo direcionam e fracionam a concepção de qualidade para os resultados provenientes das avaliações externas.

Políticas neoliberais e a McDonaldização da escola: interfaces entre o currículo e o papel docente

O neoliberalismo propaga um discurso educativo que se estrutura a partir de uma reformulação dos enfoques economicistas do "capital humano". Essa reconceituação considera a manutenção de alguns princípios anteriores, mas os articula a novos diagnósticos sobre as atuais condições de regulação dos mercados e a novas promessas (Gentili, 1995).

A teoria do capital humano foi a responsável por colocar de forma "precisa e unidirecional a relação entre educação e desenvolvimento econômico no contexto histórico de um capitalismo". E as perspectivas neoliberais "mantêm esta ênfase economicista: a educação serve para o desempenho no mercado e sua expansão potencializa o crescimento econômico" (Gentili, 1995, p. 193).

O sociólogo George Ritzer introduziu o conceito de "McDonaldização" em seu livro *The McDonaldization of society* (1993) — A McDonaldização da sociedade. Segundo o autor, uma sociedade caracterizada pela racionalidade é aquela que enfatiza "a eficiência, a previsibilidade, a calculabilidade, a substituição da tecnologia humana pela não humana e o controle sobre a incerteza" (Ritzer, 1993, p. 372, tradução da autora deste texto). Ou seja, embora o restaurante *fast-food* em questão não seja a expressão máxima da racionalidade, a "McDonaldização da escola" é uma analogia utilizada para estratégias, processos e sistemas altamente centralizados, rápidos e técnicos na educação.

O processo de McDonaldização da escola tem alicerce nas políticas neoliberais, e tem impactado diretamente o currículo escolar e a formação de professores. Ou seja, as políticas de formação docente vão se reestruturando como pacotes educacionais fechados, com treinamentos aligeirados. Segundo Gentili, a Pedagogia *fast-food* seria também um sintoma dessa nova forma de olhar e gerenciar a escola.

Na prática, temos alguns exemplos, nas reformas educacionais recentes, que evidenciam a influência dos organismos internacionais na educação brasileira. A BNCC e a BNC-Formação (Brasil, 2019) fazem parte de uma série de metas educacionais que o Brasil deve atingir a partir da relação estabelecida entre o Plano Nacional de Educação (PNE) (Brasil, 2014) e a Agenda 2030.

Além disso, a noção de Pedagogia *fast-food* e Pedagogia das competências encontra-se tanto na BNCC quanto na BNC-Formação, em que temos uma proposta de currículo técnico, com aplicação de competências e habilidades para o mercado de trabalho; e com uma proposta de formação docente ancorada na racionalidade técnica, no "saber fazer".

A BNC-Formação segue a mesma lógica da BNCC, com uma formulação aligeirada e pouco aprofundada sobre o que é formação, currículo; e das consequências em curto, médio e longo prazo de descritores de competências e habilidades meramente elencandos para o processo de aprendizagem escolar, ocultando, reduzindo e silenciando uma concepção dinâmica e democrática de currículo com conhecimentos científicos, tecnológicos, artísticos, estéticos e culturais produzidos socialmente. Em outras palavras, reduz a formação de professores a uma cartilha a ser seguida como um receituário. A tendência ideológica concebida pelo relacionamento híbrido entre os setores público e privado tem redesenhado e influenciado as políticas curriculares no Brasil com a BNCC. Ancorados no discurso da promoção da qualidade educacional, grupos privados — por meio de "parcerias" — têm adentrado cada vez mais e de forma legal a escola e os espaços públicos.

A mitificação política acerca da eficiência do setor privado e suas inovadoras formas de gestão de resultados, *rankings* e métricas, com metas a serem alcançadas, faz com que interesses articulados por grupos privados percebam e elejam a educação nacional como um produto, uma mercadoria de venda-troca, que atende a perspectivas de crescimento do capital.

Nesse cenário de gestão e política de resultados, as avaliações externas têm se tornado protogonistas, influenciando cada vez mais o trabalho e o papel do professor em sala de aula. De acordo com Ravitch (2011, p. 252):

> As nossas escolas não melhorarão se nós valorizarmos apenas o que os testes mensuram. Os testes que nós temos hoje proporcionam informações úteis sobre o progresso dos estudantes em leitura e em matemática, mas eles não podem mensurar o que mais importa na educação. Nem tudo o que importa pode ser quantificado.

A ênfase dada pela avaliação em larga escala aos componentes curriculares de Língua Portuguesa e Matemática, juntamente às cobranças dos índices educacionais, tem induzido a um potencial estreitamento curricular, especialmente quando as ações de ensinar e aprender para o teste tornam-se a principal atividade do fazer docente.

Além disso, a corrida das escolas pelo melhor Índice de Desenvolvimento da Educação Básica (Ideb), pelo melhor posicionamento no *ranking* das escolas avaliadas e, em alguns estados e municípios, pelas premiações/bonificações para as escolas mais bem classificadas gera um clima de competição entre instituições de ensino, alunos e professores. Nesse olhar competitivo e muito próximo das leis do mercado, o discurso de autonomia sai de cena e ganha espaço o discurso da culpabilização docente, de escolas e equipe gestora pelo sucesso ou pelo fracasso do processo educativo.

As avaliações externas e seus efeitos colaterais: dilemas entre culpa e mérito

De acordo com Afonso (2009), um modelo completo de *accountability*[1] encontra-se representado a partir de três pilares constituintes: avaliação, prestação de contas e responsabilização. Aqui, as avaliações externas tornam-se personagens principais de um movimento que, em larga escala, consegue "medir" erros e acertos de alunos por meio de provas padronizadas. Na sequência da realização das provas externas, esses resultados são aferidos e transformados em números classificatórios — os chamados "*rankings* de qualidade".

Na prestação de contas, observa-se uma listagem classificatória, uma espécie de movimento *top-down* (de cima para baixo) em que, no topo encontram-se as escolas consideradas "melhores" e abaixo as classificadas como "piores". Há, no entanto, um grande vácuo entre a realização das provas e os resultados, que não são levados em consideração na hora de construir o *ranking*. Nem todas as escolas estão no mesmo contexto físico — de infraestrutura e materiais, equipamentos, salas e laboratórios. Há escolas com inúmeras deficiências — da alimentação aos recursos humanos (professores, funcionários, equipes multiprofissionais). Questões territoriais também são desconsideradas — uma escola central, urbana, rural ou periférica tem suas especificidades silenciadas pelos *rankings*.

Quanto ao pilar da responsabilização (consequências), o Brasil está no processo de construção, tanto no que tange ao conceito como às consequências da aplicação de um sistema completo de *accountability*. A responsabilização observada transita entre sanções simbólicas (por exemplo, a divulgação de notas e *rankings* de escolas) e sanções materiais, com o pagamento de prêmios/bonificações para escolas e professores com melhores notas.

1. Políticas de *accountability* educacional estão atreladas a políticas de avaliação operando processos de responsabilização de escolas, professores e gestores pelos resultados de estudantes nas avaliações externas aplicadas em larga escala.

A ideologia neoliberal, capitalista e de mercado insere na sala de aula a noção de meritocracia, de ganhadores e perdedores, melhores e piores, sucesso e insucesso escolar. As avaliações externas e em larga escala — direcionadas aos interesses do mercado — justificam-se na necessidade de aferir, por meio de índices, a qualidade da educação. Qualidade essa considerada "às avessas". Isso porque a qualidade está muito além de números e medidas, está no contexto socioeconômico, nas reais necessidades e atribuições das escolas, que são únicas de cada contexto e de cada instituição escolar.

Nas linhas e entrelinhas do discurso neoliberal para a educação, encontramos facilmente palavras como: "Privatizações, performatividade, competitividade, produtividade, eficiência, eficácia, *rankings*, *voucher*, *homeschooling*, *charter school*, sucesso e fracasso escolar, responsabilização, qualidade total, modernização da escola" (Amestoy; Tolentino-Neto, 2020 p. 261). Mas, afinal, qual(is) o(s) propósito(s) de uma educação de qualidade em uma era de políticas neoliberais? O neoliberalismo encara a sociedade a partir de uma concepção de livre mercado e concorrência. Ao olhar para a educação, essa concepção não é diferente. Há o avanço do ideário privatizacional e do controle da atividade educacional pelo campo empresarial.

Partindo desses pressupostos, a baliza entre eficiência e qualidade seria de fato atingida quando "a atividade educacional estivesse sob o controle empresarial concorrendo em um livre mercado, sem intervenção do Estado" (Freitas, 2018, p. 31). Esse modelo diagramado para áreas da sociedade, entre elas, a educação, tem como liderança a chamada "nova direita" neoliberal. No arquétipo educacional aqui desenhado, temos pais portadores de "*vouchers*", administrados pelo Estado, com poder de decisão sobre qual escola seus filhos irão frequentar. Nesse caso específico, os pais adentram o cenário de mercado sendo considerados clientes de uma prestação de serviço, abdicando do uso do serviço de educação pública.

Há ainda como acréscimo a esse modelo pensado para a educação a possibilidade de os pais adicionarem um valor monetário a esse *voucher* distribuído pelo Estado, se assim tiverem condições e julgarem uma escola mais cara como de mais qualidade. Aqui, de acordo com Freitas (2018), a qualidade da escola transforma-se em uma mercadoria que se coloca disponível em vários níveis, e pode ser comparada e comprada pelos pais. Ao Estado, destina-se a obrigatoriedade de fornecer o mínimo que estaria no conjunto desse próprio *voucher*.

De modo análogo (em alguns e determinados momentos) ao funcionamento de uma empresa, determinados requisitos presentes no setor privado passam a fazer parte do serviço público escolar. Ainda nesse contexto, há a organização e a determinação de metas educacionais a serem atingidas, tanto em níveis nacionais quanto internacionais. Cria-se aqui um verdadeiro arsenal empresarial travestido por números, índices calculados a partir da captação de informações/dados de todas as escolas — censo escolar.

Em alguns estados e municípios do país, escolas que não conseguem atingir a meta estabelecida passam por algumas intervenções, por exemplo: o acompanhamento por outra escola (mais bem classificada) ou recebimento de incentivos pela iniciativa privada, por meio de prestação de serviços e/ou consultorias. Caso o resultado dessas escolas na próxima avaliação não seja revertido, o destino torna-se a terceirização, o fechamento das portas ou a combinação entre terceirizar e distribuir *vouchers*. Agregada a essa nova gestão pública, tem-se outra política entrelaçada às avaliações externas — a chamada *accountability*.

No Brasil, a política de *accountability* torna-se mais evidente a partir de três acontecimentos: a criação da Prova Brasil, em 2005; a adesão do Estado ao Compromisso Todos pela Educação; e a criação do Ideb, em 2007. Além disso, a partir de 1995, a adoção da Teoria de Resposta ao Item (TRI) — ao permitir que os resultados das avaliações externas pudessem ser comparados — aligeirou a entrada da lógica de mercado nas escolas, na medida em que os professores tornam-se alvos e são culpabilizados pelo desempenho das escolas nas avaliações.

Assim, a divulgação pública da nota da escola — nos *rankings* educacionais — propaga a noção de que alguns professores trabalham e se esforçam mais do que outros, razão pela qual alcançam as melhores notas/resultados. Porém, esse entendimento de meritocracia não se sustenta quando, por exemplo, um mesmo professor ministra aulas em mais de uma escola e apenas uma delas recebe reconhecimento/bonificação pelos resultados alcançados, criando um clima de desconfiança e desconforto em relação ao trabalho docente (Amestoy, 2019).

Para que atinjamos uma educação de qualidade e equidade, há um longo caminho a percorrer. Muitos são os desafios territoriais, administrativos e financeiros. Porém, mesmo havendo normativas em torno da qualidade educacional brasileira, sua concepção e perspectivas tornam-se tensionadas por grupos e seus interesses — a exemplo do contexto de influências travado no processo de construção da BNCC —, que podem, a partir de critérios estreitos e padronizados de qualidade, direcionar rumos e dimensões específicas para a educação.

Por tudo isso, há grandes contradições e inconsistências na mercantilização do ensino, na privatização das escolas e no entendimento introduzido nas instituições escolares: a escola como uma empresa, seus estudantes e pais como clientes, organizados por meio de uma gestão empresarial que incentiva a competição, a concorrência e o individualismo.

A escola ainda é a única instituição destinada a acolher e receber de forma igualitária e democrática todos os cidadãos brasileiros. Como um local predestinado para que aconteça uma qualidade voltada para ideais formadores de cidadãos justos e preocupados com o coletivo, não pode ter como pano de fundo a competição.

Referências

ABRUCIO, F. L. O impacto do modelo gerencial na administração pública: um breve estudo sobre a experiência internacional recente. *Cadernos Enap*, Brasília: Fundação Enap, n. 10, 1997.

AFONSO, A. J. *Avaliação educacional*: regulação e emancipação. São Paulo: Cortez, 2005.

AFONSO, A. J. Políticas avaliativas e accountability em educação: subsídios para um debate ibero-americano. *Sísifo*, Lisboa, n. 9, p. 57-69, 2009.

AMESTOY, M. B. *A política de accountability na educação básica e os efeitos da avaliação externa no ensino e na gestão escolar*: um estudo no município de Santa Maria/RS. 2019. 265 f. Tese (Doutorado em Educação em Ciências) — Universidade Federal de Santa Maria, Santa Maria, 2019.

AMESTOY, M. B.; TOLENTINO-NETO, L. C. B. Educação em tempos neoliberais: a(des)conexão entre qualidade e testagem. *In*: RIGUE, Fernanda Monteiro; AMESTOY, Micheli Bordoli; MALAVOLTA, Ana Paula Parise (org.). *O que pode a educação no Brasil hoje?* Veranópolis: Diálogo Freiriano, 2020. v. 2, p. 261-269.

BALL, S. Profissionalismo, gerencialismo e performatividade. *Cadernos de Pesquisa*, São Paulo, v. 35, n. 126, p. 539-564, set/dez. 2005.

BALL, S. Performatividades e fabricações na economia educacional: rumo a uma sociedade performativa. *Educação & Realidade*, Porto Alegre, v. 35, n. 2, p. 37-55, maio/ago. 2010.

BERNSTEIN, B. *Pedagogy symbolic control and identity*. London: Taylor and Francis, 1996.

BRASIL. *Constituição Federal de 1988*. Promulgada em 5 de outubro de 1988. Brasília: [*s. n.*], 1988.

BRASIL. *Lei n. 13.005, de 25 de junho de 2014*. Aprova o Plano Nacional de Educação (PNE) e dá outras providências. Brasília, 2014. Disponível em: http://www.planalto.gov.br/CCIVIL_03/_Ato2011-2014/2014/Lei/L13005.htm. Acesso em: 19 ago. 2022.

BRASIL. Ministério da Educação. *Base Nacional Comum Curricular*: educação é a base. Brasília: [*s. n.*], 2018.

BRASIL. *Resolução CNE/CP n. 2, de 20 de dezembro de 2019*. Define as Diretrizes Curriculares Nacionais para a Formação Inicial de Professores para a Educação Básica e institui a Base Nacional Comum para a Formação Inicial de Professores da Educação Básica (BNC-Formação). Brasília, 2019. Disponível em: http://portal.mec.gov.br/index.php?option=com_docman&view=download&alias=-135951-rcp002-19&category_slug=dezembro-2019-pdf&Itemid=30192. Acesso em: 18 ago. 2022.

FREITAS, L. C. *A reforma empresarial da educação*: nova direita, velhas ideias. São Paulo: Expressão Popular, 2018.

GENTILI, P. O que há de novo nas novas formas de exclusão educacional. *Educação e Realidade*, Porto Alegre, v. 20, n. 1, p. 191-202, 1995.

HYPOLITO, Á. M. Reorganização gerencialista da escola e trabalho docente. *Educação*: teoria e prática, Rio Claro, v. 21, n. 38, out./dez. 2011.

LOPES, A. C.; LÓPEZ, S. B. A Performatividade nas políticas de currículo: o caso do Enem. *Educação em Revista*, Belo Horizonte, v. 26, n. 1, p. 89-110, abr. 2010.

MATTOS, K. R. C.; AMESTOY, M. B.; TOLENTINO-NETO, L. C. B. Currículo e políticas educacionais: a Base Nacional Comum Curricular e o processo de homogeneização curricular. *Research, Society and Development*, v. 10, p. 1-11, 2021.

ORGANIZAÇÃO DAS NAÇÕES UNIDAS (ONU). *Transformando nosso mundo*: a agenda 2030 para o desenvolvimento sustentável. [*S. l.*: *s. n.*], 2016. Disponível em: http://www.itamaraty.gov.br/images/ed_desenvsust/Agenda2030-completo-site.pdf. Acesso em: 4 fev. 2021.

RAVITCH, D. *Vida e morte do grande sistema escolar americano.* Porto Alegre: Sulina, 2011.

RITZER, G. *The McDonaldization of society*: an investigation into the changing character of comtemporary social life. California: Pine Forge Press, 1993.

SHIROMA, E. O.; ZANARDINI, I. M. S. Estado e gerenciamento da educação para o desenvolvimento sustentável: recomendações do capital expressas na Agenda 2030. *Revista On-line de Política e Gestão Educacional*, Araraquara, v. 24, n. esp. 1, p. 693-714, ago. 2020. Disponível em: https://doi.org/10.22633/rpge.v24iesp1.13785. Acesso em: 20 abr. 2022.

CAPÍTULO 9

As avaliações externas e em larga escala: desdobramentos e consequências não intencionais sobre o Ensino de Ciências

Paulo Sergio Garcia

Introdução

Neste capítulo, reunimos, analisamos e sistematizamos alguns desdobramentos das avaliações externas e em larga escala (ALE), que geraram consequências não intencionais para o Ensino de Ciências, com base em dados empíricos produzidos em cinco pesquisas, em uma sub-região da região metropolitana do estado de São Paulo.

As ALE, impulsionadas no Brasil pelas reformas ocorridas na década de 1990, sobretudo pela criação do Sistema de Avaliação da Educação Básica (Saeb), trouxeram novas ideias e premissas para o campo educacional. Elas ganharam centralidade no debate educacional, juntamente a alguns indicadores que também foram criados (Índice de Desenvolvimento da Educação Básica — Ideb, entre outros).

De acordo com Perboni (2016), as ALE já estavam presentes em 20 estados e no Distrito Federal. Segundo Bauer, Alavarse e Oliveira (2015), em um estudo com 4.309 cidades, elas já estavam instauradas em 1.573 municípios, que tinham os próprios sistemas de avaliação, e perto de mil cidades estavam ainda interessadas em construí-los.

Existe extensa produção sobre as ALE, sobretudo, aquelas pesquisas que focam o uso dos resultados em sistemas e redes de ensino ou sobre escolas ou uma disciplina específica (Bauer, 2012; Martins; Sousa, 2012; Bauer; Reis, 2014). Todavia, tem sido relativamente parco o número de estudos a partir da utilização de dados empíricos sobre as avaliações, a fim de analisar algum tipo de tendência, questões do funcionamento ou suas consequências, entre outros (Lopes, 2007; Werle, 2012; Bauer; Alavarse; Oliveira, 2015; Perboni, 2016).

A presença significativa das ALE veio acompanhada de debates acalorados daqueles que, como indicou Alavarse (2013, p. 139), "se entusiasmam com elas; por exemplo, encantados com a suposta precisão que seus números — os resultados — teriam e a capacidade de revelar a 'verdade' de suas redes e escolas"; e de outros que as recusam, "como se elas fossem o sinônimo de um 'mal', como se fossem intrinsecamente desprovidas de qualquer significado ou importância, como se elas não tivessem nenhuma validade e fossem desprovidas de qualquer consistência" (Alavarse, 2013, p. 140). Para o autor, trata-se de oposições equivocadas, pois "alguns querem fazer política educacional como se estivessem completamente autorizados por tais procedimentos avaliativos; outros que confundem completamente a política educacional com tais procedimentos" (Alavarse, 2013, p. 140).

Para uma clareza maior dessas oposições equivocadas, colocamos em saliência que:

> Os defensores incondicionais das avaliações externas, com entusiasmo exagerado supondo que sejam instrumentos de garantia absoluta da

> educação de qualidade, chegam a tirar conclusões como se elas permitissem revelar quem são os "melhores" e os "piores" profissionais, daí decorrendo, por exemplo, o pagamento de bônus. Essa posição, ademais de dividir os trabalhadores da educação e os enfraquecer no movimento por suas reivindicações históricas, não tem lastro estatístico, pois não temos, nos resultados das avaliações externas, a segurança estatística para discriminar "melhores" e "piores", haja vista que o erro de medida que acompanha seus resultados. Em outro extremo, encontramos considerações de que essas avaliações são o que há de pior no mundo, que seus instrumentos não medem nada ou que os professores seriam os únicos capazes de avaliar a aprendizagem de seus alunos; para esses, portanto, é preciso recusá-las (Alavarse, 2013, p. 140).

Nesse contexto de oposições, destacamos alguns dos potenciais das ALE para os sistemas de ensino, as escolas, os gestores, os professores e os alunos, e alguns de seus desdobramentos, sobretudo pela busca de melhores resultados.

No primeiro caso, as ALE podem, entre outras questões, fortalecer e impulsionar o trabalho pedagógico docente. Como sinalizaram Bauer, Alavarse e Oliveira (2015), elas auxiliam na definição de referências e de modelos para a aquisição de conhecimento nas escolas, e na criação de informações para professores e instituições de ensino. Podem ainda produzir dados sobre a qualidade do ensino.

Ainda em relação ao potencial das ALE, equipe gestora e professores podem se apropriar de elementos técnicos relacionados às matrizes de referências, que norteiam a elaboração dos testes e definem aquilo que se espera que os estudantes aprendam em cada etapa da educação básica. Esses profissionais podem também refletir sobre as escalas de desempenho, as dificuldades dos itens e, acima de tudo, sobre a interpretação pedagógica advinda do resultado do aluno em cada nível de proficiência, ou seja, aquilo que ele é capaz de realizar em leitura ou resolução de problemas. Esses, entre outros, são elementos incontornáveis para compreendermos as avaliações externas e em larga escala e suas possibilidades, e para realizar a distinção entre as ALE de seus desdobramentos, por exemplo, o uso de seus resultados para a criação de *rankings*, para punições ou para recompensas (bônus), a preparação dos alunos para as provas, entre outras questões.

No segundo caso, em relação aos desdobramentos das ALE, pesquisadores têm indicado — nem sempre se referenciando aos desdobramentos, mas sim às ALE de forma geral — que elas pressionam os professores e os alunos na busca de melhores resultados (Madaus; Russell; Higgins, 2009; Amestoy; Tolentino-Neto, 2020); geram responsabilização sobre os docentes, induzindo punições e injustiças (Freitas, 2013); estimulam a criação de "macetes" para potencializar o desempenho dos alunos (Santos, 2013); incitam a busca por melhores resultados, não pela qualidade e equidade educativa (Iaies, 2003); incentivam as escolas e os professores a treinar seus alunos para os testes (Amestoy; Tolentino-Neto, 2020; Garcia *et al.*, 2018a); impulsionam os gestores na realização de maiores investimentos nos melhores alunos para atingir melhores resultados (Oliveira, 2013) e, simultaneamente, na busca de outras formas de gerenciamento dos tempos e dos conteúdos com foco nos resultados; geram um grande mercado de consumo da educação (Hagopian, 2014); estimulam a competição entre as escolas, redes e sistemas de ensino (Amestoy; Tolentino-Neto, 2020). Outros pesquisadores questionam ainda os efeitos das ALE sobre a política e a prática escolar (Stecher, 2002) e sua validade para medir a aprendizagem dos alunos (Casassus, 2013).

É necessário, por fim, pôr em saliência que as ALE incidem sobre as habilidades de leitura, interpretação e resolução de problemas. Embora sejam conhecimentos para a aquisição de saberes das demais disciplinas, como História, entre outras, portanto integrantes da ideia de qualidade educacional (Alavarse; Chappaz; Freitas, 2021), estão mais centralizados nos componentes curriculares de Português e Matemática. Essa centralização tem colocado mais foco, recursos materiais e intelectuais e de tempo sobre essas disciplinas, secundarizando o Ensino de Ciências (Garcia *et al.*, 2018a; 2018b).

Esse desdobramento das ALE — maior foco, recursos e tempo centralizados nos componentes curriculares de Português e Matemática — é um dos elementos que têm gerado consequências não intencionais para o Ensino de Ciências (Garcia *et al.*, 2018a; 2018b). Tal situação pode dificultar que os jovens desenvolvam habilidades de raciocínio científico, as quais, como indicaram alguns pesquisadores (Blank, 2013; Fitzgerald; Dawson; Hackling, 2013), são imprescindíveis para ampliar seus conhecimentos e interesses pela ciência.

A importância do Ensino de Ciências

A sociedade encontra-se em um período de mudanças apressadas, em grande parte, impulsionadas pela Ciência e pela Tecnologia, um contexto em que os seres humanos sentem mais as consequências desses avanços do que os compreendem. A Ciência ainda busca soluções adequadas para lidar com os problemas socioambientais, por exemplo, a crise energética e a cura de muitas doenças (Magalhães Júnior; Lourencini Júnior; Corazza, 2014).

A Ciência e a Tecnologia incidem no campo da política, da economia, da saúde, da educação, da cultura e nos modos de vida das pessoas. Nesse sentido, é imprescindível a incorporação de ambas na cultura geral da população com o intuito de oportunizar a formação para a cidadania, aspecto que pode auxiliar na tomada de decisões, de maneira crítica e criativa, contribuindo para o desenvolvimento de uma sociedade equitativa, inclusiva e sustentável.

De fato, Broks (2003, p. 75-76) sinalizou que "a ciência passou a adquirir um prestígio sem precedentes na história da humanidade" e seu "*status* nunca foi tão privilegiado ou aberto a desafios". Bizzo (2012) indicou que uma nação em que a maioria de seus cidadãos não entende os modos de produzir Ciência ficará limitada em seu desenvolvimento econômico, social, político e ambiental. Ao mesmo tempo, destaca-se que a Ciência é fundamental e estratégica para a formação cidadã da população.

Nesse contexto de relevância da Ciência e de mudanças sociais em grande velocidade, o ensino da Ciência assume um papel fundamental e distinto no cenário escolar, à medida que, a partir dele, os alunos são capazes de entender os processos advindos da Ciência.

O ensino da Ciência tem a finalidade, entre outras questões, de induzir os jovens ao questionamento sobre os fenômenos da natureza e a ação do homem na sociedade e no ambiente. Como afirmaram Chassot e Oliveira (2001) e Allchin (2013), ele promove a compreensão sobre as relações éticas envolvidas nas questões entre Ciência, Sociedade e Tecnologia; o entendimento sobre a crise ambiental e o consumismo; a participação dos jovens nas discussões sobre os processos da genética; a aprendizagem de conceitos, fenômenos e modos de pensar científicos.

Os Parâmetros Curriculares Nacionais de Ciências sinalizaram que:

> [...] o ensino de ciências naturais é um espaço privilegiado em que as diferentes explicações sobre o mundo, os fenômenos da natureza e as transformações produzidas pelo homem podem ser expostos e comparados. Os alunos podem compreender a natureza como um todo dinâmico, sendo o ser humano parte integrante e agente de transformações do mundo em que vive. [...] na construção de sua cidadania, autonomia, pensamento e ação (Brasil, 1997, p. 22).

Apesar de discussões acaloradas em relação à Base Nacional Comum Curricular (BNCC), com argumentos a favor e contra, sobretudo quanto à padronização dos conhecimentos e seu caráter mercantilista, o documento traz a importância do ensino de Ciências, indicando a necessidade de se promover nos jovens o contato com práticas, procedimentos e processos de investigação científica, de forma a levá-los à compreensão de fenômenos naturais, entre outras questões (Brasil, 2017).

A despeito de sua relevância para a sociedade, o Ensino de Ciências no Brasil tem enfrentado inúmeros desafios. Em geral, ele tem sido considerado "pobre" em relação aos recursos e desestimulante quanto às aulas, uma vez que a curiosidade, a experimentação e a criatividade não têm sido valorizadas (Moreira, 2008). Há também a questão de que ele está distante da realidade dos alunos (Aikenhead, 2006), assentado na memorização, em ensino frontal e no uso do livro didático.

Todas essas questões, entre outras, como indicaram Aikenhead (2005), Bernado *et al.* (2008) e Gouw e Bizzo (2016), têm causado o desinteresse dos jovens tanto pelo Ensino de Ciências como pela busca de carreiras científicas, o que pode afetar o desenvolvimento econômico do Brasil, assim como a cidadania de sua população.

Esse quadro de instabilidade vem sendo ainda mais acentuado a partir de alguns desdobramentos das ALE. O foco mais centralizado nas disciplinas de Português e Matemática, entre outras questões, acabou gerando consequências não intencionais para o Ensino de Ciências, por exemplo, sua desvalorização (Garcia *et al.*, 2018a; 2018b).

A região do Grande ABC Paulista

O ABC Paulista já foi reconhecido por suas instituições consolidadas, como o *Diário do Grande ABC* e a Companhia Telefônica da Borda do Campo, entre outras, mas, sobretudo, por já ter sido considerado o berço do sindicato dos metalúrgicos no Brasil.

Essa sub-região metropolitana abrange sete municípios: Santo André, São Bernardo do Campo, São Caetano do Sul, Diadema, Mauá, Ribeirão Pires e Rio Grande da Serra. Sua área atinge 635 km^2 e sua população tem, em média, 2,5 milhões de habitantes (Observatório da Educação do Grande ABC, 2015).

No ano de 2015, perto de 20% da população tinha 15 anos ou menos. Nesse mesmo contexto, quase 15% apresentava 60 anos ou mais.

São Caetano abrigava o maior número de idosos, aproximadamente 20%. Rio Grande da Serra tinha a maior quantidade de jovens, em torno de 23% (Observatório da Educação do Grande ABC, 2015).

A Tabela 1 sintetiza algumas características da região do Grande ABC Paulista:

Tabela 1 — Características demográficas das cidades.

	Santo André	São Bernardo do Campo	São Caetano do Sul	Diadema	Mauá	Ribeirão Pires	Rio Grande da Serra
População	704.942	805,895	156.362	406.718	444.136	118.871	47.142
Área territorial (km²)	175,781	409,478	15,33	30,796	61,866	99,119	36,341
PIB (milhões)	17.664.718	36.337.338	11.762.744	11.786.624	7.633.782	1.978.256	529.413
Posição do PIB (2016)	33º	14º	48º	47º	79º	287º	816º
IDH-M 2000-2010	0,815	0,805	0,862	0,757	0,766	0,784	0,749
Renda familiar	1.499	1.394	2.349	917	815	974	747
Anos de estudo	10	10	11	8	9	9	9
Acesso à internet	72,7	81,7	73,4	57,2	65,2	62,6	52,6

Fonte: IBGE — 2011 e USCS — 2014 (elaborada pelo autor).

A Tabela 1 mostra que a cidade de São Caetano do Sul foi aquela que, em 2000 e 2010, atingiu o maior Índice de Desenvolvimento Humano Municipal (IDH-M). Trata-se do município que exibe a média mais alta de estudos, 11 anos, da região do grande ABC.

O grande ABC Paulista compreendia, em 2018, à época da sistematização deste presente estudo, um total de 515 escolas públicas de Ensino Fundamental; 140.402 matrículas de Ensino Fundamental, anos iniciais, e 108.682, de anos finais.

Quanto ao número de escolas e matrículas por segmento, a Tabela 2 mostra os resultados.

Tabela 2 — Dados das escolas e matrículas (escolas públicas) — 2018.

Cidades	Núm. de escolas	Matrículas em anos iniciais	Matrículas em anos finais
Santo André	133	30.791	23.650
São Bernardo do Campo	147	43.785	32.676
São Caetano do Sul	31	6.538	7.803
Diadema	77	26.622	19.588
Mauá	78	23.671	18.011
Ribeirão Pires	38	6.501	4.898
Rio Grande da Serra	11	2.494	2.056
Total	515	140.402	108.682

Fonte: Censo Escolar/Inep 2018 (elaborada pelo autor).

A maior concentração de matrículas, em escolas públicas de Ensino Fundamental da região do grande ABC Paulista, estava localizada na cidade de São Bernardo do Campo e, a menor, no município de Rio Grande da Serra.

Quanto ao Índice de Desenvolvimento da Educação Básica, nos anos de 2013, 2015 e 2017 dos municípios da região, as Tabelas 3 e 4 sintetizam os dados das escolas de Ensino Fundamental, anos iniciais e finais.

Tabela 3 — Ideb das escolas do município e do estado — quintos anos.

Ano	2013		2015		2017	
Esfera	Municipal	Estadual	Municipal	Estadual	Municipal	Estadual
Santo André	5,6	6,0	6,2	6,7	6,4	6,7
São Bernardo do Campo	6,0	-	6,8	-	6,9	-
São Caetano do Sul	6,6	-	7,2	-	7,5	-
Diadema	5,9	6,2	6,3	6,7	6,5	6,8
Mauá	4,3	6,0	5,2	6,5	5,6	6,7
Ribeirão Pires	6,1	6,2	6,3	6,7	7,0	7,0
Rio Grande da Serra	-	5,2	-	6,2	-	6,7

Fonte: Inep 2018 (elaborada pelo autor).

Apesar de o Ideb ser um indicador que apresenta vasta discussão, os resultados dos alunos das escolas de Ensino Fundamental, anos iniciais, dos municípios do grande ABC Paulista, têm apresentado um crescimento gradual e constante nas últimas três aferições, 2013, 2015 e 2017.

Tabela 4 — Ideb das escolas do município do estado — nonos anos.

Ano	2013		2015		2017	
Esfera	Municipal	Estadual	Municipal	Estadual	Municipal	Estadual
Santo André	-	4,2	-	4,5	-	4,9
São Bernardo do Campo	-	4,5	-	4,6	-	4,9
São Caetano do Sul	5,3	4,9	6,0	5,2	6,4	5,5
Diadema	-	4,5	-	5,2	-	5,5
Mauá	4,0	4,4	3,9	4,7	4,3	5,0
Ribeirão Pires	5,4	4,8	5,4	5,1	5,7	5,4
Rio Grande da Serra	-	4,2	-	4,6	-	5,0

Fonte: Inep 2018 (elaborada pelo autor).

Os resultados dos jovens estudantes das escolas de Ensino Fundamental, anos finais, dos municípios do grande ABC Paulista, têm apresentado um crescimento, em alguns casos, pequeno. Em algumas situações, tem havido estagnação dos dados nas últimas três aferições, 2013, 2015 e 2017 (Garcia *et al.*, 2018a).

Metodologia

Neste capítulo, reunimos, analisamos e sistematizamos alguns desdobramentos das avaliações externas e em larga escala que geraram consequências não intencionais para o Ensino de Ciências, com base em dados empíricos produzidos em cinco pesquisas, em uma sub-região da região metropolitana do estado de São Paulo.

Esses estudos foram selecionados e analisados por trazerem contribuições e evidências empíricas, dos últimos cinco anos, de alguns desdobramentos das ALE sobre o Ensino de Ciências e, ao mesmo tempo, possibilitarem a sistematização do debate, nesse caso, em uma das sub-regiões mais ricas do Brasil.

Trata-se de quatro estudos, artigos, e uma dissertação de mestrado, que foram identificados e analisados com base na pesquisa bibliográfica que, nesse contexto, se prestou a realizar uma sistematização de elementos empíricos sobre os desdobramentos das ALE e suas consequências não intencionais do Ensino de Ciências.

Os dados foram analisados por meio da análise de conteúdo (Bardin, 1977; Franco, 2008). O ponto de partida para qualquer análise de conteúdo é a mensagem (Franco, 2008), que pode ter caráter verbal, gestual, entre outros. Para a autora, ela traz consigo um significado e um sentido, que devem ser compreendidos.

Esse tipo de análise visa interpretar o conteúdo de um documento, por exemplo, a partir de normas sistemáticas, a fim de extrair significados, explícitos ou ocultos, temáticos ou lexicais (Bardin, 1977). Toda análise tem de ser realizada com a decomposição de seu conteúdo em partes para revelar as sutilezas contidas no texto.

Os estudos foram analisados a partir de seus contextos, socioeconômico e cultural, de seus objetivos, atrelados à pesquisa quantitativa e qualitativa, de suas metodologias e procedimentos técnicos (GIL, 2010), e de resultados e discussões.

Os achados das consequências das ALE sobre o Ensino de Ciências

Os dados empíricos identificados e analisados, a partir dos cinco estudos, sistematizam alguns desdobramentos das ALE sobre o Ensino de Ciências, em uma das regiões mais ricas do Brasil. Eles são apresentados, para facilitar a compreensão, em forma de primeiro estudo, segundo estudo e assim por diante.

O primeiro estudo

O primeiro estudo (Garcia *et al.*, 2016) tinha como objetivo conhecer as estratégias dos diretores escolares para lidar com as notas do Ideb em suas escolas e melhorá-las, considerando que uma "nota alta" nesse indicador pode significar maior prestígio e reconhecimento da Secretaria de Educação e da comunidade.

Nesse estudo, foram entrevistados profissionais que pertenciam à esfera municipal e administravam escolas de Ensino Fundamental, anos iniciais. Eram no total 30 diretores (nove homens e 21 mulheres) de escolas das cidades de Santo André, São Caetano do Sul, Diadema e Ribeirão Pires, sub-região do grande ABC Paulista. Nesse contexto, 70% eram mulheres, com média de, aproximadamente, 41 anos (DP = 9,23), todas formadas em Pedagogia e com carga horária de trabalho semanal de 40 horas.

Além das entrevistas realizadas, foram analisados alguns documentos (planos escolares e/ou projetos político-pedagógicos) das escolas. As instituições selecionadas para participar do estudo foram aquelas que apresentaram notas elevadas no Ideb (acima de 6,0) nos anos de 2011 e 2013.

O estudo revelou que, por volta de 80% dos diretores das escolas, desses quatro municípios, estavam se sentindo sob algum tipo de pressão para atingir ou melhorar as metas do Ideb. Essas pressões, às vezes, eram diretas e ocorriam em reuniões com os especialistas das Secretarias de Educação, outras vezes eram realizadas em forma de cobrança por melhores resultados e outras, ainda, aconteciam por meio de sinalizações pedagógicas (por exemplo: o rendimento do aluno é reflexo do trabalho da escola).

Entre as estratégias utilizadas pelos diretores, para lidar e melhorar o Ideb, estavam aquelas relacionadas à ampliação dos investimentos nas disciplinas de Português e Matemática (PM) — compra de jogos, *software*, livros, entre outros; ao aumento do número de encontros pedagógicos para analisar relatórios de desempenho dos estudantes em provas externas da cidade ou simulados realizados pela própria escola (esse trabalho era realizado em conjunto com os professores das disciplinas de Português e Matemática); ao aumento do tempo de reuniões pedagógicas para a discussão de conteúdos das matérias de PM; à criação de vários projetos em PM, 55 nos últimos cinco anos (redação, jogos matemáticos); à criação de simulados (duas ou três vezes ao ano) com o objetivo de preparar os alunos para as ALE (Prova Brasil); à participação em Olimpíadas de Matemática (Olimpíada Brasileira de Matemática — OBM) e de redação (desafio de redação do *Diário do Grande ABC*), com o objetivo de melhorar o nível dos alunos nesses temas; à criação de reforço escolar nas disciplinas de PM; ao "posicionamento" dos melhores professores de PM para lecionar nos quintos anos e, dessa forma, supostamente garantir melhores resultados, algo que, para alguns profissionais, funcionava como prêmio e, para outros, como punição.

Por fim, entre as estratégias, havia aquelas reveladas por um número pequeno de diretores (três). Elas estavam associadas ao impedimento dos alunos que apresentavam dificuldades de aprendizagem (incluindo alunos do público-alvo de inclusão) na realização das provas. Uma forma disfarçada de "trapaça" para a obtenção de melhores resultados.

Nesse contexto, não existiam investimentos financeiros, simulados ou tempos para encontros pedagógicos, ou discussões sobre dados e conteúdos, reservados para o Ensino de Ciências. Um cenário em que somente quatro projetos tinham sido criados em Ciências, no mesmo período (cinco anos), e não havia reforço escolar nesse componente curricular.

Uma das conclusões encontradas nesse estudo atrelou-se à questão de que os diretores, dessas escolas analisadas, estavam criando maiores e melhores condições e estratégias para melhorar as notas do Ideb e, nesse contexto, agindo com negligência e descaso em relação ao Ensino de Ciências.

O segundo estudo

O segundo estudo (Garcia *et al.*, 2018a) revelou as concepções de um grupo de estudantes de escolas de Ensino Fundamental, anos iniciais, em relação às disciplinas mais relevantes no contexto escolar. A pesquisa, realizada por um conjunto de pesquisadores, utilizou entrevistas, grupo focal, com alunos (N = 255) dos quintos anos de 17 escolas de cinco cidades do Grande ABC Paulista (Santo André, São Bernardo do Campo, São Caetano do Sul, Diadema e Ribeirão Pires).

Os resultados mostraram que os jovens acreditavam que os componentes curriculares mais importantes eram os de Português e Matemática (PM). Um contexto em que o Ensino de Ciências era pouco considerado. Os pesquisadores demonstraram que esse processo de maior valorização de PM ocorria a partir da influência dos professores, das escolas e do sistema de ensino.

No primeiro caso, em relação aos professores (generalistas), foi constatado que esses profissionais solicitavam maior empenho e tempo de estudo dos jovens para as disciplinas de Português e Matemática. Tal fato se atrelava à questão de prepará-los para a realização dos simulados propostos pela escola, para a prova local, municipal, e para a Prova Brasil (ou Saresp — Sistema de Avaliação do Rendimento Escolar do Estado de São Paulo). Um processo que, em alguns poucos casos, os docentes atribuíam notas aos alunos para que eles realizassem as provas de forma comprometida e com seriedade.

No segundo caso, em relação à escola, os pesquisadores observaram que eram utilizadas múltiplas estratégias com o intuito de os alunos obterem melhores resultados nas ALE. Era realizado algum tipo de prova em PM, duas ou três vezes ao ano, em forma de simulado semelhante à Prova Brasil; as escolas dispunham de projetos de reforço escolar no contraturno nas matérias de PM; alguns diretores tinham estratégias para que os jovens com baixo rendimento intelectual não realizassem os testes. Nesse caso, entre outras coisas, os estudantes ficavam na biblioteca da escola no dia da prova.

No último caso, em relação às Secretarias de Educação e suas políticas educacionais, algumas provas (duas vezes ao ano) eram realizadas para monitorização das habilidades dos alunos em Português e Matemática. Em geral, os dados desses testes ficavam, inicialmente, sob a égide dos especialistas da Secretaria que realizavam análises mais detalhadas. Depois, eles eram enviados para os diretores e/ou coordenadores das escolas, para interpretação e criação de ações pedagógicas, e, por fim, para os professores e para os jovens para que eles discutissem os resultados.

O estudo indicou, a partir dos dados encontrados, que a disciplina de Ciências era "desvalorizada" pelos jovens estudantes, considerada secundária e menos importante no cenário escolar. Um contexto influenciado pelas ALE, cujo foco é centralizado nas disciplinas de Português e Matemática.

Tal situação pode, advertiram os pesquisadores, levar os alunos a encararem o Ensino de Ciências como algo desnecessário, acarretando possíveis efeitos na compreensão do mundo e suas transformações, obstaculizando também, entre outras questões, o desenvolvimento do raciocínio científico, a interpretação de fenômenos da natureza e o interesse pelas carreiras científicas.

O terceiro estudo

O terceiro estudo (Garcia; Bizzo, Rosa, 2019) foi realizado com 77 professores de Ciências que atuavam nos anos finais do Ensino Fundamental, nas sete cidades da sub-região do Grande ABC. Nele, se buscou investigar o desenvolvimento profissional desses trabalhadores, considerando as ALE.

Na presente pesquisa, foram coletados dados sobre o perfil dos professores (sexo, idade, escolaridade, experiência no ensino, entre outros) e a opinião deles sobre seu desenvolvimento profissional após a implementação das ALE que, como um de seus desdobramentos, tem centralizado maior foco em Português e Matemática.

Esse desdobramento das ALE, cujo foco ficou centralizado nas disciplinas de Português e Matemática, tem criado um contexto de inequidade de formação e de possibilidades profissionais nos municípios e nas próprias escolas, o que é ainda mais preocupante. Tal situação tem, por um lado, desalinhado ainda mais a formação dos docentes e, por outro, limitado o desenvolvimento profissional dos professores de Ciências. O estudo revelou que a formação é muito mais recorrente nos componentes curriculares de Português e Matemática, afetando o desenvolvimento profissional dos profissionais de Ciências.

A busca pelos resultados nas ALE tem induzido as Secretarias de Educação e as escolas a oferecerem maiores tempos, recursos e oportunidades para a formação de professores das áreas de PM, a partir, entre outras coisas: da compra de materiais, da criação de projetos e de investimentos em cursos para esses profissionais. Essa situação tem causado um desalinhamento na formação docente.

Além de todo o exposto, os autores revelaram outras consequências. Por exemplo, o caso da desmotivação dos professores de Ciências que, nesse contexto, estão se atualizando menos quanto aos conhecimentos gerais e específicos.

O quarto estudo

O quarto estudo (Garcia *et al.*, 2018b), que parte de um projeto internacional de pesquisadores na Austrália, no Brasil e no Canadá, trouxe evidências de três realidades distintas para compreender alguns desdobramentos das ALE, que geram consequências não intencionais para o Ensino de Ciências.

Nos três países, os pesquisadores coletaram evidências a partir de estudos e pesquisas recentemente publicados. Da Austrália, foram utilizadas evidências do relatório Trends in International Mathematics and Science Study (TIMSS), de 2015, e do PISA (2006, 2009, 2012 e 2015). Do Canadá, região de Ontário, foram utilizados dados empíricos reunidos na pesquisa *Exploring the current state of grades 4 to 8 science education in Ontario* (Dow, 2015), um estudo com metodologia mista que entrevistou mais de 200 professores de Ciências da região; e o estudo de Fazio e Karrow (2013), *Science takes a back seat*, que, além de entrevistar docentes, analisou também dados do TIMSS de 2015 e do PISA (2006, 2009, 2012 e 2015) para consubstanciar as análises.

Do Brasil, foram usados dados empíricos produzidos na região do grande ABC (Observatório da Educação do Grande ABC, 2015; 2016). Como amostra nacional, foram analisados os dados do PISA, na área de Ciências, das últimas quatro edições (2006, 2009, 2012 e 2015).

O estudo revelou que a ênfase em conhecimentos das disciplinas de PM, um dos desdobramentos das ALE, tem afetado negativamente o rendimento dos jovens no Ensino de Ciências. No contexto australiano, houve estagnação no desempenho dos alunos em Ciências no TIMSS (quartos e oitavos anos), após 20 anos dessas políticas no país. Ao mesmo tempo, vem ocorrendo uma uniformização das práticas pedagógicas dos professores e, por fim, evidências mostraram que estavam em avanço os investimentos desses programas relacionados às áreas de Linguagem e Matemática.

No Canadá, ocorreu diminuição no desempenho dos estudantes no TIMSS, manifestado também no Índice de Referência Internacional dos últimos 15 anos. Situação que coincide com o progresso das políticas de avaliação e de responsabilização.

No Brasil, houve estagnação no desempenho dos alunos em Ciências no PISA nas últimas edições (nos outros dois países, queda), também coincidindo com a criação das ALE e do Ideb. Ao mesmo tempo, em uma das áreas mais ricas do país, a região do Grande ABC, a disciplina de Ciências tem sido secundarizada.

Os pesquisadores concluíram que ações com o foco nas disciplinas de Português e Matemática, como um dos desdobramentos das ALE, têm sido endereçadas para melhorar os resultados dos alunos nos testes nessas duas áreas. No entanto, uma das consequências não intencionais foi a queda ou a estagnação dos resultados dos jovens na área de Ciências.

Os pesquisadores sinalizaram que tal descaso com a Ciência, considerando sua relevância na formação do cidadão, pode levar à formação de jovens menos críticos, reflexivos, questionadores e transformadores.

O quinto estudo

Neste estudo, em uma dissertação de mestrado, Marconi (2018) analisou como ocorreram os processos de familiarização dos coordenadores pedagógicos (CP), dos anos iniciais do Ensino Fundamental da rede municipal de ensino da cidade de São Caetano do Sul (cidade de maior IDH-M do Brasil), em relação às avaliações externas e em larga escala.

A autora supracitada relevou os caminhos para familiarizar esses profissionais às avaliações, suas implicações e o foco nas disciplinas de PM. Paralelamente, ela investigou a percepção desses profissionais sobre esses processos no cotidiano escolar.

Por meio de um estudo de caso foi realizada, inicialmente, uma análise documental a partir de documentos que versavam sobre as políticas da Secretaria de Educação, entre os anos de 2013 e 2014. Eles se constituíam em pautas de reuniões de diretores e coordenadores pedagógicos, de encontros de formação da gestão escolar com a Fundação Lemann (na época era a entidade que fazia a formação dos gestores escolares), de reuniões com o Secretário de Educação, pais de alunos (Escola de Pais), entre outros.

Foram reunidas informações ainda do perfil dos coordenadores pedagógicos a partir de informações pessoais (sexo, idade, formação, experiências, formação acadêmica, profissionais, entre outras) e coletados dados com a utilização de entrevistas semiestruturadas, a fim de conhecer de forma detalhada as ações dos CP atuando nas escolas, sobretudo no que diz respeito à preparação para as ALE (realização de simulados internos com base na Prova Brasil, Avaliação Nacional de Alfabetização); à organização dos Horários de Trabalho Pedagógico Coletivos (HTPC); à organização de reuniões para a discussão dos resultados das avaliações; à organização de reuniões de pais; a algum tipo de monitoramento dos resultados dos alunos; a alguma forma de uso dos relatórios preparados pelo Centro de Formação de Profissionais da Educação na escola.

Os dados do estudo foram analisados a partir da teoria fundamentada. Entre as estratégias identificadas no processo de familiarização, estavam as atreladas a delegar a formação desses profissionais para aqueles que, supostamente, eram *experts* nesses processos (Fundações — Lemman); a utilizar um tipo de formação baseada nas narrativas e nas práticas atreladas às ALE (cursos sobre a Prova Brasil e o Ideb, por exemplo); a manter os CP trabalhando para fortalecer e preparar os jovens para as ALE e, ao mesmo tempo, para monitorar seus resultados por meio de simulados.

Nesse processo, embora não tenham sido alvos do estudo, foi constatado que não existiram formações técnicas sobre elementos das ALE. Não foram identificadas discussões/formações sobre a elaboração de testes, sobre as matrizes de referência, instrumentos norteadores para a criação de questões, sobre o que se espera que os estudantes tenham alcançado em cada etapa da educação básica avaliada, entre outros.

A pesquisadora não encontrou também formações em relação às escalas de desempenho, níveis de proficiência, dificuldades dos itens etc. Não ocorreram discussões sobre a Teoria de Resposta ao Item, que fundamenta a criação da questão e, sobretudo, sobre a interpretação pedagógica advinda do resultado do aluno. Ou seja, aquilo que, de fato, o aluno é capaz de realizar.

A pesquisadora constatou que a familiarização se consolidou, pois a maioria dos CP acreditava ser importante investir nesses processos de avaliação para a formação dos alunos e dos professores, "*sem, de fato, conhecer os elementos técnicos e as reais possibilidades das ALE*"[1]; os pro-

1. Fala nossa.

fessores passaram a realizar um número maior de ações voltadas para as disciplinas de Português e Matemática, para o monitoramento dos alunos, para o acompanhamento dos resultados, entre outras coisas. Tal situação, em uma das conclusões da pesquisadora, secundarizou os tempos, as discussões e os debates sobre os demais componentes curriculares, entre eles, o Ensino de Ciências.

As discussões das consequências não intencionais das ALE sobre o Ensino de Ciências

As ALE, mais precisamente alguns de seus desdobramentos, trouxeram algumas consequências não intencionais para o Ensino de Ciências. Os gestores buscavam criar melhores estratégias e condições para melhorar as notas do Ideb e, nesse contexto, negligenciavam esse Ensino. Os maiores tempos e recursos eram encaminhados às áreas e aos professores de Português e Matemática. Os Coordenadores Pedagógicos também, após a familiarização com as avaliações, estavam secundarizando o Ensino de Ciências, dedicando mais tempo e esforços de suas atividades para o trabalho com os professores e com as disciplinas alvos dos testes.

Algumas questões surgem como importantes nesse contexto em relação aos gestores. Podemos destacar, em primeiro lugar, a questão de esses profissionais estarem cientes de dedicar mais tempo e recursos para as disciplinas alvos dos testes (Observatório da Educação do Grande ABC, 2016), o que é surpreendente, considerando que eles deveriam garantir formação global dos alunos e não apenas voltada para duas disciplinas. Em segundo lugar, esses profissionais consideravam tal situação algo normal, o que indica que esses agentes já tinham incorporado os discursos das avaliações (Geraldi; Geraldi, 2012), mas não os elementos técnicos das ALE que poderiam auxiliar na compreensão de processo e na aprendizagem dos jovens. Em terceiro lugar, há certo descaso com o Ensino de Ciências e seus professores, situação que agrava ainda mais um quadro já empobrecido em que as aulas são, em geral, baseadas na transmissão de informações factuais, preparatórias para as provas, de caráter memorizador, expositivo e frontal, e com a utilização, sobretudo, do livro didático (Bizzo, 2012).

Em relação aos professores, desdobramentos das ALE, associados ao foco nas disciplinas de Português e Matemática, causaram como consequências não intencionais o desalinhamento da formação de professores, que era oferecida, de forma muito maior, aos profissionais de PM, desmotivando e limitando o desenvolvimento profissional dos docentes de Ciências, que, nesse contexto, aprendiam e se atualizavam menos do que seus colegas. Depreendem-se desse fato questões cujas raízes centram-se no campo da desigualdade profissional, em que alguns professores tinham acesso a meios e condições de desenvolvimento maiores de que outros. Nesse sentido, acresce-se a já conhecida desigualdade profissional de gênero, na qual homens recebem maiores salários do que mulheres, entre outras questões, outra de natureza formativa, induzida pelos desdobramentos das ALE.

No tocante aos estudantes, alguns desdobramentos das ALE, como ações das Secretarias de Educação, das escolas e dos professores — preparação para os testes, simulados, foco nas disciplinas de PM, entre outros —, estavam induzindo os jovens a acreditar que as disciplinas de Português e Matemática eram as mais importantes no contexto escolar em detrimento da de Ciências. Tal consequência não intencional pode reduzir o valor atribuído pelos alunos ao Ensino de Ciências.

Os desdobramentos das ALE trouxeram algumas consequências não intencionais que podem influenciar os alunos na questão da compreensão do mundo e de suas transformações, no desenvolvimento de posturas questionadoras e investigativas, e na interpretação de fenômenos da natureza (Chassot; Oliveira, 2001; Bulunuz; Jarrett, 2010), aspectos considerados relevantes para a formação do cidadão. Paralelamente, jovens que dispõem de poucos momentos significativos com a Ciência podem ter oportunidades menores para desenvolver suas habilidades de raciocínio científico, que são imprescindíveis para fomentar, entre outras questões, o interesse pela Ciência (Blank, 2013; Fitzgerald; Dawson; Hackling, 2013). De fato, como sinalizaram Aikenhead (2005) e Bernardo *et al.* (2008), tal interesse é essencial para fomentar a busca dos alunos por carreiras científicas, que são, em muitos casos, responsáveis pelo desenvolvimento econômico do país.

Um desfecho da sistematização das evidências

Esta sistematização realizada, com base na análise de dados empíricos produzidos em uma das sub-regiões mais ricas do Brasil, revelou alguns dos desdobramentos das ALE que trouxeram consequências não intencionais para o Ensino de Ciências, seus professores e alunos.

O trabalho das Secretarias e Diretorias de Educação, aliado à atuação de diretores e de coordenadores pedagógicos, como desdobramentos das ALE, ocasionou de forma não intencional um quadro de negligência no que se refere ao Ensino de Ciências, de limitação do desenvolvimento profissional dos professores desse componente curricular, de desvalorização dessa disciplina por parte dos alunos e de estagnação do desempenho dos jovens. Um quadro que poderá empobrecer ainda mais o Ensino de Ciências e, sobretudo, trazer limitações para a aprendizagem e para o interesse do jovem em relação às carreiras científicas.

Destacamos a questão da limitação do desenvolvimento dos professores de Ciências que é causada pelo desequilíbrio das ações formativas. Os desdobramentos das ALE, nesse caso, geraram uma desigualdade profissional, que dificulta e limita a formação continuada e o *status* social dos profissionais de Ciências.

Em geral, os desdobramentos das ALE têm gerado um contexto em que o empenho, a energia e a motivação; os esforços, cognitivos e emocionais; os recursos, financeiros, humanos e intelectuais; os tempos, de encontros presenciais e virtuais, entre outras questões, por parte das Secretarias de Educação, Diretorias de Ensino e dos gestores escolares, estão mais centralizados e envidados sobre as áreas e os professores de Português e Matemática, desvalorizando o Ensino de Ciências e seus professores.

Acreditamos que esses desdobramentos das ALE, que estão secundarizando o Ensino de Ciências, poderão trazer outras consequências futuras. Por exemplo, a limitação, em médio e longo prazo, do desenvolvimento social e econômico do país, acrescida de problemas para a consolidação da cidadania dos alunos.

Referências

ALAVARSE, O. M. Desafios da avaliação educacional: ensino e aprendizagem como objetos de avaliação para a igualdade de resultados. *Cadernos Cenpec*, São Paulo, v. 3, n. 1, p. 135-153, jun. 2013.

AMESTOY, M. B.; TOLENTINO-NETO, L. C. B. Políticas de avaliação e os impactos na vida do professor: um estudo no município de Santa Maria/RS. *Revista Interfaces Científicas*, v. 8, n. 3, p. 1-14, 2020.

AIKENHEAD, G. S. Research into STS science education. *Educación Química*, Belo Horizonte, v. 16, p. 384-397, 2005.

AIKENHEAD, G. S. *Science education for everyday life*: evidence-based practice. New York: Teacher College Press, 2006. 186 p.

ALAVARSE, O.; CHAPPAZ, R.; FREITAS, P. Avaliações da aprendizagem externas em larga escala e gestores escolares. *Cadernos de Pesquisa*, v. 28, n. 1, p. 250-275, 2021.

ALLCHIN, D. *Teaching the nature of science*: perspectives & resources. Saint Paul: SHiPS Education Press, 2013.

BARDIN, L. *Análise de conteúdo*. Lisboa: Edições 70, 1977.

BAUER, A. Estudos sobre sistemas de avaliação educacional: um retrato em branco e preto. *Revista @mbienteeducação*, São Paulo, v. 5, p. 7-31, 2012.

BAUER, A. Limites, desafios e possibilidades das avaliações de sistemas educacionais: contribuições do ciclo de debates para as políticas de avaliação. *In*: BAUER, A.; GATTI, B. A.; TAVARES, M. R. (org.). *Vinte e cinco anos de avaliação de sistemas educacionais no Brasil*: implicações nas redes de ensino, no currículo e na formação de professores. Florianópolis: Insular, 2013. p. 281-294.

BAUER, A.; ALAVARSE, O. M.; OLIVEIRA, R. Avaliações em larga-escala: uma sistematização do debate. *Educação e Pesquisa*, São Paulo, v. 41, n. especial, p. 1367-1382, dez. 2015.

BAUER, A.; REIS, A. T. *Base de dados avaliação*: balanço da produção teórica sobre avaliação de sistemas educacionais no Brasil: 1988 a 2011. São Paulo: Fundação Carlos Chagas, 2014.

BERNARDO, A. *et al*. Students' perceptions of science classes in the Philippines. *Asia Pacific Education Review*, v. 9, n. 3, p. 285-295, 2008.

BIZZO, N. *Pensamento científico*: a natureza da ciência no ensino fundamental. São Paulo: Melhoramentos, 2012.

BLANK, R. K. Science instructional time is declining in elementary schools: what are the implications for student achievement and closing the gap? *Science Education*, v. 97, n. 6, p. 830- 847, 2013.

BRASIL. *Parâmetros curriculares nacionais*: ensino médio. Brasília: MEC, 1997. 109 p. Disponível em: http://portal.mec.gov.br/seb/arquivos/pdf/blegais.pdf. Acesso em: 15 fev. 2014.

BRASIL. *Lei n. 11.494, 290 de junho de 2007*. Regulamenta o Fundo de Manutenção e Desenvolvimento da Educação Básica e de Valorização dos Profissionais da Educação — Fundeb, de que trata o art. 60 do Ato das Disposições Constitucionais Transitórias; [...]. Brasília, 2007. Disponível em: http://www.planalto.gov.br/ccivil_03/_ato2007-2010/2007/Lei/L11494.htm. Acesso em: 15 out. 2019.

BRASIL. Ministério da Educação. *Base Nacional Comûm Curricular*. Brasília: MEC, 2017.

BRASIL. Instituto Nacional de Estudos e Pesquisas Educacionais Anísio Teixeira (Inep). *Dados do censo escolar*. Brasília, 2018. Disponível em: http://portal.inep.gov.br/microdados. Acesso em: 17 fev. 2019.

BROKS, P. The authority of science and the postmodern reformation. *Interdisciplinary Science Reviews*, London, v. 28, n. 2, p. 76-82, jun. 2003. Disponível em: http://www.tandfonline.com/doi/pdf/10.1179/030801803225010403. Acesso em: 30 dez. 2014.

BULUNUZ, M.; JARRETT, O. S. Developing an interest in science: background experiences of preservice elementary teachers. *International Journal of Environmental and Science Education*, v. 5, n. 1, p. 65-84, 2010.

CACHAPUZ, A. *et al.* (org.). *A necessária renovação do ensino das ciências*. 3. ed. São Paulo: Cortez, 2011. 264 p.

CASASSUS, J. Política y metáforas: un análisis de la evaluación estandarizada en el contexto de la política educativa. *In*: BAUER, Adriana; GATTI, Bernardete A.; TAVARES, Marialva R. (org.). *Vinte e cinco de avaliação de sistemas educacionais no Brasil*: origens e pressupostos. Florianópolis: Insular, 2013. p. 21-46.

CERVO, A.; BERVIAN, P. A.; SILVA, R. *Metodologia científica*. 6. ed. São Paulo: Pearson, 2007. 162 p.

CHAPMAN, D.; SNYDER, C. Can high stakes national testing improve instruction: re-examining conventional wisdom. *International Journal of Educational Development*, v. 20, p. 457-474, 2000.

CHASSOT, A.; OLIVEIRA, R. J. (org.). *Ciência, ética e cultura na educação*. São Leopoldo: Editora Unisinos, 2001.

CLARK, D.; LINN, M. C. Designing for knowledge integration: the impact of instructional time. *The Journal of the Learning Sciences*, v. 12, n. 4, p. 451-493, 2003.

DOW, A. *Exploring the current state of grades 4 to 8 science education in Ontario*. 2015. Dissertação (Mestrado em Educação) — Faculty of Education, Brock University, Ontario, 2015.

FAZIO, X. E.; KARROW, D. Science takes a back seat: an unintended consequence of prioritizing literacy and numeracy achievement. *Canada Education*, v. 56, n. 1, jun. 2013.

FITZGERALD, A.; DAWSON, V.; HACKLING, M. Examining the beliefs and practices of four effective Australian primary science teachers. *Research in Science Education*, v. 43, n. 3, p. 981-1003, 2013.

FRANCO, M. L. P. B. *Análise de conteúdo*. 3. ed. Brasília: Liber Livro, 2008.

FREITAS, L. C. Caminhos da avaliação de sistemas educacionais no Brasil: o embate entre a cultura da auditoria e a cultura da avaliação. *In*: BAUER, Adriana; GATTI, B. A.; TAVARES, M. R. (org.). *Vinte e cinco anos de avaliação de sistemas educacionais no Brasil*: origens e pressupostos. Florianópolis: Insular, 2013. p. 147-176.

GARCIA, P. S.; BIZZO, N. M. V.; ROSA, S. S. Políticas de avaliação e o desenvolvimento profissional do professor de Ciências. *Educação*, Santa Maria, v. 44, p. 46, 2019.

GARCIA, P. S. *et al.* School performance: an Ideb analysis of the seven municipalities in the ABC region. *Revista Eletrônica de Educação*, São Carlos, v. 10, p. 115-134, 2016.

GARCIA, P. S. *et al.* Políticas educacionais e o ensino de Ciências no Brasil: o caso do Ideb. *Revista de Educação Pública*, v. 27, p. 251-274, 2018a.

GARCIA, P. S. *et al.* Austrália, Brasil e Canadá: impacto das avaliações no ensino de Ciências. *Estudos em Avaliação Educacional*, v. 1, p. 1-34, 2018b.

GERALDI, C. M. G.; GERALDI, J. W. A domesticação dos agentes educativos: há alguma luz no fim do túnel. *Inter-Ação*, Goiânia, v. 37, n. 1, p. 37-50, jan./jun. 2012.

GIL, A. C. *Métodos e técnicas de pesquisa social*. 6. ed. São Paulo: Altas, 2010.

GOUW, A. M.; BIZZO, N. A percepção dos jovens brasileiros sobre suas aulas de Ciências. *Educar em Revista*, Curitiba, n. 60, p. 277-292, abr./jun. 2016.

HAGOPIAN, J. (ed.). *More than a score*: the new uprising against high-stakes testing. Chicago: Haymarket Books, 2014.

IAIES, G. Evaluar las evaluaciones. *In*: IAIES, G. *et al. Evaluar las evaluaciones*: una mirada política acerca de las evaluaciones de la calidad educativa. Buenos Aires: Instituto Internacional de Planeamiento de la Educación — Unesco, 2003. p. 15-36.

LOPES, V. V. *Cartografia da avaliação educacional no Brasil*. 2007. Tese (Doutorado em Educação) — Faculdade de Educação, Universidade de São Paulo, São Paulo, 2007.

MADAUS, G.; RUSSELL, M.; HIGGINS, J. *The paradoxes of high stakes testing*: how they affect students, their parents, teachers, principals, schools, and society. Charlotte: Information Age, 2009.

MAGALHÃES JÚNIOR, C. A. O.; LOURENCINI JÚNIOR, A.; CORAZZA, M. J. (org.). *Ensino de ciências*: múltiplas perspectivas, diferentes olhares. Curitiba: CRV, 2014.

MARCONI, J. R. *Avaliações externas no contexto escolar*: o desafio na rotina de trabalho do coordenador pedagógico. 2018. Dissertação (Mestrado em Educação) — Universidade Municipal de São Caetano do Sul, São Caetano do Sul, 2018.

MARTINS, A. M.; SOUSA, S. Z. A produção científica sobre avaliação educacional e gestão de sistemas e de escolas: o campo da questão entre 2000 e 2008. *Ensaio*: avaliação de políticas públicas educacionais, Rio de Janeiro, v. 20, n. 74, p. 9-26, jan./mar. 2012.

MOREIRA, I. C. A popularização da ciência e tecnologia no Brasil. *In*: Nodo Sur de la Red Pop. *Ciencia, tecnología y vida cotidiana*: reflexiones y propuestas del Nodo Sur de la Red Pop. Montevideo: RedPOP, 2008. p. 67-74.

OBSERVATÓRIO DA EDUCAÇÃO DO GRANDE ABC. *Efeitos Ideb na região do grande ABC sobre o ensino de Ciências*. São Caetano do Sul: Universidade Municipal de São Caetano do Sul, 2015.

OBSERVATÓRIO DA EDUCAÇÃO DO GRANDE ABC. *Efeitos Ideb na região do grande ABC sobre o ensino de Ciências*. São Caetano do Sul: Universidade Municipal de São Caetano do Sul, 2016.

OLIVEIRA, R. A utilização de indicadores de qualidade na unidade escolar ou por que o Ideb é insuficiente. *In*: BAUER, A.; GATTI, B. A. (org.). *Vinte e cinco anos de avaliação de sistemas educacionais no Brasil*: implicações nas redes de ensino, no currículo e na formação de professores. Florianópolis: Insular, 2013. p. 87-100.

PERBONI, F. *Avaliações externas e em larga escala nas redes de educação básica dos estados brasileiros*. 2016. 268 f. Tese (Doutorado em Educação) — Faculdade de Ciências e Tecnologia, Universidade Estadual Paulista, Presidente Prudente, 2016.

SANTOS, L. A avaliação em debate. *In*: BAUER, A.; GATTI, B. A. (org.). *Vinte e cinco anos de avaliação de sistemas educacionais no Brasil*: origens e pressupostos. Florianópolis: Insular, 2013. p. 229-245.

SMITH, W. *National testing policies, school practices, and student outcomes*: an analysis using data from PISA 2009. Paris: OECD Publishing, 2014.

STECHER, B. M. Consequences of large-scale, high-stakes testing on school and classroom practice. *In*: HAMILTON, L.; STECHER, B. M.; KLEIN, S. P. (ed.). *Making sense of test-based accountability in education*. Santa Monica: Rand, 2002. p. 79-100.

WERLE, F. O. C. *Avaliação em larga escala*: questões polêmicas. Brasília: Liber Livros, 2012.

CAPÍTULO 10

Avaliação das aprendizagens em Ciências: opiniões de professores do ensino secundário sobre os resultados da avaliação interna e externa

Luís Dourado
Laurinda Leite

A avaliação das aprendizagens no ensino secundário português

Em sistemas competitivos, baseados na meritocracia, quem consegue um lugar, seja no ensino superior, seja no emprego, são *os melhores*. Eles são identificados à custa de processos de avaliação seguidos de classificação, como definidos por Ribeiro (1997), a qual permite a ordenação dos avaliados numa escala de mérito relativo. A identificação inquestionável *dos melhores* exigiria que fossem usados os mesmos critérios de avaliação e que eles fossem aplicados da mesma forma para todos os alunos, o que não é expetável que aconteça num processo dependente de cada professor e de cada escola de um dado país. Esses aspectos são críticos para o acesso ao ensino superior, situação em que uma centésima pode significar não entrar no curso que se pretende ou até mesmo não entrar na universidade.

Para minimizar esse problema, e apesar de o assunto não ser completamente consensual (Alavarse; Chappaz; Freitas, 2021; Machado *et al.*, 2022), os governos recorrem a exames nacionais com os quais pretendem avaliar, da mesma forma, a consecução de determinados objetivos, por todos os alunos (Firdaos; Ahmad, 2018), e usar os resultados dessas avaliações para melhorar as políticas educativas do país (Melo *et al.*, 2022).

Além disso, reconhecendo as limitações das avaliações externas e internas, será desejável articular os resultados obtidos com as duas avaliações, para melhorar a qualidade da informação necessária para tomadas de decisão importantes, que precisam ser justas e bem fundamentadas (Fernandes, 2019). Assim, em Portugal, no ensino secundário (10º a 12º anos; 15 a 18 anos), há exames nacionais que visam assegurar que todos os alunos alcancem as aprendizagens fixadas para o final da escolaridade obrigatória (cf. Decreto-lei n. 55/2018), que são exigidos para o acesso ao ensino superior. Este se faz no final do 12º ano, com base numa nota de candidatura, cujo valor mínimo (geralmente 10,00 em 20,00 valores) é fixado pelas instituições de ensino superior. Essa nota resulta da média ponderada da classificação final obtida pelos estudantes no Ensino Secundário e da classificação obtida nos exames nacionais da(s) disciplina(s) exigidas para ingresso em cada curso.

A classificação final do ensino secundário corresponde à média simples das classificações finais obtidas pelo aluno nas diferentes disciplinas do plano de estudos e traduz um juízo global sobre as aprendizagens realizadas pelo aluno e visa à classificação e à certificação das suas aprendizagens (cf. Decreto-lei n. 55/2018). Contudo, algumas das disciplinas do Ensino Secundário (de que são exemplo as disciplinas de Biologia e Geologia, e de Física e Química) têm exame nacional, no final do 11º (caso das duas disciplinas anteriormente referidas) ou do 12º ano (caso da disciplina de Matemática), pelo que, numa situação normal (temporariamente alterada durante o período da pandemia de covid-19), a classificação final do estudante em cada uma dessas disciplinas (CFD) é o resultado da média ponderada, com arredondamento às unidades, da classificação obtida na avaliação interna final da disciplina (CIF) e da classificação obtida no exame (CE), calculada do seguinte modo: CFD = (7 CIF + 3 CE)/10.

A coexistência desses dois processos de avaliação das aprendizagens, um externo e outro interno à escola (Nevo, 2002), é frequente. Contudo, é expetável que os seus resultados não sejam exatamente coincidentes, uma vez que os exames, por serem, normalmente apenas de papel e lápis, avaliam só uma parte dos objetivos que o currículo considera relevantes para a formação dos alunos, como pessoas e futuros profissionais, e que os professores, ao longo do ano, podem avaliar todos esses objetivos. Apesar de essa diferença existir e ser reconhecida por diversos professores (Cruz *et al.*, 2022), a publicação dos resultados dos exames é entendida como prestação de contas à sociedade (Amestoy, 2019; Vicente; Seabra, 2017) e, por isso, um assunto sensível para as escolas.

Embora o padrão não seja linear, geralmente, em Portugal, os resultados obtidos nos exames do ensino secundário (avaliação externa) são inferiores aos alcançados na avaliação interna (DGEEC, 2016). Esse fato origina reclamações de pais, preocupados com o futuro dos filhos, de professores, que sentem o seu trabalho posto em causa, de escolas, que sentem ameaçada a sua credibilidade, da sociedade, que quer saber o que está a falhar.

Por outro lado, os resultados obtidos pelos estudantes das diferentes escolas, tanto públicas como privadas, nos exames nacionais das disciplinas do ensino secundário, têm sido usados, especialmente pela comunicação social (Lopes; Precioso, 2021), para ordenar essas escolas, constituindo um fator de atratividade de estudantes para as escolas que obtêm melhores classificações, e ocupam os lugares cimeiros do *ranking*, e sendo objeto de rejeição por parte das escolas que ficam nos lugares menos cimeiros e que se sentem prejudicadas por uma informação que consideram ter fiabilidade baixa ou, no mínimo, discutível. O resultado dessa ordenação é amplamente divulgado nos meios de comunicação social e corresponde, cada vez mais, a um fator de atratividade por parte das escolas que obtêm melhores classificações.

Aceitando como problemática a existência de grandes diferenças entre os resultados da avaliação interna e externa, e acreditando que só conhecendo bem as posições dos intervenientes diretos se pode alterar a situação, neste capítulo, analisam-se e discutem-se as opiniões de professores de Biologia e Geologia e de Física e Química do ensino secundário português sobre as causas das diferenças entre os resultados de avaliação interna e da avaliação externa nessas duas disciplinas de ciências por eles lecionadas, e sobre o que os membros da comunidade educativa devem fazer para minimizá-las.

Avaliação interna e avaliação externa das aprendizagens

Nas disciplinas de Ciências, pretende-se que os alunos aprendam Ciências; aprendam acerca das Ciências; aprendam a fazer Ciências; e desenvolvam atitudes positivas para com as Ciências (Hodson, 1992). Para fomentar essa diversidade de aprendizagens, o professor deve usar diferentes metodologias de ensino, bem como diversos tipos de avaliação (diagnóstico, formativo e sumativo), e recorrer a instrumentos de avaliação diversificados e adequados ao que pretende avaliar (Hodson, 1992; Leite, 2000; Scaife, 2020).

A avaliação das aprendizagens é um processo complexo, multidimensional, que faz parte integrante de qualquer sistema educativo (Corrigan *et al.*, 2013; Fernandes, 2007), e, além disso, é exigida pela escola, pelas famílias e pela sociedade (Afonso, 2009; Amestoy, 2019; Fernandes, 2007), uma vez que tem uma natureza dupla: pedagógica e política. A natureza pedagógica da avaliação tem a ver com o fato de ela informar sobre a medida em que os alunos estão a atingir, ou atingiram, os objetivos fixados para dado nível de escolaridade, e, consequentemente, a escola está a cumprir seu papel de formar bem as novas gerações.

Nesse contexto, ela deve ser, sobretudo, uma avaliação para a aprendizagem (Black *et al.*, 2004; Santos, 2019; Scaife, 2020), centrada no processo para melhorar a aprendizagem realizada pelos alunos. Contudo, a fixação dos referidos objetivos é uma questão de política educativa, muitas vezes da competência dos governos, e que depende do que é reconhecido como importante, numa dada época, pela sociedade, incluindo os empregadores. Estes estão interessados, sobretudo, numa avaliação das aprendizagens que se centre nas aprendizagens efetuadas pelo estudante, que seja capaz de informá-lo o quanto ele aprendeu. Essa exigência obriga que a avaliação aconteça após a aprendizagem e seja seguida de classificação, a qual informa sobre a quantidade de aprendizagem realizada.

Por um lado, deve haver consistência entre o que é ensinado e o que é avaliado (Leite, 2000; Melo *et al.*, 2022); por outro, deve haver coerência entre o modo como um assunto é ensinado e o modo como ele é avaliado (Geli de Ciurana, 1995). Na verdade, é possível ensinar os conceitos e os princípios em que se assenta a técnica laboratorial através de uma exposição, e avaliar o domínio deles num teste escrito, mas é muito difícil ensinar a executar essa técnica à custa de ensino expositivo; e não é possível avaliar o domínio da técnica com um teste de papel e lápis. Isso significa que o objeto da avaliação interna é mais amplo que o da avaliação externa e que, como alguns professores reconhecem (Cruz *et al.*, 2022), há aprendizagens que não são passíveis de serem avaliadas em exames nacionais que sejam concretizados através de provas escritas. A investigação sugere que os professores perfilham diversas conceções sobre as finalidades da avaliação das aprendizagens, que influenciam o modo como é implementada em sala de aula (Brown; Remesal, 2017; Harris; Brown, 2009), como também são influenciadas pelos contextos históricos, culturais, sociais e políticos nos quais os professores operam (Brown; Gebril; Michelides, 2019; Murillo; Hidalgo, 2020).

Essas concepções de avaliação, por vezes contraditórias (Remesal, 2011) e reveladoras de desconhecimento dos reais propósitos da avaliação (Rahman, 2018), podem ser organizadas da seguinte forma (Brown, 2004; Brown; Remesal, 2017; Harris; Brown, 2009): i) melhorar o ensino e a aprendizagem (melhoria contínua); ii) tornar os alunos responsáveis pela aprendizagem (responsabilidade do aluno); iii) demonstrar a qualidade de escolas e professores (responsabilidade da escola); iv) perder tempo, por não ser confiável nem necessária (irrelevância). Apesar de dois desses propósitos (i) e (iii) serem aceites por mais professores (Brown, 2004), note-se que é importante ter ideias claras a esse respeito de todos eles, para decidir *o que*, *quando*, *como* e *para que* avaliar, bem como para interpretar devidamente os resultados obtidos.

Apesar de muitos currículos (incluindo o português) darem orientações, não apenas acerca do que ensinar, mas também de como ensinar e de como avaliar, existe uma diferença, por vezes grande, entre o currículo prescrito e o currículo implementado (Roehrig; Kruse; Kern, 2007; Santos; Leite, 2018) pelos diversos professores de uma dada disciplina. Essa diferença depende do modo como cada professor, influenciado por fatores pessoais, profissionais e contextuais, reinterpreta o currículo prescrito (Gray; Scott; Mehisto, 2018), e tem implicações ao nível das suas práticas de avaliação das aprendizagens. Acresce-se que o que é efetivamente avaliado pelo docente pode aproximar-se do que é avaliado no exame nacional, o que, só por si, poderia explicar parte da diferença entre os resultados da avaliação interna e da avaliação externa (ambos conhecidos de professores e estudantes) que frequentemente ocorre.

No entanto, o desempenho do aluno no momento da avaliação é influenciado por diversos fatores (Bagana; Raciu; Lupu, 2011), cujo efeito pode ser mais intensamente sentido em situação de exame, por ocorrer uma única vez e poder ter consequências decisivas para o futuro do aluno. Esses fatores têm a ver, principalmente, com caraterísticas do contexto de ensino e aprendizagem, do próprio aluno e do seu ambiente familiar, sendo de esperar que o seu impacto nos resultados obtidos nos exames seja tanto menor quanto mais próxima dos exames estiver a avaliação praticada pelo professor.

Apesar de não considerarem o exame uma forma adequada de avaliar as diversas aprendizagens realizadas pelos alunos (Amestoy, 2019; Jones; Egley, 2004), os professores sentem-se pressionados e responsabilizados pelos vários interessados na ação educativa (alunos, pais, escola, empregadores) e tentam responder da melhor forma (Harris; Brown, 2009). Assim, para que os alunos obtenham bons resultados, tendem a centrar o ensino nos conteúdos que são habitualmente objeto de avaliação no exame (Gunn; Al-Bataineh; Al-Rub, 2016; Jones; Egley, 2004) e adequar as caraterísticas dos seus testes às esperadas no exame (Fernandes, 2019). Contudo, apesar desses esforços, os alunos consideram, em geral, que há diferenças entre o que é ensinado nas aulas e o que é avaliado nos exames, e têm dificuldade em compreender as questões dos exames (Löfgren; Löfgren, 2017), o que pode ter a ver, em parte, com as frequentes dificuldades de leitura e interpretação que os estudantes apresentam.

O desempenho dos alunos em situação de avaliação é também influenciado por fatores pessoais, como o otimismo e a ansiedade (Bagana; Raciu; Lupu, 2011), que podem, respectivamente, facilitar ou bloquear o raciocínio em situação de grande pressão, podendo mesmo conduzir a um descontrole emocional que leva à desistência. O nível socioeconômico dos pais é um fator que determina, ainda que indiretamente, o desempenho dos alunos, pois está associado não só à possibilidade de obter apoio extraescolar (Sianou-Kyrgiou, 2008), mas também ao acompanhamento e incentivo ao estudo em casa, e ao acesso a recursos como livros, internet e outros. Na verdade, a investigação sugere que um bom relacionamento entre a escola e as famílias, centrado no percurso individual de cada educando (Picanço, 2012), e a estabilidade familiar (Abreu, 2014; Mushtaq; Khan, 2012) são fatores que contribuem para o sucesso acadêmico dos alunos, embora nem sempre sejam fáceis de alcançar.

Avaliação interna e avaliação externa: perspectivas de professores de ciências

Contexto

Professores de Biologia e Geologia (BG) e de Física e Química (FQ), que lecionavam essas duas disciplinas nas escolas secundárias da região norte de Portugal, foram convidados a se pronunciar sobre: i) as causas das diferenças entre os resultados da avaliação interna e da avaliação externa; ii) as ações a realizar por diversos membros da comunidade educativa para minimizar essas diferenças: alunos, famílias, escolas e professores. Os dados foram recolhidos através de um questionário de opinião, *on-line*, anônimo e centrado nas opiniões dos participantes. Sendo anônimo, e incluindo perguntas de resposta aberta, como referem MacMillan e Schumacher (2014), o questionário permitia aos participantes expressar livremente a sua opinião sobre os assuntos em causa. Os convites foram enviados para os diretores das escolas ou dos agrupamentos de escolas, a quem foi pedida a colaboração no estudo, autorizando a participação dos professores das referidas disciplinas e enviando-lhes o *link* onde o questionário estava disponível.

Participaram no estudo um total de 225 professores, como se segue: 118 professores de BG, sendo que 84,7% eram do sexo feminino e 88,9% tinham 20 ou mais anos de experiência docente; 107 professores de FQ, sendo que 75,7% eram do sexo feminino e 71,9% tinham 20 ou mais anos de experiência docente. É de notar que, em Portugal, o ensino de disciplinas de Ciências está maioritariamente a cargo de professoras e que a população docente está com uma média etária muito elevada, pelo que a amostra participante no estudo parece alinhada com a população nacional.

A realização do estudo foi aprovada pelo Ministério da Educação e pela Comissão de Ética da Universidade do Minho. Uma vez que os dados foram recolhidos *on-line*, como recomendam MacMillan e

Schumacher (2014), os professores, antes de começarem a responder, foram convidados a ler uma breve informação sobre os objetivos do estudo e as condições de análise e divulgação dos resultados, e a dar o seu consentimento informado. O questionário incluía questões abertas, pelo que se recorreu à análise de conteúdo, tendo sido definidas categorias de resposta para facilitar a comparação entre os dois grupos de professores.

Causas das diferenças entre médias nos exames nacionais e médias na avaliação interna

O Gráfico 1 mostra que, enquanto a maioria dos professores de BG (78,0%) atribui as diferenças entre as médias obtidas nos exames nacionais e as médias obtidas na avaliação interna às caraterísticas dos exames, os professores de FQ dividem-se por essa (35,5%) e por mais três causas, também apontadas por percentagens de professores de FQ superiores a 30%, a saber: caraterísticas dos programas (39,3%), caraterísticas estudantis dos alunos (43,0%) e caraterísticas pessoais dos alunos (30,8%).

Gráfico 1 — Causas das diferenças entre as médias obtidas nos exames nacionais e na avaliação interna.

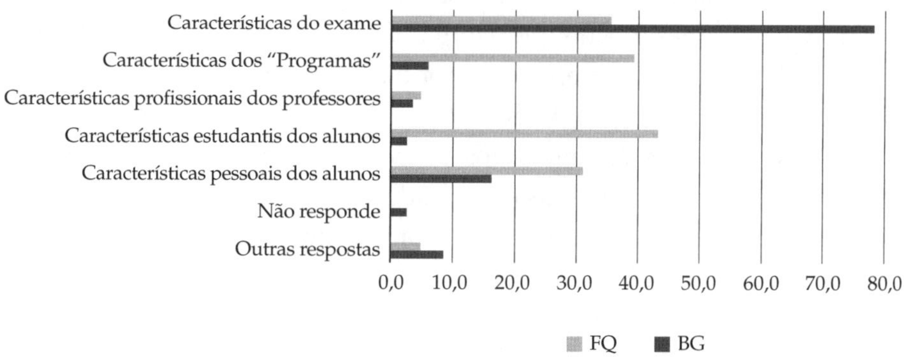

Fonte: Os autores.

As respostas centradas nas características dos exames e dos programas nacionais das disciplinas referem aspectos como a elevada quantidade de conteúdos avaliada no exame; a diferença entre componentes objeto de avaliação interna e objeto de avaliação externa; a diferença entre a exigência das questões colocadas nos exames e a das colocadas nos testes; a demasiada extensão dos programas:

- "No final do 11º ano [o exame] exige o conhecimento de dois anos (10º e 11º) e de duas disciplinas (Biologia e Geologia)" (BG57);
- "A avaliação interna contempla 30% para a parte prática que não é avaliada em Exame e 10% para atitudes e valores" (FQ1);
- "O exame nacional exige bastante interpretação, espírito crítico e aplicação de conhecimentos a novas situações, o que penaliza os alunos que manifestam dificuldades nestes domínios" (BG35).

Relativamente à quantidade de conteúdos, é de notar que, na prática, os conteúdos a mobilizar pelos alunos nos exames não correspondem a um mero somatório de todos os conteúdos lecionados nos dois anos objeto de avaliação, uma vez que alguns deles (lecionados no 10º ano) fazem parte integrante de temáticas lecionadas no 11º ano. No caso de FQ, uma análise dos programas mostra que os conhecimentos relativos às ligações químicas, a lecionar no 10º ano, são mobilizados novamente quando da abordagem das reações químicas, no 11º ano.

De igual modo, no caso da disciplina de BG, uma análise dos respectivos programas mostra que o tema "Geologia, problemas e materiais do quotidiano", do 11º ano, integra conteúdos abordados nos três temas da componente de Geologia do 10º ano. Nota-se ainda que os exames de FQ e de BG dos últimos anos parecem ter levado em conta esse fato, pois, analisando os seus enunciados (Iave, 2017), constata-se que se centraram, respectivamente, nas reações químicas e em "Geologia, problemas e materiais do quotidiano". Acresce que a grande extensão dos programas foi também apontada, especialmente por professores de FQ, como uma das causas das diferenças em questão, que consideram impeditiva, por exemplo, a realização de trabalho prático. No entanto, é de notar que essa justificação, habitual (Dourado; Leite; Morgado, 2017), sugere alguma limitação por parte dos professores ao nível das competências para utilizar esses recursos didáticos, pois parecem ter dificuldade para reinterpretar os programas dos diversos anos de escolaridade e se aperceber das relações de interdependência hierárquica entre os vários temas programáticos.

No que se refere ao diferente âmbito das duas avaliações, de fato, a avaliação de atitudes e valores demonstrados pelos alunos, objeto de avaliação pelo professor, não pode ser efetuada no exame, o que pode justificar uma parte das diferenças. Contudo, o mesmo não é totalmente verdade para o caso da componente prática, tanto laboratorial como de campo, uma vez que, como referem diversos autores (Abrahams; Reiss; Sharpe, 2013; Erduran *et al.*, 2020; Hodson, 1992; Leite, 2000), a única componente que não pode ser avaliada em exame é a relativa a competências manipulativas.

Na verdade, os exames de BG e de FQ têm incluído algumas questões centradas na análise de dados (Prova de Física e Química 715-1ª fase, 2018) e de atividades práticas, tanto laboratoriais (Prova de Física e Química 715-1ª fase, 2019), como de campo (Prova de Biologia e Geologia 702-1ª fase, 2018), e, até, de atividades experimentais (Prova de Biologia e Geologia 702-1ª fase, 2019), envolvendo manipulação e controle de variáveis. Assim, as justificações apresentadas pelos professores parecem ter subjacentes concepções de atividade laboratorial e de atividade de campo focadas nas competências manipulativas do aluno (*hands-on*) em detrimento das competências cognitivas (*minds-on*), que, como defendem Dourado, Leite e Morgado (2017), são mais importantes do que aquelas.

No que concerne à exigência das questões, o fato de ser afirmado que os alunos têm dificuldade, por exemplo, em aplicar conhecimentos, criticar e refletir nos exames parece sugerir que essas competências não foram suficientemente trabalhadas nas aulas, contrariamente ao exigido pelas aprendizagens essenciais, definidas para FQ e para BG. As respostas centradas nas características dos alunos assentam em aspectos estudantis, relativos a hábitos e competências de estudo, e a aspectos pessoais, relacionados, entre outros, com a capacidade de lidar com situações de pressão:

- "Os alunos têm falta de hábitos de estudo" (FQ90);
- "[Os alunos] são incapazes de dominar, refletir e relacionar conceitos" (FQ44);
- "Resume-se a um único momento de avaliação onde muitas vezes os alunos se encontram num nível de pressão elevado, não otimizando as suas capacidades" (FQ37).

Essas caraterísticas foram referidas por mais professores de FQ do que de BG, talvez pelo fato de aqueles professores valorizarem o treino dos alunos na resolução de exercícios (Sierra, 2017), o qual não é suficiente para dar resposta a questões que exigem interpretação e aplicação de conhecimentos (Jonassen, 2004; Sierra, 2017). Contudo, compreende-se a referência à pressão provocada pelo exame, uma vez que o resultado obtido nele influencia a nota de acesso ao ensino superior (cf. Portaria n. 211/2018, de 17 de julho), condicionando a entrada na universidade e a escolha da futura carreira.

Medidas a tomar pelos alunos para melhorarem os seus resultados nos exames

A maioria dos professores, tanto de BG (74,6%) como de FQ (61,6%), considera que os alunos precisam melhorar as suas estratégias de estudo, em termos de qualidade e/ou de quantidade de estudo (Gráfico 2), a fim de obterem melhores resultados nos exames. Assim, referem que os alunos devem realizar:

- "[...] um estudo regular e de qualidade" (FQ21);
- "[...] fazer pesquisa individual de informação científica atual" (BG11);
- "[...] realizar muitos exercícios de exame" (BG42).

A recomendação do treino na resolução de questões do tipo das do exame é discutível, uma vez que é uma forma de estudo que prepara para a resolução de exercícios repetitivos, em vez de preparar para a aplicação de conhecimentos e a resolução de problemas, níveis de domínio de conhecimento que são avaliados nos exames e que, segundo Rosário *et al.*(2001), requerem o uso de estratégias, não só de autorregulação das aprendizagens e de organização e transformação da informação, mas também de estudo que melhor se adéquem ao perfil do aluno.

Gráfico 2 — Medidas a tomar pelos alunos para melhorarem os resultados nos exames.

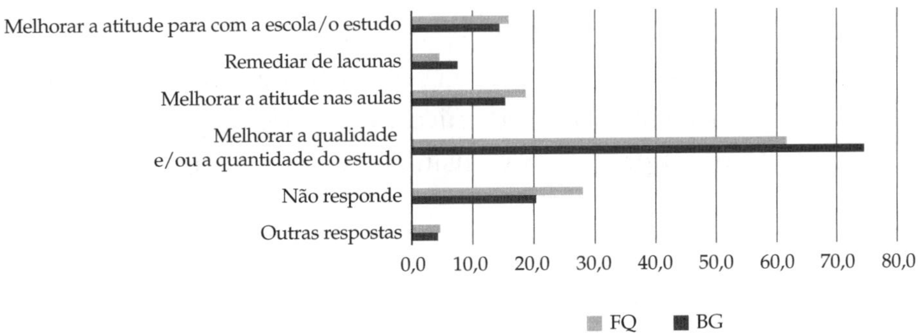

Fonte: Os autores.

Outras duas medidas referidas por alguns professores foram a melhoria da atitude dos alunos nas aulas (BG: 15,3%; FQ: 18,7%) e para com a escola/o estudo (BG: 14,4%; FQ: 15,9%). No primeiro caso, esses professores consideram que os alunos devem não só estar mais atentos e concentrados, mas também adotar uma postura mais crítica e mais interventiva nas aulas, como se ilustra de seguida:

- "Adotar uma postura crítica e mais interventiva na sala de aula, fundamentais para o estudo das ciências" (BG20);
- "[Deve haver uma] realização mais ativa das tarefas" (FQ95).

Essas medidas devem, efetivamente, ser adotadas pelos alunos, mas, como realça Zimmerman (2002), os professores podem promovê-las, ou não, consoante adotem, ou não, metodologias de ensino ativas.

No segundo caso, os professores em questão consideram que os alunos devem aumentar o seu envolvimento na escola e adotar uma atitude mais positiva para com a disciplina, mais responsável para com estudo e mais planeada na gestão de suas expectativas e resultados acadêmicos:

- "[É necessário que os alunos] encarem com seriedade, empenho e dedicação o ensino secundário e a preparação atempada para os exames nacionais" (FQ24);
- "Necessidade de [dos alunos] adotarem uma atitude mais responsável, reflexiva e proactiva na gestão das suas expectativas e dos seus resultados acadêmicos, tornando-se parte integral e central do seu processo de ensino e de aprendizagem" (BG79).

Também nesse caso importa ter presente que os professores, pelo que fazem e pelo modo como o fazem, têm um papel importante na promoção dessas atitudes, que são fundamentais para que os alunos façam uma preparação regular e atempada, e aumentem a probabilidade de ter sucesso nos exames nacionais.

Foi surpreendente o fato de mais de um quinto dos professores de BG (20,3%) e de FQ (28,0%) não responder a essa questão, não tendo, por isso, avançado nenhuma medida a adotar pelos alunos para melhorar o seu desempenho nos exames. Isso pode significar que esses professores não sabem como orientar ou já desistiram de orientar os seus alunos no estudo, ou mesmo tiveram receio de dar uma resposta (eventualmente baseada em necessidade de treino) passível de ser considerada não desejável. Em qualquer dos casos, esse resultado é preocupante, pois os professores são quem tem mais obrigação de orientar os alunos com vista ao sucesso educativo, e essa orientação pode passar por desenvolver neles competências de estudo, bem como consciencialização das formas de estudos mais eficazes numa dada disciplina.

Medidas a tomar pelas famílias para melhorarem os resultados dos alunos nos exames

No que concerne às medidas que devem ser tomadas pelas famílias de modo a contribuírem para melhorar os resultados dos alunos nos exames, obteve-se uma grande diversidade de propostas, umas centradas na criação de condições para o estudo, outras no apoio e no incentivo ao estudo e outras, ainda, na exigência e na responsabilização dos alunos (Gráfico 3).

Uma consequência da dispersão dos inquiridos por diversas propostas de medidas é o fato de a medida apontada por maiores percentagens de professores ter sido proposta por pouco mais de um terço dos professores de cada grupo. Essa medida centra-se na necessidade de haver um acompanhamento dos educandos no estudo (BG: 42,4%; FQ: 33,6%) e envolve aspectos como: controle do tempo de estudo, monitorização do estudo, fomento do estudo regular e estabelecimento de objetivos adequados às capacidades dos educandos:

- "Controlar o tempo dedicado ao estudo e acompanhar a aprendizagem dos alunos na escola" (BG73);
- "Acompanharem os seus educandos desde o início da escolaridade, monitorizarem o seu trabalho, estimularem os educandos para um trabalho mais rigoroso, facultarem-lhes experiências culturais diversificadas" (FQ48).

Outras medidas, nessa mesma linha, têm a ver com facultar orientação aos educandos com vista a que eles consigam organizar o seu dia, de modo a terem tempo para o estudo (BG: 19,5%; FQ: 7,5%), além de incentivá-los a estudar (BG: 26,3%; FQ: 29,0%), designadamente participando em aulas de apoio da disciplina, na escola ou fora dela, e na leitura e discussão de temas atuais:

- "Promover boas condições de trabalho em casa; adquirir manuais específicos para a preparação de exames; incentivar a frequência de aulas de apoio na escola" (FQ38);
- "Promover momentos que incentivem a leitura, discussão de temas atuais e dar importância ao estudo para alcançar um futuro melhor" (BG100).

Gráfico 3 — Medidas a tomar pelas famílias para melhorarem os resultados dos alunos nos exames.

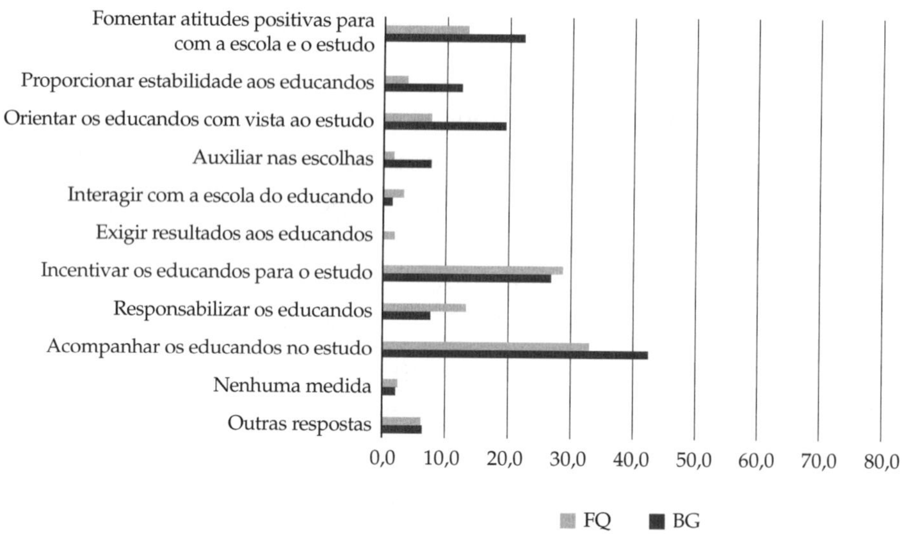

Fonte: Os autores.

Essas medidas que, segundo esses professores, a família deveria desempenhar, contribuiriam não apenas para mais e melhor estudo, em si mesmo, mas também para o desenvolvimento de hábitos de estudo, que certamente teriam repercussões positivas no futuro dos alunos, tanto na sua vida pessoal como na profissional. Por outro lado, o estabelecimento de objetivos, realistas e assumidos pelo aluno, aumentaria a probabilidade de sucesso. Apesar da pertinência dessa medida, nem todas as famílias têm condições para dar o apoio necessário e adequado aos seus educandos nessa diversidade de aspectos. Uma escola que se pretenda inclusiva não pode esquivar-se de contribuir para ajudar os alunos.

Acresce que, por um lado, alguns professores consideram que as famílias devem responsabilizar os estudantes pela realização do trabalho que lhes está atribuído — o estudo — e exigir-lhes resultados, a fim de contribuírem para a melhora dos resultados nos exames:

- "Responsabilizar mais os seus educandos das suas tarefas e responsabilidades" (FQ50);
- "Acompanhar o estudo dos seus educandos, responsabilizar os educandos pelos seus resultados, contactar com o diretor de turma com alguma frequência" (BG20).

Por outro lado, alguns professores consideraram que, de modo a contribuírem para a melhoria dos resultados nos exames, as famílias devem fomentar, nos seus educandos, atitudes positivas para com a escola e o estudo, sendo que, para tal, elas próprias precisam valorizar a escola e o saber:

- "[Os pais devem] valorizar a escola" (FQ23);
- "Valorizar a escola e o saber, motivando os filhos para o estudo" (BG3).

Uma vez que a investigação (Abreu, 2014; Mushtaq; Khan, 2012) mostra que os pais compreensivos conseguem melhores resultados com os filhos do que os pais autoritários, as medidas centradas no fomento de atitudes positivas parecem mais promissoras do que as centradas em meras exigências colocadas aos educandos.

Alguns professores consideram ainda que a interação dos pais com a escola, o auxílio dos educandos nas suas escolhas e a estabilidade familiar são medidas que podem contribuir para mais sucesso dos educandos, que, embora compatíveis com o descrito na literatura (Abreu, 2014; Mushtaq; Khan, 2012; Picanço, 2012), não podem ser tomadas como garantidas.

Medidas a tomar pelas escolas para melhorarem os resultados dos alunos nos exames

Os participantes no estudo referiram uma diversidade de medidas que, segundo eles, as escolas devem tomar de modo a contribuírem para melhorar os resultados nos exames (Gráfico 4), embora quase 20%, de cada um dos grupos, não tenha proposto nenhuma medida, e um pouco mais de 10% considere que a escola não precisa fazer nada especial, bastando-lhe manter as condições atuais:

- "A nossa escola já não pode fazer mais" (BG10);
- "[...] a escola [...] já tentou implementar praticamente todas as medidas conhecidas" (FQ11).

Isso significa que cerca de um terço dos participantes do estudo não assume responsabilidade *por* ou não sabe *como* a sua escola pode ajudar os alunos a melhorar o seu desempenho nos exames, fato que é preocupante, porque eles próprios são membros das respectivas comunidades escolares e têm responsabilidade nessa matéria.

A medida referida por mais professores, tanto de BG (40,7%) como de FQ (51,4%), centra-se na necessidade de disponibilizar condições para o estudo, como salas para estudos individual e em grupo e de apoio ao estudo na escola:

- "Disponibilizar tempos e espaços para um acompanhamento, em pequeno grupo, dos alunos" (BG90);
- "Criar salas de estudo específicas" (FQ14).

Das restantes medidas, importa destacar a que tem a ver com a melhoria das condições dos laboratórios (BG: 5,1%; FQ: 3,7%) e das condições profissionais para a docência (BG: 22,1%; FQ: 13,1%). Para os respondentes, esta última deve ser conseguida pela via de formação, que seja capaz de melhorar as práticas letivas, de redução do número de alunos por turma e do aumento do tempo disponível para preparação de aulas diferentes e para realização de mais trabalho colaborativo entre os docentes:

- "Formação regular dos professores no que respeita à atividade experimental e a trabalho a partir de problemas" (BG12);
- "Melhorar um pouco os horários docentes para haver mais tempo para preparar aulas diferentes" (FQ75);
- "[Elaborar] horários que lhes permitam um trabalho colaborativo" (FQ34).

Gráfico 4 — Medidas a tomar pelas escolas para melhorarem os resultados dos alunos nos exames.

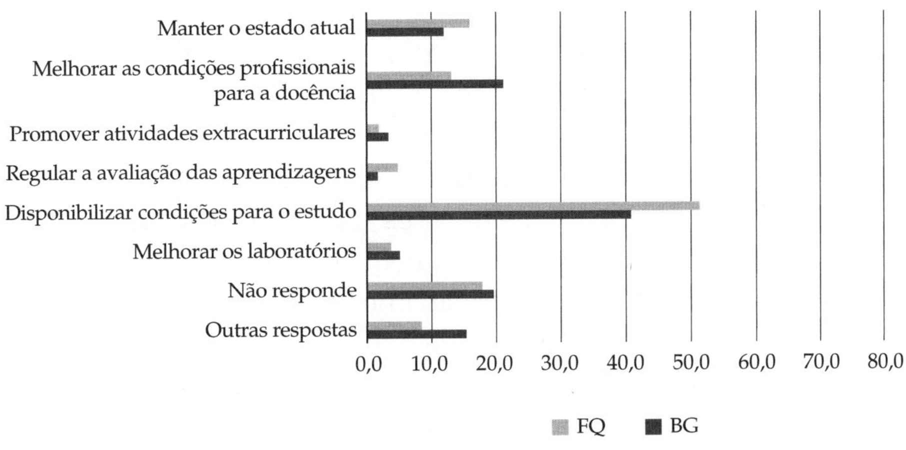

Fonte: Os autores.

No que concerne à melhoria das condições dos laboratórios das escolas, os professores consideraram ser necessário investir em equipamentos laboratoriais, de modo a criar melhores condições para realizar as atividades laboratoriais:

- "Investir na melhoria da qualidade e equipamento dos laboratórios" (BG87);
- "Equiparem o melhor possível os laboratórios" (FQ42).

Convém ter presente que os programas portugueses de BG e de FQ recomendam a realização de atividades laboratoriais específicas e a avaliação dos alunos nessa componente, no domínio da avaliação interna. É interessante ver que alguns professores se preocupam com os laboratórios, não só pela importância didática que têm, mas também porque a investigação (Dourado; Leite; Morgado, 2017; Pareek, 2019) mostra que, frequentemente, os professores justificam a não realização de atividades laboratoriais nas suas aulas com base na falta de laboratórios e/ou de equipamentos laboratoriais.

Medidas a tomar pelos professores para melhorarem os resultados dos alunos nos exames

Entre as medidas a tomar pelos professores de BG e de FQ de modo a contribuírem para melhorar os resultados nos exames (Gráfico 5), destacam-se: necessidade de frequentarem ações de formação (BG: 42,9%; FQ: 27,9%) e de formarem os alunos para responderem aos exames (BG: 32,1%; FQ: 24,6%).

No primeiro caso, os professores referem formações para atualização científica e metodológica, bem como para correção de exames, ou seja, formação semelhante à que é facultada aos docentes que são chamados a avaliar e classificar os exames nacionais (professores classificadores):

- "Fazer formações em que possam atualizar os conteúdos aprendidos há muitos anos atrás" (BG22);

- "[Fazer] ações que desenvolvam metodologias para lecionar a matéria de forma mais interessante" (BG36);
- "Frequentar ações como as que foram implementadas para os professores classificadores" (FQ18).

Gráfico 5 — Medidas a tomar pelos professores de FQ e de BG para prepararem os alunos para os exames.

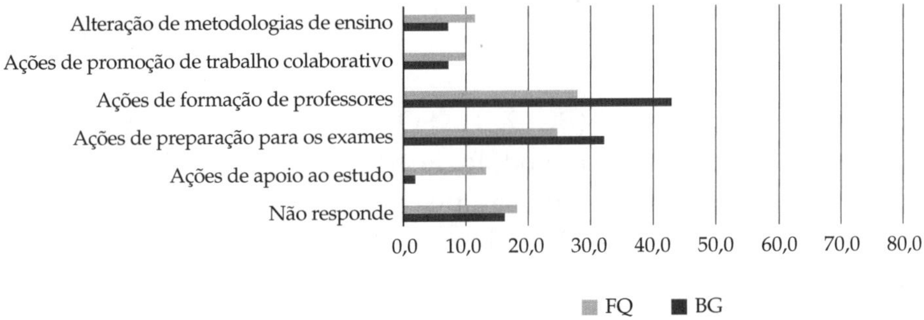

Fonte: Os autores.

No segundo caso, os respondentes consideram que a formação deve ser integrada na prática letiva, nomeadamente pela análise e resolução de exames e/ou de questões semelhantes às usadas nos exames, que envolvam, por exemplo, interpretação de textos, gráficos e esquemas, bem como a realização de sessões de esclarecimento de dúvidas sobre a resolução de questões do tipo das do exame:

- "Trabalhar questões com a mesma tipologia de exame, nomeadamente interpretar documentos vários (textos, gráficos, esquemas)" (BG20);
- "Disponibilizar sessões de esclarecimento de dúvidas na resolução de questões de tipologia de exame" (FQ35).

Alguns participantes no estudo, especialmente de FQ, consideram que os professores devem organizar ações de apoio ao estudo

(BG; 1,8%; FQ: 18,0%), as ações devem ser realizadas num dado local e em horário destinado para o efeito, e que elas, no 11º ano, devem servir para fazer revisões da matéria do ano anterior:

- "Realização de aulas de preparação [apoio] que permitam aos alunos esclarecer dúvidas e ter a noção da globalidade do programa" (FQ61);
- "Preparação teórica e experimental dos alunos para exame (horas de apoio no 11º ano para fazer revisões da matéria do ano anterior)" (FQ99).

Alguns professores (BG: 7,1%; FQ: 11,5%) consideraram, ainda, ser necessário alterar as metodologias de ensino, passando a incluir atividades laboratoriais e de campo, bem como atividades de aplicação de conhecimentos, de análise de dados, de criação de textos e sua divulgação à comunidade:

- "Aulas de campo e experimentais para que os professores sejam capazes de estimular os alunos, de tornar as matérias mais atraentes" (BG90);
- "Estratégias de ensino direcionadas para a aplicação de conhecimentos, análise de dados, criação de textos e divulgação dos mesmos à comunidade" (BG109).

A implementação de ações de trabalho colaborativo foi, também, considerada por alguns professores (BG: 7,1%; FQ; 9,8%) como uma medida para a melhoria dos resultados nos exames. Para esses professores, essas ações devem permitir partilhar experiências pedagógicas de sucesso, nomeadamente através de redes/plataformas digitais, e esclarecer possíveis dúvidas que os professores tenham e, consequentemente, melhorar a preparação facultada aos alunos:

- "Trabalhar em equipa de modo a esclarecer possíveis dúvidas" (FQ101);
- "Criação de redes/plataformas digitais de apoio e de partilha de experiências pedagógicas de sucesso" (BG79).

Efetivamente, tem sido apontada repetidas vezes a necessidade de reduzir o ensino centrado no professor, de cariz expositivo, e de privilegiar estratégias de aprendizagem ativa (Lom, 2012; Serin, 2018), que permitam ao aluno aprender a aprender, em ambientes colaborativos.

É de realçar que cerca de 15% dos participantes no estudo, de cada um dos grupos, não apresentaram nenhuma medida a implementar pelos professores, o que é algo preocupante, pois os docentes têm obrigação de auxiliar os alunos e ninguém melhor do que eles para saber o que pode, de fato, ser útil. Isso pode significar que os professores consideram que já fazem tudo o que podem e devem ou que não vale a pena fazer mais nada, o que, na verdade, evidenciaria desistência das suas responsabilidades, por cansaço ou por falta de motivação, e requereria ações a nível superior para altear a situação, a bem dos estudantes.

Conclusões e implicações

Apesar de a FQ ser vista como mais ligada à Matemática e mais dependente da resolução de problemas e de exercícios do que a BG, os resultados do estudo não mostram grandes diferenças entre as opiniões dos professores de BG e de FQ, no que concerne ao modo como percepcionam as diferenças entre os resultados da avaliação interna e externa. Ambos os grupos tendem a atribuir as causas dessas diferenças aos alunos, aos programas e aos próprios exames nacionais, sendo muito poucos os que as atribuem ao professor, o que, como refere Amestoy (2019), pode fazer pensar se a existência de exames tem algum efeito na qualidade das aprendizagens dos alunos. Os que atribuem as causas ao professor referem a falta de atualização dos docentes, fato que, desejavelmente, não deveria ocorrer, mas que, como se sabe (Alavarse; Chappaz; Freitas, 2021; Savasci; Berlin, 2012), constitui um problema que requer adoção de medidas adequadas, com vista, simultaneamente, à minimização do efeito, nefasto, sobre a aprendizagem dos alunos, e à disponibilização de formação relevante para os professores.

Para reduzir as diferenças em apreço, os professores propõem, essencialmente, medidas que se centram no estudo por parte dos alunos: os alunos têm de estudar mais; as famílias têm de monitorizar o estudo; a escola tem de criar condições para o estudo, dizem os docentes. Curiosamente, são poucos os professores que referem medidas que envolvem alteração das suas práticas habituais de ensino e de avaliação. Os que as referem revelam mais preocupação com a correção dos exames do que com a formação dos alunos para que eles sejam bem-sucedidos nos exames. Dessa forma, revelam pouca capacidade de autocrítica e acomodação a formas habituais de fazer, cuja alteração exigirá a intervenção de terceiros, que sejam capazes de colocar os professores a analisar, de forma aberta, mas teórica e empiricamente fundamentada, os prós e os contras de diversos tipos de práticas, incluindo as deles próprios.

Corrigir exames é uma tarefa de responsabilidade, uma vez que do resultado obtido neles depende o futuro dos alunos, mas é preciso atuar antes dos exames na formação dos estudantes. O fato de mais de um quinto dos professores não ter explicitado medidas a tomar pelos alunos para melhorarem o seu desempenho nos exames é algo preocupante, pois pode sugerir que não sabem como orientá-los com vista ao aumento do seu sucesso educativo. Acresce que, apesar de haver certa preocupação com a preparação para o exame, ela parece não dar importância à relação existente entre o que é avaliado e o que é aprendido (Cilliers, 2015), e assentar no treino, o qual não parece resolver a diferença em causa, uma vez que os exames não requerem apenas memorização, mas antes exigem interpretação, compreensão e aplicação.

Assim, os resultados apresentados sugerem que os professores precisam de ser colocados em ambientes que promovam a análise crítica da multiplicidade de fatores que interferem nos resultados da avaliação (Bagana; Raciu; Lupu, 2011), bem como da relação entre os objetivos a atingir com o ensino secundário, as metodologias de ensino privilegiadas e as caraterísticas e os resultados da avaliação interna (da escola) e da avaliação externa (nacional), de modo a identificar não só possíveis inconsistências que carecem de ser superadas, mas também formas adequadas de superá-las.

A coerência e a consistência entre os diversos elementos, humanos ou não, dos processos de ensino e aprendizagem são fundamentais para que a qualidade das aprendizagens dos alunos seja melhorada e mais bem avaliada e ainda para que, como argumenta Fernandes (2019), os dois tipos de avaliação sejam credíveis e capazes de contribuir para desenvolver capacidades de pensamento complexo nos alunos. Essa coerência pode ser facilitada por alterações do currículo que, simultaneamente, envolvam e suportem os professores (Tikkanen *et al.*,2020), mas será, em última análise, dependente quer das práticas avaliativas adotadas na escola e no país, que, como argumenta Cilliers (2015), são indissociáveis das aprendizagens realizadas pelos alunos, quer das práticas letivas dos professores (Gray; Scott; Mehisto, 2018), as quais precisam de ser ajustadas às exigências e às necessidades de aprendizagem dos estudantes. Nesse processo, é fundamental que as ideologias sobre os exames não se sobreponham à informação empírica disponível sobre eles (Machado *et al.*, 2022), de forma a ser possível dar primazia absoluta à necessidade de usar a avaliação para a melhoria efetiva das aprendizagens dos adolescentes do século XXI.

Agradecimentos

Este trabalho é financiado pelo CIEd (Centro de Investigação em Educação), Instituto de Educação, Universidade do Minho, projetos UIDB/01661/2020 e UIDP/01661/2020, por meio de fundos nacionais da FCT/MCTES-PT (Fundação para a Ciência e a Tecnologia do Ministério da Ciência, Tecnologia e Ensino Superior de Portugal).

Referências

ABRAHAMS, I.; REISS, M.; SHARPE, R. The assessment of practical work in school science. *Studies in Science Education*, v. 49, n. 2, p. 209-251, 2013.

ABREU, S. *Fatores sociofamiliares do envolvimento dos alunos na escola*: um estudo com alunos adolescentes. 2014. 177 f. Dissertação (Mestrado em Educação: Área de Especialização em Formação Pessoal e Social) — Instituto de Educação, Universidade de Lisboa, Lisboa, 2014.

AFONSO, A. Nem tudo o que conta em educação é mensurável ou comparável. Crítica à accountability baseada em testes estandardizados e rankings escolares. *Revista Lusófona de Educação*, n. 13, p. 13-29, 2009.

ALAVARSE, O.; CHAPPAZ, R.; FREITAS, P. Avaliações da aprendizagem externas em larga escala e gestores escolares. *Cadernos de Pesquisa*, v. 28, n. 1, p. 250-275, 2021.

AMESTOY, M. *A política de accountability na educação básica e os efeitos da avaliação externa no ensino e na gestão escolar*: um estudo no município de Santa Maria, RS. 2019. 270 f. Tese (Doutorado em Educação em Ciências) — Universidade Federal de Santa Maria, Santa Maria, 2019.

BAGANA, E.; RACIU, A.; LUPU, D. Self-esteem, optimism and exams' anxiety among high school students. *Procedia*: social and behavioral sciences, v. 30, p. 1331-1338, 2011.

BLACK, P. *et al.* Working inside the black box: assessment for learning in the classroom. *Phi Delta Kappan*, v. 86, n. 1, p. 8-21, 2004.

BROWN, G. Teachers' conceptions of assessment: implications for policy and professional development. *Assessment in Education Principles Policy and Practice*, v. 11, n. 3, p. 301-318, 2004.

BROWN, G.; GEBRIL, A.; MICHELIDES, M. Teachers' conceptions of assessment: a global phenomenon or a global localism. *Frontiers in Education*, v. 4, n. 16, p. 1-13, 2019.

BROWN, G.; REMESAL, A. Teachers' conceptions of assessment: comparing two inventories with Ecuadorian teachers. *Studies in Educational Evaluation*, v. 55, p. 68-74, 2017.

CILLIERS, F. Is assessment good for learning or learning good for assessment? A. Both? B. Neither? C. It depends? *Perspectives on Medical Education*, v. 4, n. 6, p. 280-281, 2015.

CORRIGAN, D. *et al.* Valuing assessment in science education: an introductory framework. *In*: CORRIGAN, D.; GUNSTONE, R.; JONES, A. (ed.). *Valuing assessment in science education*: pedagogy, curriculum, policy. Dordrecht: Springer, 2013. p. 1-9.

CRUZ, R. *et al.* Avaliação da aprendizagem em ciências a partir da concepção dos professores de uma escola pública na cidade de Quixelô — CE. *Research, Society and Development*, v. 11, n. 32, p. 1-9, 2022.

DGEEC. *Comparação das classificações internas no ensino secundário*. Lisboa: Direção-Geral de Estatísticas da Educação e Ciência, 2016.

DOURADO, L.; LEITE, L.; MORGADO, S. Teaching science in the laboratory: a study on portuguese school science teachers' perspectives. *Tojet*: the Turkish online journal of educational technology, p. 54-65, dez. 2017.

ERDURAN, S. *et al.* Assessment of practical science in high stakes examinations: a qualitative analysis of high performing English-speaking countries. *International Journal of Science Education*, v. 42, n. 9, p. 1544-1567, 2020.

FERNANDES, D. A avaliação das aprendizagens no sistema educativo português. *Educação e Pesquisa*, v. 33, n. 3, p. 581-600, 2007.

FERNANDES, D. Avaliações externas e aprendizagens dos alunos: uma reflexão critica. *Linhas Críticas*, Brasília, v. 25, p. 644-660, jan./dez. 2019.

FIRDAOS, R.; AHMAD, A. The implementation of national examination as the direction of national education policy. *Al-Tadzkiyyah*: journal pendidikan islam, v. 9, p. 135-151, 2018.

GELI DE CIURANA, A. La evaluación de los trabajos prácticos. *Alambique*, v. 4, p. 25-32, 1995.

GRAY, S.; SCOTT, D.; MEHISTO, P. *Curriculum reform in the European schools*: towards a 21st century vision. Cham: Springer International Publishing, 2018.

GUNN, J.; AL-BATAINEH, A.; AL-RUB, M. Teachers' perceptions of high-stakes testing. *International Journal of Teaching and Education*, v. IV, n. 2, p. 49-62, 2016.

HARRIS, L.; BROWN, G. The complexity of teachers' conceptions of assessment: tensions between the needs of schools and students. *Assessment in Education*: principles, policy & practice, v. 16, n. 3, p. 365-381, 2009.

HODSON, D. Assessment of practical work some considerations in philosophy of science. *Science & Education*, v. 1, p. 115-144, 1992.

IAVE. *Exames finais nacionais — ensino secundário, relatório nacional*: 2010-2016. Lisboa: Instituto de Avaliação Educativa, I. P., 2017.

JONASSEN, D. *Learning to solve problems*. São Francisco: Pfeiffer, 2004.

JONES, B.; EGLEY, R. Voices from the frontlines: teachers' perceptions of high-stakes testing. *Education Policy Analysis Archives*, v. 12, n. 38, p. 1-29, 2004.

LEITE, L. As atividades laboratoriais e a avaliação das aprendizagens dos alunos. *In*: SEQUEIRA, M. *et al.* (org.). *Trabalho prático e experimental na educação em ciências*. Braga: Universidade do Minho, 2000. p. 91-108.

LÖFGREN, R.; LÖFGREN, H. Swedish students' experiences of national testing in science: a narrative approach. *Curriculum Inquiry*, v. 47, n. 4, p. 390-410, 2017.

LOM, B. Classroom activities: simple strategies to incorporate student-centered activities within undergraduate science lectures. *The Journal of Undergraduate Neuroscience Education*, v. 11, n. 1, p. 64-71, 2012.

LOPES, T.; PRECIOSO, J. Insucesso de alunos e alunas no exame de Biologia e Geologia: estudo com professores. *Estudos em Avaliação Educacional*, v. 32, p. 1-23, 2021.

MACHADO, E. *et al.* Políticas e práticas de avaliação externa dos alunos na perspectiva dos diretores: o caso das provas de aferição. *Revista Portuguesa de Investigação Educacional*, n. 32, p. 1-26, 2022.

MACMILLAN, J.; SCHUMACHER, S. *Research in education evidence-based inquiry*. Harlow: Pearson, 2014.

MELO, G. *et al.* STEM and the large scale assessments: influences, approximations and disengagements. *Research, Society and Development*, v. 11, n. 3, p. 1-11, 2022.

MURILLO, F.; HIDALGO, N. Fair student assessment: a phenomenographic study on teachers' conceptions. *Studies in Educational Evaluation*, v. 65, p. 1-10, 2020.

MUSHTAQ, I.; KHAN, S. Factors affecting students' academic performance. *Global Journal of Management and Business Research*, v. 12, n. 9, p. 17-22, 2012.

NEVO, D. Dialogue evaluation: combining internal and external evaluation. *In*: NEVO, D. (ed.). *School-based evaluation*: an international perspective. Amsterdam: Elsevier Science, 2002. p. 3-16.

PAREEK, R. An assessment of availability and utilization of laboratory facilities for teaching science at secondary level. *Science Education International*, v. 30, n. 1, p. 75-81, 2019.

PICANÇO, A. *A relação entre escola e família*: as suas implicações no processo de ensino-aprendizagem. 2012. 152 f. Dissertação (Mestrado em Ciências da Educação — Supervisão Pedagógica) — Escola Superior de Educação João de Deus, Lisboa, 2012.

RAHMAN, M. Exploring science teachers' perception of classroom assessment in secondary schools of Bangladesh. *European Journal of Education Studies*, v. 4, n. 9, p. 139-160, 2018.

REMESAL, A. Primary and secondary teachers' conceptions of assessment: a qualitative study. *Teaching and Teacher Education*, v. 27, p. 472-482, 2011.

RIBEIRO, L. *Avaliação da aprendizagem*. Lisboa: Texto Editores, 1997.

ROEHRIG, G.; KRUSE, R.; KERN, A. Teacher and school characteristics and their influence on curriculum implementation. *Journal of Research in Science Teaching*, v. 44, n. 7, p. 883-907, 2007.

ROSÁRIO, P. *et al*. Como estudam os alunos de elevado rendimento académico? Uma análise centrada nas estratégias de auto-regulação, *Sobredotação*, v. 2, n. 1, p. 103-116, 2001.

SANTOS, A.; LEITE, C. Políticas curriculares em Portugal: fronteiras e tensões entre prescrição, autonomia e flexibilidade. *Currículo sem Fronteiras*, v. 18, n. 3, p. 836-856, 2018.

SANTOS, L. Reflexões em torno da avaliação pedagógica. *In*: ORTIGÃO, M. *et al*. (org.). *Avaliar para aprender no Brasil e em Portugal*: perspectivas teóricas, práticas e de desenvolvimento. Curitiba: CRV, 2019. p. 165-190.

SAVASCI, F.; BERLIN, D. Science teacher beliefs and classroom practice related to constructivism in different school settings. *Journal of Science Teacher Education*, v. 23, n. 1, p. 65-86, 2012.

SCAIFE, J. Assessment for learning. *In*: LEITE, L. *et al.* (ed.). *Science and mathematics education for 21st century citizens*: challenges and ways forward. New York: Nova Science Publishers, 2020. p. 381-397.

SERIN, H. A comparison of teacher-centered and student-centered approaches in educational settings. *International Journal of Social Sciences & Educational Studies*, v. 5, n. 1, p. 164-167, 2018.

SIANOU-KYRGIOU, E. Social class and access to higher education in Greece: supportive preparation lessons and success in national exams. *International Studies in Sociology of Education*, v. 18, n. 3-4, p. 173-183, 2008.

SIERRA, C. *Ensino de ciências por resolução de problemas*: uma proposta aplicada a estudantes do ensino fundamental da cidade de Araucária. 2017. 95 f. Dissertação (Mestrado em Ensino de Ciências) — Programa de Pós-Graduação em Formação Científica, Educacional e Tecnológica, Universidade Tecnológica Federal do Paraná, Curitiba, 2017.

TIKKANEN, L. *et al.* Lessons learnt from a large-scale curriculum reform: the strategies to enhance development work and reduce reform-related stress. *Journal of Educational Change*, v. 2, p. 543-567, 2020.

VICENTE, C.; SEABRA, F. Avaliação externa das aprendizagens dos alunos: reflexos ao nível curricular. *Revista de Estudios e Investigación en Psicología y Educación*, v. 10, p. 6-10, 2017.

ZIMMERMAN, B. Becoming a self-regulated learner: an overview. *Theory into Practice*, v. 41, n. 2, p. 64-70, 2002.

Sobre os(as) autores(as)

Andréia Melanda Chirinéa é professora da Universidade do Sagrado Coração (Bauru/SP) e do Ensino Fundamental do Sistema Municipal de Ensino de Bauru (SP). É doutora em Educação pela Universidade Estadual Paulista (Unesp — *campus* de Marília).
E-mail: andreia.melanda@gmail.com

Andressa Aita Ivo é professora do Departamento de Ensino da Faculdade de Educação da Universidade Federal de Pelotas (UFPEL/RS). Licenciada em Educação Física e doutora em Educação pela Universidade Federal de Pelotas (UFPel).
E-mail: dessaaita@gmail.com

Ânthony Scapin Eichner é licenciado em Ciências Sociais (Universidade Federal de Santa Maria — UFSM). Pós-graduando no curso de Especialização em Gestão Educacional (UFSM) e no Programa de Pós-graduação em Educação (UFSM). Integrante do Kairós — Grupo de Estudos e Pesquisas sobre Educação, Trabalho e Políticas Públicas.
E-mail: anthonyscapin@gmail.com

Bruno Vicente Lippe Pasquarelli é professor da Universidade do Sagrado Coração (Bauru/SP). Doutor em Ciência Política pela Universidade Federal de São Carlos (UFSCar).
E-mail: brunopasqua@gmail.com

Célia Tanajura Machado é professora da Universidade do Estado da Bahia (UNEB), orienta pesquisas no Programa de Pós-graduação em Gestão e Tecnologias Aplicadas à Educação. É licenciada em Letras (Universidade Estadual do Sudoeste da Bahia — UESB) e doutora em Educação (Universidade Federal da Bahia — UFBA). É integrante do Conselho Estadual de Educação da Bahia e líder do Lavoro — Grupo de Estudos e Pesquisas em Gestão, Trabalho e Educação.
E-mail: celia.tanajura@gmail.com

Diana Cerdeira é professora da Faculdade de Educação da Universidade do Estado do Rio de Janeiro (UERJ). É pedagoga e doutora em Educação pela Universidade Federal do Rio de Janeiro (UFRJ). É membro da equipe de pesquisadores do LaPOpE — Laboratório de Pesquisa em Oportunidades Educacionais da UFRJ.
E-mail: dianacerdeira@yahoo.com.br

Eliezer Alves Martins é doutorando do Programa de Pós-graduação em Educação em Ciências da Universidade Federal do Rio Grande do Sul (UFRGS). É licenciado em Química pela Universidade Federal de Pelotas (UFPel) e mestre em Educação em Ciências pela UFRGS. Pesquisa políticas de currículo e parcerias público-privadas.
E-mail: eliezer.martins@ufrgs.br

Elton Luiz Nardi é doutor em Educação pela Universidade do Vale do Rio dos Sinos (Unisinos). Professor titular da Universidade do Oeste de Santa Catarina (Unoesc) e docente permanente do Programa de Pós-graduação em Educação. Pesquisador do Núcleo de Estudos e Pesquisas em Políticas Educacionais (Nupe), e membro do Grupo de Estudos e Pesquisas em Políticas de Avaliação Educacional e *Accountability* em países da América Latina.
E-mail: elton.nardi@unoesc.edu.br

Janine Dorneles Pereira é licenciada e bacharel em História, especialista em interdisciplinaridade e transversalidade, mestre em Ensino de História e doutoranda no Programa de Pós-graduação em Educação

na Universidade Federal de Santa Maria (UFSM/RS). É professora e coordenadora pedagógica na rede pública estadual gaúcha.
E-mail: janinejisa2@gmail.com

Laurinda Leite é professora catedrática do Instituto de Educação da Universidade do Minho (Portugal). É doutorada em Ciências da Educação — Educação em Ciências (Universidade do Minho), mestre em Science Education (Universidade de Londres) e licenciada em Ensino de Física e Química (Universidade do Minho).
E-mail: lleite@ie.uminho.pt

Liliana Soares Ferreira é professora da Universidade Federal de Santa Maria (UFSM), no Programa de Pós-graduação em Educação. Licenciada em Pedagogia (Universidade Regional do Noroeste do Estado do Rio Grande do Sul — Unijuí) e em Letras (Unijuí), doutora em Educação (Universidade Federal do Rio Grande do Sul — UFRGS). É bolsista Produtividade CNPq (Educação) e líder do Kairós — Grupo de Estudos e Pesquisas sobre Educação, Trabalho e Políticas Públicas.
E-mail: anaililferreira@yahoo.com.br

Luís Dourado é professor auxiliar na Universidade do Minho (Portugal). É licenciado em Ensino de Biologia e Geologia e doutor em Educação. É diretor do mestrado em Ensino de Biologia e de Geologia. Coordenou o grupo de investigação Educação em Ciências para a Sustentabilidade, do Centro de Investigação em Educação (CIEd) da Universidade do Minho.
E-mail: ldourado@ie.uminho.pt

Luiz Caldeira Brant de Tolentino-Neto é professor do Centro de Educação da Universidade Federal de Santa Maria (UFSM). É licenciado em Biologia e doutor em Educação pela Faculdade de Educação da Universidade de São Paulo (USP). Orienta pesquisas no Programa de Pós-graduação de Educação em Ciências da UFSM e da Universidade Federal do Rio Grande do Sul (UFRGS), e lidera o Grupo IDEIA — Educação em Ciências.
E-mail: luiz.neto@ufsm.br

Luiz Fernando da Silva é licenciado em Física e em Matemática, mestre em Ensino de Matemática pela Universidade Federal do Rio Grande do Sul (UFRGS) e doutorando em Educação pela Universidade Federal de Santa Maria (UFSM). É professor da rede municipal de ensino de São Leopoldo (RS).
E-mail: luiz.silva@acad.ufsm.br

Maira Ferreira é professora da Universidade Federal de Pelotas (UFPel). É licenciada em Química pela Pontifícia Universidade Católica do Rio Grande do Sul (PUC/RS) e doutora em Educação pela Universidade Federal do Rio Grande do Sul (UFRGS). Atua nos Programas de Pós-graduação em Ensino de Ciências e Matemática (UFPel) e Educação em Ciências (UFRGS). Lidera o grupo de pesquisa GEPECIQ — Educação em Ciências e Química.
E-mail: mmairaf@gmail.com

Marilda Pasqual Schneider é doutora em Educação pela Universidade Federal de Santa Catarina (UFSC). Professora titular da Universidade do Oeste de Santa Catarina (Unoesc) e docente permanente do Programa de Pós-graduação em Educação. Pesquisadora do Núcleo de Estudos e Pesquisas em Políticas Educacionais (Nupe), e líder do Grupo de Estudos e Pesquisas em Políticas de Avaliação Educacional e Accountability em países da América Latina.
E-mail: marilda.schneider@unoesc.edu.br

Micheli Bordoli Amestoy é licenciada e bacharel em Ciências Biológicas pela Universidade Federal de Santa Maria (UFSM). Doutora em Educação em Ciências pelo Programa em Educação em Ciências (UFSM). Pós-doutoranda em Educação em Ciências, bolsista PNPD/Capes. Pesquisadora colaboradora no Grupo de Pesquisa IDEIA — Educação em Ciências.
E-mail: micheliamestoy@gmail.com

Paulo Sergio Garcia é professor titular da Universidade Municipal de São Caetano do Sul (USCS). Doutor em Educação pela Faculdade

de Educação da Universidade de São Paulo (USP), coordena o Observatório de Educação do Grande ABC Paulista.
E-mail: paulo.garcia@prof.uscs.edu.br

Rodrigo Rosistolato é professor na Faculdade de Educação da Universidade Federal do Rio de Janeiro (UFRJ). Antropólogo e doutor em Ciências Humanas. Bolsista de produtividade do CNPq, integra a equipe do LaPOpE — Laboratório de Pesquisa em Oportunidades Educacionais.
E-mail: rodrigo.rosistolato@gmail.com

Samara Celestino dos Santos é licenciada pela Universidade Estadual do Vale do Acaraú (CE) e mestre em Educação Física pela Universidade Federal de Sergipe (UFS). É professora do Instituto Federal de Educação, Ciência e Tecnologia da Paraíba, *campus* Cajazeiras.
E-mail: samara.santos@ifpb.edu.br

GRÁFICA PAYM
Tel. [11] 4392-3344
paym@graficapaym.com.br